Sissi Perlinger
Ich bleib dann mal jung
Der Perlinger-Weg in die allerbesten Jahre

SISSI PERLINGER

Ich bleib dann mal jung

Der Perlinger-Weg
in die allerbesten Jahre

Marion von Schröder

Marion von Schröder ist ein Verlag der Ullstein Buchverlage GmbH
ISBN 978-3-547-71213-1
© 2015 by Ullstein Buchverlage GmbH, Berlin
Alle Rechte vorbehalten
Die Angaben und Ratschläge in diesem Buch sind von Autorin und Verlag erwogen und geprüft; dennoch kann eine Garantie nicht übernommen werden. Eine Haftung der Autorin bzw. des Verlags und seiner Beauftragten für Personen-, Sach- und Vermögensschäden ist ausgeschlossen.
Satz: L42 Media Solutions, Berlin
Gesetzt aus der Kepler
Druck und Bindearbeiten: CPI books GmbH, Leck
Printed in Germany

Inhalt

Vorwort 7

VORBEREITUNG 11
DER DRITTE AKT 14
DAS ERWACHEN IM MUSEUM FÜR KOCHKUNST 21
PROPHYLAXE 26
GUTER INPUT STATT NEGATIVPROPAGANDA 40
BESTANDSAUFNAHME 54
WO GEHÖRE ICH HIN? 59
Ü50 ALS CHANCE 67
ALTER IST RELATIV 74
DER RUHESTAND 83
SELBSTWERTGEFÜHL UND ACHTSAMKEIT 92
ALLEIN ODER ZU ZWEIT? 116
ABSTAND ZUR EIGENEN PRÄGUNG 154
ERNÄHRUNG 164
KÖRPERLICHE UND GEISTIGE GESUNDHEIT 178
FITNESS 182
DIE LEBENSZEIT MIT SINN FÜLLEN 204
FINANZEN 224
SEX IM ALTER 229
WENN'S ANS ENDE GEHT 231
RELIGION UND GÖTTLICHKEIT 238
WO WILL ICH HIN, WENN ICH MAL ALT BIN? 248
MEDITATION 259

EPILOG: EINE NEUE ÄRA 265

ANHANG FÜR DIE DAMENWELT: DAS ÄUSSERE 270

Dank 281

Quellen 283

Vorwort

Hallo, lieber Leser!
Schön, dass Sie dieses Buch aufschlagen. Es zeigt, dass Sie offen und neugierig sind und eventuell dazu bereit wären, ab jetzt Ihren Alterungsprozess aktiv mitzugestalten. Das ist eine gute Idee, denn wir können inzwischen sehr viel Einfluss nehmen auf die Art und Weise, wie wir alt werden. Und es gilt:
Je früher wir damit anfangen, uns aufs Älterwerden vorzubereiten, umso länger bleiben wir jung!
Meine größte Hoffnung ist, dass wir alle demnächst beim Älterwerden quasi automatisch an die Grenzen der westlichen Ideale und Glücksformeln stoßen, bei denen es nur um äußerlichen Reichtum und gesellschaftlichen Erfolg geht. Wenn man aber so lange leben darf, dass man tatsächlich an einen Punkt kommt, an dem man erkennen kann, dass diese Werte die Seele nicht satt und das Herz nicht glücklich machen, dann öffnet sich für den wachen, suchenden Geist noch eine ganz andere Tür: die zu einer reflektierten Reife und zu ganz neuen Formen der Selbstverwirklichung.

Im Ruhestand haben wir hoffentlich die Zeit und die Möglichkeiten, noch einmal zu ganz neuen Idealen und einer tieferen Bewusstheit vorzudringen. Dieser Prozess, gekoppelt mit der bevorstehenden Überalterung, wird unsere Welt einen gigantischen Sprung machen lassen, hin zu einem höheren Grad an Erwachtheit. Ich sehe die Sehnsucht nach einem ganzheitlicheren Leben an allen Ecken und bin mir sicher, dass sich in den nächsten Jahren auf ganz vielen Ebenen Entscheidendes tun wird. Also lasst es uns aktiv und positiv angehen, das Älterwerden!

Mir ist natürlich klar, dass der Alterungsprozess nicht nur lustige Seiten hat. George Vaillant, der Leiter einer der größten

Altersstudien, die je durchgeführt wurde, sagte:»Das Alter ist ein Minenfeld, wenn du jemanden siehst, der gut durchkommt, steige in seine Fußstapfen.«

Ich bin sehr froh, dass ich viele ältere Menschen kennenlernen durfte, die es bereits geschafft haben, sich selbst zu verwirklichen und bis ins hohe Alter weiterzuwachsen. Aber um in der Zukunft alles richtig zu machen, lohnt es sich, einen Blick zurückzuwerfen: auf die Geschichte der Alten.

Während der Entmystifizierung unserer Welt, durch die die materiellen Werte immer mehr in den Vordergrund traten, haben Qualitäten wie Geduld, innere Ruhe, Lebenserfahrung und Besonnenheit an Bedeutung verloren.

Es ging nur noch darum, wie viel harte Arbeit jemand zu leisten imstande ist. Die Kirche hat den Ältestenrat und die weisen Schamanen schon vor langer Zeit ausgerottet, und anstatt gelebter Weisheit und Eingebundensein in die Stammesgesellschaft wurde eine Doktrin installiert. Schon damals, in der Frühzeit unserer westlichen Gesellschaft, wurden die Alten entthront und an den Rand der Gesellschaft gedrängt. Heute sind alte Menschen angeblich eine Bürde – aber doch nur, weil man ihnen keine Aufgaben mehr zutraut und zugesteht. Unsere Gesellschaft hat keinen Respekt vor den Senioren und schiebt sie deswegen in Heime ab und parkt sie vor der Glotze.

Aber das muss nicht sein. Es gibt einen Lebenssinn in den späten Jahren.

Wir können alle etwas tun für unsere Bewusstheit und innere Reife, um die uns geschenkte, verlängerte Lebenszeit sinnvoll zu nützen.

Kreuzworträtselwissen ist allerdings keine Altersweisheit, und jeder von uns muss sich am eigenen Schopf rausziehen aus dem Sog nach unten, der ab einem bestimmten Alter einsetzt. Dieses Buch soll Ihnen einen Leitfaden an die Hand geben: hin zu einer viel größeren Selbstbestimmtheit und Erfüllung. Wir haben die Wahl, und wenn wir uns heute vornehmen, etwas dafür zu tun, dann steigen unsere Chancen gewaltig, gesund und glücklich alt zu werden. Wir müssen nur bewusst den Schritt machen und aus dem Trauerzug Richtung Ende aussteigen, der uns in dieser Gesellschaft teilweise noch vorgelebt wird. Wir sind dabei nicht allein. Denn jetzt ist eine neue Ära angebrochen: die Zeit der *Neuen Alten.*

Wenn ich mich so umschaue in meinem Publikum, das jeden Abend zu mir in die Show kommt, und auch in meinem Freundeskreis, dann kann ich nur sagen: Hey, wenn man so jung und fit und lustig bleiben kann beim Altern, wozu die panische Schnappatmung? Da freu ich mich doch lieber aufs Älterwerden, anstatt mich davor zu fürchten – und genau dann wird auch alles gut!

Ich bin seit vielen Jahren beruflich und im privaten Bereich als »Selbstverwirklichungsprofi« tätig und habe bisher, den Göttern sei Dank, alle meine Träume wahr werden lassen können. Deshalb ist es jetzt für mich an der Zeit, auch eine klare Vision davon zu entwerfen, wie ich gerne altern möchte. Da ich frei bin von jeglicher religiösen Konfession, habe ich mich hingesetzt und für mich persönlich eine neue Bibel geschrieben dazu, wie ich mir diese neue Ära der bewussten Erwachtheit im Alter vorstelle, auf die nicht nur ich zusteure, sondern auch unsere gesamte Gesellschaft.

Ich hoffe, dass all die Anregungen und Tipps in diesem Buch für Sie zur »Einstiegsdroge« werden können, um zu Ihrem höchsten Potential zu gelangen, zu dem auch Sie im Alter erblühen mögen. Hallelujah!

Mit den Tipps und Tricks, die ich Ihnen in diesem Buch gebe, macht das Altwerden hoffentlich auch mehr Spaß. Und wissen Sie was? Man hat bei unzähligen über 100-Jährigen festgestellt, dass sie sich in einem Punkt alle gleichen: Sie besitzen Humor.

Wie zum Beispiel der 103-Jährige aus Kalifornien, der meinte, er sei schon so alt, dass er das Tote Meer kannte, als es noch am Leben war. Ein anderer behauptete, er habe damals Jehova gezeugt. Und eine Dame zeigte stolz ein Klassenfoto, auf dem sie neben Karl dem Großen steht ...

Ich meine: Wenn man nix zu lachen hat, warum dann überhaupt so alt werden? Je humorvoller Menschen mit sich und ihren Dramen umgehen, umso gesünder und glücklicher sind sie. Und das heißt im Umkehrschluss auch: Stinkstiefel machen's nicht lang! Das gibt einem doch echt Hoffnung! Wenn man alle Idioten überlebt hat, geht das Leben doch erst richtig los!

Albert Camus hat einmal gesagt: »Die Fantasie tröstet uns hinweg über das, was wir sein könnten, und der Humor über das, was wir sind.« Ich werde Ihnen in diesem Buch den Wissensvorsprung verschaffen, mit dem Sie alle Ihre persönlichen Zielsetzungen erreichen – und zwar so, dass Sie, wenn's drauf ankommt, die Lacher immer auf Ihrer Seite haben.

VORBEREITUNG

Behalte es für dich

Damit mir dieses Unterfangen gelingen möge, möchte ich Sie gerne als Erstes darum bitten, die Dinge, die Sie hier lesen werden, nicht sofort herumzuposaunen oder mit irgendjemandem beim Smalltalk im wahrsten Sinne des Wortes »kleinzureden«. Lassen Sie die Inhalte erst mal in Ihrem Inneren arbeiten und schauen Sie diesem Prozess wachsam zu. Wenn Sie die Tipps der Reihe nach anwenden, wird sich Ihr Leben in vielerlei Hinsicht zum Positiven verändern. Schon das kleinste »Negativ-Postulat« wie ein skeptisches »Wir werden ja sehen, ob du das schaffst . . .« oder das typische »Die Realität sieht aber anders aus, Baby!« bedeutet schwächende Gegenenergie für Ihr System und Ihre Körperchemie. Manche Leute sind lernresistent und gefallen sich als dauerskeptische Muffelköpfe oder sind gar neidisch. Die wollen nichts davon wissen, dass man tatsächlich aktiv sein persönliches Glückspotential erhöhen kann. Dabei wurde das doch längst in riesigen Studien wissenschaftlich belegt (darauf komme ich später noch genauer zu sprechen). Aber in den Köpfen chronischer Pessimisten geht höchstens eine Schublade auf und dann auch gleich wieder zu – und da stecke ich dann drin, mit meinem schönen Buch . . .

Nölen ist des Deutschen liebstes Steckenpferd. Es gilt bei manchen inzwischen als cool, 'nen Waldspaziergang zu machen und hinterher zu sagen: »Aber die Bäume nerven! Von den Vögeln ganz zu schweigen.«

Negative und zynische Worte versauen uns aber nicht nur die Körperchemie, sie stören auch die feinstoffliche Energie, die wir aufbauen, wenn wir hoffnungsfrohe Dinge lesen, denken, sagen und tun. Sie sollten also vor allem am Anfang wirklich nur mit Menschen reden, bei denen Sie wissen, dass der Ansatz dieser Philosophie auf fruchtbaren Boden fällt.

Der Lebensbaum

Das Meiden der Dauernörgler ist wirklich wichtig, denn ein kleiner Pflanzentrieb ist schnell ausgetrocknet. Ein großer Baum hingegen hält sogar monatelanger Dürre stand – und zu solch einem Baum sollen Sie ja heranwachsen.

Man muss sich während jedes Wachstumsprozesses in trockene, warme Tücher packen und schauen, dass man täglich einen kleinen Schritt in die richtige Richtung schafft.

Ich vergleiche den ganzen Vorgang jetzt mal mit dem Pflanzen eines Baumes:

Zuerst schaut man gründlich, welcher Platz wohl der beste wäre für diese Sorte Baum, und versucht, auch in die Zukunft schauend, sich vorzustellen, wie es sein wird, wenn er erst mal ganz groß und breit geworden ist.

In welcher Nachbarschaft fühlt er sich wohl? Wer würde ihn verdrängen oder am Wachsen hindern? Auch für Sie heißt das: Finden Sie einen Ort, an dem Sie sich wohlfühlen und ungestört gedeihen können.

Dann muss man an diesem idealen Platz ein tiefes großes Loch graben und alle alten Wurzeln und Steine dort rausholen. In meinem Bild bedeutet das, unsere unterbewussten Blockaden heraufzuholen, anzuschauen – und loszulassen.

Anschließend gibt man guten Humus in das Loch und viel Wasser. Das heißt übertragen, wir müssen uns nähren und uns um unsere Seele kümmern.

Als Nächstes wird das kleine Bäumchen da hineingesetzt und trockene Erde drum herum aufgeschüttet. Dann wird alles festgetreten, sodass sich direkt um den Stamm herum eine Vertiefung befindet. Das bedeutet: Wir müssen uns einerseits selber Halt geben und dafür sorgen, dass uns auch weiterhin Wasser und Nährstoffe zufließen. Wenn man danach regelmäßig gießt, kann man eines schönen Tages die süßen Früchte ernten, die auf diesem Lebensbaum gereift sind.

Jeder, der sich ein bisschen mit Gärtnerei auskennt, macht

das so mit den Bäumen im Garten. Aber kaum einer macht es so mit sich und seinem Leben. Dabei funktionieren wir nicht sonderlich anders. Wenn wir uns um uns kümmern, gedeihen wir zu wunderbaren, starken Wesen, die auch anderen Schutz, Nahrung und Halt geben können.

Tipp

Sie können das auch mal im Kleinen versuchen, indem Sie ein paar Basilikumsamen in einen Blumentopf legen und dann zuschauen, wie diese kleinen »Pupsies« zwei Tage später plötzlich ihre hellgrünen zarten Babyköpfe aus der Erde erheben und jeden Tag ein Stückchen größer werden. Dieser Anblick löst bei mir ein warmes mütterliches, beschützendes Gefühl aus, und genau solche Empfindungen könnte man auch seiner Seele gegenüber entwickeln.

Welchen Samen Sie in sich tragen, welche Erde Sie persönlich benötigen und in welchem Klima Sie gedeihen, wie viel Sonne, Wasser, Dünger, Zeit und Pflege Sie benötigen, um Ihre ureigensten inneren Früchte reifen zu lassen – um all das wird es in diesem Buch ganz oft gehen. Merke:
Der Herbst des Lebens ist auch die Zeit der Ernte!

Man sollte sein Glück beim Namen nennen,
dann kann man es schon am Samen erkennen
und in die richtige Erde legen und hegen und pflegen
und regelmäßig Wasser geben,
dann steht da bald ein Glücksbaum
in Ihrem Lebenstraum!

DER DRITTE AKT

Man muss leider sagen, dass die Menschen jeden Urlaub akribischer planen als den gesamten dritten Akt ihres Lebens. Dabei läge hier die Möglichkeit, unser höchstes Potential zu verwirklichen und zum Höhepunkt unseres Schaffens zu gelangen. Im Theater liegt der Höhepunkt immer im Grande Finale, und beim Fußball fallen die wichtigsten Tore doch auch oft in der letzten Viertelstunde!

Die Gehirnforschung hat den alten Satz »Was Hänschen nicht lernt, lernt Hans nimmermehr« längst widerlegt. Es ist sogar genau umgekehrt: Je länger wir immer wieder etwas Neues lernen, umso jünger bleiben wir geistig und körperlich und umso besser werden wir im Alter sein! Heute gilt: Man kann auch mit 80 noch Chinesisch lernen ... wenn man sich in eine Chinesin verliebt – also eine Sache mit Begeisterung und Hingabe betreibt.

Deswegen erreichen viele große Künstler den Zenit ihres Schaffens erst spät im Leben! Picasso hat zum Beispiel gesagt: »Es dauert lange, bis man jung wird.«

Fest steht:

Da kann dir keiner helfen,
das musst du selber tun.
Geh deinen eigenen Weg
und bleib bei deinen Schuhen.

Apropos Schuhe: Auch in sportlicher Hinsicht hat sich einiges getan.

Der neueste Rekord eines 80-Jährigen Marathonläufers liegt nur zwei Sekunden hinter dem eines 20-Jährigen ... okay, aus dem Jahre 1920, aber immerhin, daran sieht man, wie sich der

Zustand der Alten in den letzten hundert Jahren verbessert hat! Gut, man muss auch sagen, dass die Schuhe perfektioniert wurden und die Trainingsmethoden und die Ernährung und und und… aber all diese Faktoren kommen heute ja uns allen zugute. Die 80-Jährigen von heute sind also, überspitzt gesagt, die 20-Jährigen von damals, und das auch im Kopf. Die Gedanken sind viel freier geworden, wir sind viel selbstbestimmter in der Lebensgestaltung, es weht mittlerweile ein ganz anderer Geist durch alle Generationen. Immer mehr Menschen begreifen mit fortschreitender Reife, dass es im Leben um ganz andere Dinge geht, als immer nur zu arbeiten und »etwas zu erreichen«. (Zu diesem Thema gibt es ein Buch von Bronnie Ware, in welchem alte Menschen im Hospiz zu Wort kommen; sie alle sagen im Grunde das Gleiche, nämlich: Hätte ich doch mehr Zeit mit meinen Lieben verbracht.)

Gut altern – leicht gemacht

Wenn wir also »gut altern« wollen, heißt das im Grunde, dass wir uns immer weiterentwickeln, neugierig bleiben und spielerisch den Umgang mit neuen Kunstfertigkeiten trainieren sollten. Machen Sie sich also selber immer wieder zum Schüler, und Sie fühlen sich so frisch wie damals in der 9. Klasse, nur ohne die Ängste und Unsicherheiten eines Teenies.

Ich gebe zu, wenn wir uns zu Anfängern machen, ist das im ersten Moment nicht leicht. Man fühlt sich wieder wie ein doofes kleines Kind und stellt sich blöd an. Aber bald stellt sich der erste Lernerfolg ein, und dann schütten wir tierisch Glückshormone aus, weil wir etwas geschafft haben! Plötzlich sehen wir auch eine Zeit klar vor uns, in der wir vielleicht sogar richtig gut sein werden bei dem, was wir da gerade tun, und damit haben wir uns ein Stück Zukunft erkämpft, das wir klar vor uns sehen können.

Immer wieder neue Ziele zu haben ist ein ganz wichtiger Motor, der uns lebendig bleiben lässt und immer weiter vorantreibt.

Die Ziele zu finden, die für einen richtig und stimmig sind, ist die große Kunst, um die es oft gehen wird in meinem Buch. So gesehen ist diese Lektüre auch quasi ein Schulbuch für eine neue Generation von Alten. Wer sich ab jetzt vorbereiten möchte auf seinen goldenen Herbst, sollte ruhig seine »Hausaufgaben« machen, bis alles wirklich sitzt.

Tipp

Nehmen Sie jetzt gleich einen Stift zur Hand und markieren Sie beim Lesen alles, was Ihnen im Buch gefällt oder wichtig erscheint. Schreiben Sie Ihre spontanen Gedanken an den Rand. So können Sie die für Sie entscheidenden Stellen leichter wiederfinden. Sie können auch Eselsohren machen oder auf die ersten leeren Seiten schreiben. Bewahren Sie das Buch trotz – oder gerade wegen – der Eselsohren und Kritzeleien gut auf! Jedes Thema hat seine Zeit, und was Sie heute noch nicht betrifft, könnte in ein paar Jahren brandaktuell werden.

Üben und wiederholen

Wir müssen alles, was wir uns wirklich merken wollen, oft wiederholen. Jeder Lernprozess erfordert die intensive Vernetzung neuer Synapsen, die immer wieder aufgefrischt werden wollen. Das geschieht nur, wenn wir alles immer wieder durchgehen. Ich werde in diesem Buch daher auch ein paar Sachen nochmals ansprechen, die ich in meinem früheren Buch *Auszeit – der Perlinger Weg ins Glück* schon erwähnt habe. Das liegt nicht daran, dass ich inzwischen Alzheimer habe, sondern weil es wichtig ist, sich die Schlüsselinformationen immer wieder ins Gedächtnis zu rufen.

Ich weiß, ich rede viel von üben, arbeiten und die Sache selbst in die Hand nehmen. Bei vielen von Ihnen entsteht jetzt womöglich der Eindruck, dass dieser ganze Weg eine reine Mühsal ist. Aber ich kann Sie beruhigen: Wir sind hier nicht Sklaven im

Steinbruch eines fremden Herrn, sondern jede Arbeit geht leicht von der Hand und bringt Befriedigung und Erfüllung, wenn man an der richtigen Baustelle tätig ist – nämlich an der eigenen! Da macht alle Mühe Spaß!

Ewig fit und schick?

Ich möchte an dieser Stelle kurz klarstellen, dass ich *nicht* dafür plädiere, dass wir jetzt alle auf Teufel komm raus ewig fit und schick und aktiv und tadellos schön sein müssen. Es geht hier vielmehr darum, Sehnsüchte, die wir schon immer in uns getragen haben, endlich zu erfüllen – weil wir heutzutage im Alter die Zeit und die Möglichkeiten dafür haben!

Früher haben die Menschen rund um die Uhr ums nackte Überleben gekämpft. Dann wurden sie jahrtausendelang ausgebeutet: Erst mussten sie ihren Beherrschern alles abgeben, später haben sie sich für ihren Arbeitgeber aufgeopfert. Früher wurde im Durchschnitt mit 45 gestorben, und das noch bis zu Beginn des 20. Jahrhunderts. Heute haben wir die Chance, nicht mehr unter Kummer und Sorgen bloß zu rackern, bis wir erschöpft ins Grab sinken.

Länger leben

Heutzutage werden wir fast alle über 80. Das sind fast 50 Prozent mehr Lebenszeit als früher! Macht quasi doppelte Lebenserfahrung! Würde man das in Räumlichkeiten ausdrücken, könnte man sagen, wir haben eine Doppelhaushälfte dazu geschenkt bekommen. Das ist eine große Chance – vor allem auch für die Männer, von denen böse Zungen lange behauptet haben: »Die werden nie erwachsen, nur ihre Spielzeuge immer teurer.«

Viele leben heute im Ruhestand noch weitere 30 Jahre. Wollen Sie diese ganze Zeit nur Däumchen drehen? Oder wollten Sie vielleicht schon immer mal einen Dokumentarfilm drehen? Ein Bekannter von mir hat irgendwann seinen Job an den Nagel gehängt und angefangen, in afrikanischen Dörfern Brunnen zu bohren. Andere bohren lieber in der Nase. Ich finde, jeder hat das Recht, seine Zeit so zu nützen, wie es ihm passt, und ich möchte hier keinen Druck machen und behaupten, wir hätten die Pflicht, uns ehrenamtlich zu betätigen oder sozial einzusetzen. Wir müssen auch nicht bis zum letzten Atemzug fit bleiben. Es ist nur so, dass die Senioren, denen so etwas gelingt, bei weitem länger leben und viel glücklicher sind als die, die sich hängen lassen.

Schwere Fälle

Ich möchte an dieser Stelle klarstellen, dass meine Tipps nicht für Menschen gemacht sind, die mit einem schweren Leiden todkrank in der Intensivstation liegen oder gerade einen ganz schlimmen Schicksalsschlag wegstecken müssen. In diesen Fällen dürfte einem die Aussicht auf ein wohliges Alter zumindest vorübergehend nicht möglich sein. Ebensowenig kann ich jemandem aus einer prekären finanziellen Lage helfen. Geld ist weiß Gott nicht alles, aber ganz ohne geht es natürlich nicht. Aber sobald man seine Gesundheit, seine Lebenssituation und seine Grundversorgung im Griff hat, kann man wieder perspektivisch denken – und dann greifen auch meine Tipps.

Ich bin keine professionelle Therapeutin. Was ich hier zu bieten habe, sind die Ergebnisse meiner umfangreichen Recherchen, bereichert durch viele Informationen aus dem Parallelkosmos der alternativen »Szene«.

Viele dieser Informationen kann man nicht mal eben schnell bei Google finden, und deswegen möchte ich sie gerne mit Ihnen, liebe Leser, teilen. Außerdem lasse ich natürlich meine ganz persönlichen Erfahrungen einfließen, die ich auf dem Weg in mein eigenes, wunderbar erfülltes Dasein gemacht habe. Ich bin durch die Tatsache, dass ich alle paar Jahre eine neue Solo-Comedyshow schreiben muss, geradezu verpflichtet, immer wieder etwas Neues zu visualisieren und dann einzuüben, jedes Mal wieder über die letzten Entwicklungsschritte zu reflektieren und dem Ganzen auch immer wieder komische Seiten zu entlocken. All diese Tätigkeiten entsprechen glücklicherweise genau den Ratschlägen zur Altersprophylaxe, die einem die Wissenschaftler heute geben. Obwohl ich erst Anfang 50 bin, habe ich also schon seit 30 Jahren meine Erfahrungen dazu gesammelt. Und daher fühle ich mich auch prädestiniert dazu, ein Buch übers Älterwerden zu schreiben – obwohl ich noch so jung bin.

Ich denke, dass jeder, der es sich vornimmt und konsequent angeht, zu einem Selbstverwirklichungsprofi werden kann. Die Zeit ist reif!

Geile Zeiten

Wir haben heute die gesamten Errungenschaften der modernen Technik und Wissenschaft und das geballte Wissen aus dem World Wide Web zu unserer Verfügung. Auch die echte Welt ist komplett vernetzt durch immer billigere Airlines. Heiliger Bimbam, was haben wir für eine geile Zeit! Wir können problemlos in zig verschiedenen Ländern alle möglichen Arten von Partnerschaften, Lebensformen und Berufen ausprobieren und aus jeder dieser Welten nur das Beste lernen. Genau wie Donald Fagen gesungen hat:

What a beautiful world this will be
What a glorious time to be free.

Babyboomer

Und jetzt kommen die geburtenstarken Jahrgänge der Babyboomer-Wirtschaftswundergeneration bald ins Rentenalter. Die haben in den Siebzigerjahren die Welt revolutioniert, die werden jetzt auch das Seniorentum neu erfinden! Das heißt, es wird sich sehr bald alles zum Positiven verändern, denn es wird viel mehr Rücksicht genommen werden auf die Bedürfnisse älterer Menschen. Die Senioren werden in Bälde viel länger aktiv am Leben teilhaben und ihren Einfluss geltend machen als zuvor. 70 Prozent des Geldes ist heute schon in den Händen der über 60-Jährigen; das heißt, die Alten sind endlich auch als Konsumenten interessant, nicht nur die 18- bis 49-Jährigen Dieser neue »Silver Market« bringt es zum Beispiel mit sich, dass sich das Angebot an anspruchsvoller Unterhaltung sehr verbessern wird, dass bald alles seniorenfreundlich und barrierenfrei ausgebaut sein wird und dass in allen Bereichen des Lebens der Einfluss von Reife und Erfahrenheit zu spüren sein wird. Das alles wird geschehen, ob Sie dabei sind oder nicht. Ich empfehle natürlich mitzumachen, denn das bringt viel mehr *Spaß*!

Es wartet also eine riesige Spielwiese auf Sie da draußen, und die führt bis hinauf zu Ihrem persönlichen Zenit. Man muss nur die diversen Gegenenergien zu nehmen wissen – da ist es wie bei den asiatischen Kampfsportarten. Der erfahrene Meister stellt sich niemals gegen die Kraft des Angreifers, sondern er leitet sie um und lenkt sie von sich weg, ganz ohne Anstrengung. Genauso kann man auch trainieren, Rückschläge einfach ins Leere laufen zu lassen, weil man sie aufgrund seiner Lebenserfahrung vielleicht schon frühzeitig kommen sieht und reflexartig richtig reagiert.

Man kann es auch trainieren, den negativen Aspekten des Lebens die Aufmerksamkeit zu entziehen, und dadurch den Ängsten ihre Macht über uns entziehen. All das und noch viel mehr wollen wir uns in diesem Buch gemeinsam Kapitel für Kapitel erarbeiten.

DAS ERWACHEN IM MUSEUM FÜR KOCHKUNST

Aber jetzt möchte ich erst einmal zurückkehren zu dem Moment in meinem Leben, an dem diese ganze Thematik für mich persönlich ins Blickfeld rückte.

Dass wir alle älter werden und sterben müssen, wurde mir bereits mit zehn Jahren klar, aber dass es jetzt ganz konkret für mich selbst damit losgeht, habe ich erst vor kurzem so richtig kapiert. Da ist mir Folgendes passiert:

Ich war an einem strahlenden Sonnentag in der malerischen Altstadt von Lissabon unterwegs und geriet zufälligerweise in eine Ausstellung, die im hinteren Teil in eine Abteilung mündete, die sich »Museum für Kochkunst« nannte. Zuerst war ich amüsiert, denn alle Geräte, die da ausgestellt waren, kannte ich noch aus meiner eigenen Kindheit: der alte Fleischwolf und der Kartoffelstampfer meiner Mutter, das Wiegemesser für die Kräuterpaste, die mein Vater immer gemacht hat, die vorsintflutlichen Wassertöpfe und Spätzlereiben und Nudelhölzer. Aber plötzlich begriff ich:

Meine Kindheit steht in einem Museum!

So muss sich Tutanchamun fühlen, wenn er von der Zauberkraft eines Magiers zum Leben erweckt durch die Hallen des Nationalmuseums in Kairo spaziert und seinen gesamten Hausrat dort entdeckt. Nur: Bei mir braucht es gar keine Magie – ich bin offenbar bereits ein lebendiges Fossil, ein Relikt, 'ne Mumie, die nur noch nicht einbalsamiert wurde . . .

In diesem Moment habe ich zum ersten Mal richtig begriffen, dass dieser sagenumwobene Alterungsprozess unabwendbar demnächst auch auf mich zukommen wird . . . und ich musste mich erst mal hinsetzen. Der Gedanke an meine kürzlich verstorbene Mutter ließ mich ganz wackelig werden, und ich hatte

| 21

ihre Worte im Ohr:»Ich kann's immer noch nicht glauben dass *ich* einfach alt geworden bin, ich hab immer gedacht, *mir* würde das nie passieren.« Und gekoppelt an diesen Stoßseufzer folgte dann immer ein Schwall von Warnungen, Klagen, Befürchtungen, Frust und Tod und Teufel, stets mit dem Tenor:»Alt werden ist zum Kotzen; wer hat denn diese Chose eigentlich erfunden?«

»So will ich nicht enden«, dachte ich jedes Mal für mich, während ich zig verschiedene Aufmunterungen von mir gab, die alle nie etwas genützt haben. Warum eigentlich hat meine einst so überbordend lebensfrohe, lustige, kreative Mama nie die Kurve gekriegt und ist noch mal tanzen gegangen oder hat sich neue Freunde gesucht oder irgendeine Art von Fortbildung gemacht? Immer noch auf den Steinstufen vor dem Museum sitzend, dachte ich an das berühmte Zitat von Mae West, die gesagt haben soll:

»Getting old is not for Sissies!«

Aber ich bin doch eine Sissi? Zumindest heiße ich so. Wenn Altern nix für mich ist, welche Alternative bleibt mir dann? Früh sterben? Dann fiel mir der Spruch meiner Oma väterlicherseits ein, die immer gesagt hat:»Wer nicht alt werden will, muss sich jung aufhängen«. Ne, ne! So eine billige Lösung kommt mir nicht ins Haus! Ich werde dieses weltberühmte Zitat höchstpersönlich widerlegen. *Getting old is good for Sissi* – das hat mir doch ein Astrologe schon vor 20 Jahren geweissagt, als er mir prophezeite, ich würde mit 63 überhaupt erst am Höhepunkt meiner Karriere angelangt sein.

Ich war damals sofort begeistert von dieser Vorstellung, sie erschien mir völlig logisch und hat mich seither ungemein beflügelt. Als Komikerin älter zu werden hat nur Vorteile, denn man darf viel frecher sein. Alte Menschen haben nichts mehr zu verlieren, und wenn sie respektlos alles sagen, was sie denken, ist das oft sehr unterhaltsam. Dieser Effekt tritt seltsamerweise auch dann schon ein, wenn man sich nur als alte Frau verkleidet. Deswegen habe ich in meinen Shows immer gerne betagte Damen gespielt.

Merke: Wenn du dich als älterer Mensch zum jammernden

Opfer der bösen Umstände entwickelt hast und nur noch davon redest, wie doof alles um dich herum geworden ist, dann finden dich die anderen zu Recht anstrengend und langweilig, weil du sie immer daran erinnerst, wie sie *nicht* enden wollen.

Wenn du aber ein strahlendes Vorbild abgibst dafür, wie man die ganze Chose mit guter Laune hinkriegt, dann suchen selbst junge Leute deine Nähe, wollen lernen, wie das geht, und sind scharf auf deine weisen Ratschläge. Zumindest die Klügeren unter ihnen – und nur mit solchen will man sich ja austauschen.

Ja, das ist der Weg, da will ich hin, das wird mein nächstes Projekt.

Ausgelöst durch diesen gedanklichen Auflehnungsprozess merkte ich, wie die Energie wieder durch meine Glieder zu strömen begann, und ich sprang von der Treppe auf und rief laut: »Ich will eine glückliche, lustige und weise alte Dame werden!«

Ein älterer Herr ging gerade an mir vorbei, nickte und outete sich als deutscher Tourist: »Bravo«, erwiderte er und lüpfte dabei galant den Hut, »wo ein Willi ist, ist immer auch ein Weg.«

Optimismus

Ich bin einfach Optimistin. Oder meinetwegen auch Utopistin. Ich fühle mich verantwortlich für die positive Energie meiner Geschichten. Selbst im größten Schlamassel versuche ich immer einen Funken Gutes zu entdecken, aus dem man die passende Pointe drechseln könnte, und bemühe mich in meinen Shows stets um ein anständiges Happy End mit Katharsis und allem, was dazugehört. Außerdem buddle ich leidenschaftlich gerne nach den goldenen Schlüsseln zu den eisernen Türen, die den Weg zu neuen Horizonten öffnen und das Individuum zu seinem höchsten Potential führen.

Als passionierte Bühnen-Schamanin, »Enten-Trainerin« und »Allround-Derwisch«, die seit 30 Jahren auf der Bühne steht, ist es doch klar, dass ich mit gutem Beispiel vorangehen möchte. Gerade wir Frauen haben eh so wenige Vorbilder, an denen wir uns in Sachen Alter orientieren können. Ich glaube auch, dass wir Mädels eine besonders harte Nuss zu knacken haben, wenn wir unsere äußere Attraktivität verlieren.

Aber im Alter werden ganz andere Dinge wichtig, und auch wir Frauen haben einen viel größeren Spielraum an Entfaltungsmöglichkeiten dazugewonnen. Da ich Showgirl bin mit Aszendent Zirkuspferdchen, schreibe ich alle erstrebenswerten Fantasien und Traumziele immer auf, komponiere die dazugehörigen Lieder, damit sich das positive Gedankengut durch häufige Wiederholung gut im synaptischen Geflecht festsetzen kann, und versuche, derart positive Songs zu erschaffen, dass man sie eigentlich Tag und Nacht in Endlosschleife spielen sollte, um sich immer wieder daran zu erinnern, was alles möglich ist. Einige dieser Lieder habe ich ins Buch reingenommen. Hier ein erstes Beispiel:

Der Ahnensong
Diese Welt lief immer gleich.
Arm blieb arm und reich war reich.
Die Vorfahren sind immer vorgefahren.
Die Nachfahren waren immer eingefahren.
Weil die schon nach ein paar Jahren
in Scharen genau wie ihre Vorfahren waren.
Hab keine Scheu und erfinde dich neu.
Was in dir steckt, gehört geweckt.
Wir ham 'ne neue Zeit, ein neues Zeitalter,
'ne neue zeitgemäße Art zu altern.
Unsre Ahnen konnten ja nicht ahnen,
welch tolle neue Zeiten sich da anbahnen.
Lass bloß nicht die Ängste der Ahnen
deine Zukunft für dich verplanen.

Bei meinen Auftritten mit meinen Solo-Shows auf diversen Bühnen im gesamten deutschsprachigen Raum trage ich das Ganze in einem kollektiven und natürlich sehr lustigen »Initiationsritus« an mein Publikum heran. Dann kommt das Buch quasi als »Long dance version« dazu, und so kann sich dieses Gedankengut durch die Lektüre wie in einem Kristallisationsprozess im Kopf weiterentwickeln, heranreifen und verfestigen, und schlussendlich kann hoffentlich bald jeder Einzelne losziehen auf die Reise in sein glückliches Alter.

Wenn man das Alter richtig angeht, ist es nicht die Zeit des Abbaus und Verfalls, sondern die Chance auf echtes Erwachen und höchste Vervollkommnung. Nicht umsonst teilt man in Asien, besonders in der hinduistischen Welt, das Leben in drei große Kapitel auf. Im Englischen reimt sich das sehr schön:

Learn, earn and return. (Lerne, verdiene und gib zurück.)

Der Schwerpunkt liegt anfangs mehr im Körper, dann im Geist und im Alter bei der Seele. Man ist zuerst jung, dann im mittleren Alter und schließlich alt. Heute freilich spricht man vom »Vierten Alter«, also einem erfüllten Zeitabschnitt, der früher in dieser Form noch gar nicht existierte und für den wir heute zum ersten Mal in der Geschichte der Menschheit einen eigenen Ansatz und auch neue Ziele brauchen.

Die spirituell gebildeten Inder ziehen sich im letzten Akt ihres Lebens immer mehr in die Meditation zurück und arbeiten daran, aus dem Rad der Wiedergeburt herauszukommen und *Moksha* (Befreiung der Seele) zu erlangen. Bei uns versuchen die betagten Menschen bisher eher in den Himmel zu kommen, indem sie Sky TV abonnieren ...

Gerade hierbei gehen viel Lebenszeit und damit auch wichtige Ressourcen verloren – also dann, wenn Menschen sich viel zu früh aufgeben, anstatt am Leben teilzunehmen und sich und ihre Lebenserfahrung weiterhin einzubringen. Wenn wir diese Passivität abstellen, wird die Überalterung zur großen Chance für alle werden.

PROPHYLAXE

Ich habe bisher in all meinen Bühnenshows im Nachhinein die großen Krisen meines Lebens bewältigt und zu einem Happy End transformiert. Diesmal aber liegt das »Krisenpotential« eindeutig vorhersehbar in der Zukunft. Also habe ich mir vorgenommen, es diesmal prophylaktisch anzugehen und es auf diese Weise hoffentlich erst gar nicht zu einer Misere kommen zu lassen!

Das ist definitiv die beste Lösung für mein privates Leben – und die schönste thematische Herausforderung für meine nächste Show.

Gejammer

Leider wird zu viel über das Alter und über die »Altenschwemme« gejammert. Da ist es ja wohl klar, dass ich in dieses Lamento nicht mit einstimme, sondern statt dessen versuche, der Sache sämtliche positiven Seiten abzugewinnen. Es ist also nur von Vorteil, dass ich selber noch nicht drinstecke in der Lage, mich mit den Problemen des Älterwerdens konkret herumschlagen zu müssen.

Wenn Sie, lieber Leser, nun beschließen, Ihre dritte Lebenshälfte unter ganz neuen Prämissen anzugehen, dann steht dem nichts im Wege – außer vielleicht Ihre eigenen tief verwurzelten negativen Glaubenssätze. Aber auch die kann man heutzutage professionell ganz wunderbar angehen – dazu kommen wir weiter hinten.

Ich habe mir mein Leben lang einen Wunsch nach dem anderen erfüllt. Leider muss ich zugeben, dass ich teilweise gar nicht so gut beraten war mit dem, *was* ich mir da gewünscht hatte, und vor allem den Endergebnissen dessen, was ich mir im jugendlichen Überschwang »erarbeitet« hatte. Dass mich aufgrund von Überarbeitung mit Mitte Vierzig ein Tinnitus befiel, zählt etwa zu den Dingen, die ich mir sehr gerne erspart hätte – aus denen ich aber auch sehr wertvolle Lehren gezogen habe.

Intuitiv war mir zudem immer klar, dass mein privates Leben und meine ganz persönlichen Erfahrungen das Einzige sind, worüber ich wirklich berichten möchte, wenn ich auf der Bühne stehe. Zwar reflektieren sich auch die Vorkommnisse unserer heutigen Zeit in meinen Geschichten, aber die wirklich großen Krisen finden in der Seele statt. Es war schon immer so: Je persönlicher ich von mir berichtet habe, umso mehr konnten sich die Menschen im Publikum von mir angesprochen fühlen und sich mit mir identifizieren. So konnte und musste ich mich privat und künstlerisch stets weiterentwickeln, weil ich ja meine Lebenskapitel in den jeweiligen Shows und Büchern reflektiere.

Getreu dem schönen Spruch »Wenn das Leben dir Zitronen gibt, dann mach einfach Limonade . . .« habe ich eine Zeitlang ganz schön viel Zitronenlimo getrunken und alles rausgeschwemmt aus meinem System, was mir nicht gut getan hat – und bin nun hoffentlich völlig entgiftet!

Ausbildung

Ich habe für mein berufliches Weiterkommen der Reihe nach mehrere verschiedene Ausbildungen gemacht, und das kommt meinen Bühnenshows sehr zugute. Es wird mit der Zeit alles immer leichter, denn jedes Mal, wenn ich eine neue Sache einübe, ist das Prinzip das gleiche: Man nimmt sich eine Disziplin oder ein Thema vor, arbeitet sich ein, indem man einzelne Lernschritte zuerst ganz langsam und dann immer schneller einprogrammiert, und irgendwann läuft alles wie von alleine. Ich habe dieses Lernverfahren erfolgreich angewendet und bin Tänzerin, Sängerin, Schauspielerin, Autorin und Musikerin geworden. Jetzt fühlt es sich für mich völlig normal an, auch das Altern auf diese Weise anzugehen. Ich behaupte einfach:

Das Älterwerden kann man genauso üben und lernen und zur Meisterschaft bringen wie jede andere Disziplin!
Wir reifen heran wie eine Frucht, die immer süßer wird, und dann müssen wir schauen, dass wir weich fallen. Das kann man lernen wie beim Judo! Älterwerden ist eine Kunstform wie Gitarre spielen oder Schauspielerei.

Der Einstieg: erst mal trainieren

Wenn sich der Vorhang hebt zum dritten Akt des Lebens, sollte man gut vorbereitet sein. Ich muss meine Nummern auch erst einmal schreiben, dann ausfeilen, wieder abspecken, genau platzieren und so lange üben, bis ich alles im Schlaf kann, und dann zigmal spielen, bis es endlich richtig schwerelos flutscht.

Ich fange einfach jetzt schon damit an, mich darauf vorzubereiten, dass ich irgendwann einmal schwächer und gebrechlich sein werde, und verlagere meine Interessen auf andere Gebiete. Früher habe ich etwa in Goa in meiner Auszeit jeden Tag mindestens vier Stunden getanzt, um mein Balletttraining zu erhalten. Heute mache ich dort nur noch rund zwei Stunden körperliche Arbeit und übe dafür mehr, zu musizieren und vor allem auch zu meditieren. Wenn ich es schaffe, schon jetzt mein Ego und die Identifikation mit meinem Körper zu überwinden, ohne mich körperlich dabei gehen zu lassen, dann sollte es mir doch in den nächsten 20 Jahren gelingen, mich von der schwerelosen Tänzerin, die ich einmal war, ohne Bitterkeit zu verabschieden.

Es ist übrigens auch wissenschaftlich erwiesen, dass selbst sehr schmerzhafte Vorkommnisse nicht ganz so traumatisch erlebt werden, wenn die Betroffenen die Möglichkeit hatten, sich im Vorfeld seelisch über längere Zeit darauf einzustellen. Warum sollte das mit dem Altern nicht auch klappen?

Eine neue Rolle

Für mich als Schauspielerin war es stets auch ganz normal, dass ich mich immer wieder in neue Rollen einarbeiten musste, und zwar, indem ich mich geistig und emotional darauf vorbereitet habe. Drum werde ich jetzt mit großer Freude in die Kostüme der alten Dame schlüpfen, die ich bald sein werde. Auf diese Weise kann ich durch die Arbeit an diesem Buch und der nächsten Show schon mal spielerisch in die nächste große Rolle meines Lebens hineinwachsen. Das könnte man vergleichen mit der Denke mancher Paare, die sagen:»Lass uns zuerst 'nen Hund zulegen, bevor wir uns ein Kind trauen.«

Seelische Einstellung

Es gibt genau zu diesem Zweck übrigens auch sogenannte»Altersanzüge«, die man tragen kann, um sich besser hineinversetzen zu können, wie es ist, alt zu sein. Man kann durch den dazu gehörigen Helm schlecht sehen und hören, und durch die eingearbeiteten Gewichte ist es sehr mühsam, sich zu bewegen. Wenn man so einen Anzug eine Zeit lang anhat, tut einem alles weh, und man kann daraufhin viel besser nachfühlen, wie es sein muss, in einem gebrechlichen Körper zu stecken.

Ich halte das für eine tolle Erfindung, um jungen Leuten mehr Empathie gegenüber Senioren beizubringen. Aber Untersuchungen über das Wohlbefinden älterer Menschen machen klar, dass all diese Einschränkungen gar nicht unbedingt sein müssen. Denn sowohl das Glücksempfinden als auch die Gesundheit sind ganz stark von der seelischen Einstellung abhängig.

Viele wissenschaftliche Untersuchungen belegen, dass wir uns überhaupt nur durch unsere Einstellung im Kopf krank machen und der Körper dieser Haltung dann folgt. Und genau deswegen werde ich in diesem Buch viel über die Kraft des Geistes schreiben, die es zu trainieren gilt. Ich lese natürlich auch viel über die gesamte Thematik, unterhalte mich, sooft ich kann, mit betagten Herrschaften, beobachte mit geschärften Sinnen, was das Alter für Seiten zeigt, und während dieser ganzen Arbeit ist mir klar geworden:

Die Jugend ist niemals der Höhepunkt des Lebens!

Nein, sie ist viel mehr eine unbedachte, hektische, getriebene und überaus unbewusste Durchgangsphase, in der wir das meiste, was mit uns passiert, überhaupt nicht mitkriegen.

Daher lautet meine These: Das Leben vollführt gar nicht zwangsläufig eine bogenförmige Kurve, die ab der Hälfte nach unten verläuft; wenn man sich nicht aufgibt, ist es eine stete Weiterentwicklung, eine Himmelsleiter, die wir an Wolke 7 lehnen können.

Im Alter liegen der Höhepunkt und die Katharsis!

Obwohl ich erst Anfang 50 bin, habe ich irgendwann kapiert, dass das Leben in zyklischen Mustern auf und ab schwingt und auch die schlimmsten Zeiten irgendwann vorbeigehen. Man muss sich einfach immer wieder den nächsten Neuanfang erkämpfen. »*Anni tscha*«, sagte der tibetische Mönch im Vipassana-Meditationskurs immer – »Auch das geht vorbei.« Die meisten Alten, die ich kenne, hatten mal Angst vorm Alter, aber »auch das ging vorbei«. Wenn wir aufhören, panisch vor dem Gedanken an Alter und Tod davonzulaufen, sondern dem Dämon ins Auge sehen, wird er sich wie von Zauberhand in einen Glücksdrachen verwandeln.

Früher war alles besser?

Leider leben viele ältere Menschen in der Vergangenheit und sind irgendwo in ihren Erinnerungs-Endlosschleifen steckengeblieben. Leute, die chronisch derart drauf sind, sagen ständig Sätze, die anfangen mit dem berühmten »Früher war alles besser!« oder mit »Damals hatte ich noch . . .«. Aber genau hier, jetzt und heute ist die Zeit, von der dieselben Leute später mal sagen werden, wie toll sie gewesen sei – obwohl sie gerade nur lamentieren.

Um solche Kandidaten sollten Sie in Zukunft einen großen Bogen machen. Denn schlechte Energie ist wie eine giftige Wolke, die die gesamte Umgebung verschmutzen und anstecken kann. Unbewusste Menschen neigen dazu, die Vergangenheit zu überhöhen und zu verklären, dabei weiß man heute längst, dass das Gehirn Erinnerungen immer wieder neu erstellt. Es blendet manche Tatsachen im Laufe der Zeit ganz aus (meistens die negativen) und rückt andere Dinge immer stärker in den Vordergrund und in ein schmeichelhaftes Licht. Wir formen also unsere Vergangenheit immer mehr nach unseren individuellen Bedürfnissen, und jedes Mal, wenn wir den Erinnerungsfilm im Gehirn abrufen und die dazugehörige Anekdote erzählen, schmücken wir sie noch ein bisschen schöner aus. Dann vergleichen wir diesen irreal perfekt beleuchteten Film vor unserem inneren Auge mit der vielleicht etwas düster daherkommenden Gegenwart, und da kann man dann schon mal ins Schwärmen geraten über Dinge, die genau genommen damals gar nichts Besonderes waren.

Das Schlimmste daran ist jedoch, dass man wegen dieser obsessiven Verklärung der Vergangenheit dem gegenwärtigen Moment leider keine Chance gibt, ein guter Moment zu sein. Das ist, als würde man in einem Zug sitzen bleiben und nie aussteigen, sondern immer nur jammern, dass die Station, an der man gerade vorbeigerauscht ist, wahrscheinlich die schönsten Sehenswürdigkeiten, Vergnügungen und Wanderwege geboten hätte.

Tipp

Schärfen Sie Ihre Wachsamkeit: Wenn Sie sich dabei ertappen, dass Sie gedanklich in der Vergangenheit sind oder dass Sie schimpfen und lamentieren, hören Sie sofort damit auf und richten Sie Ihre Aufmerksamkeit auf das Positivste, was Sie gerade finden können.

Und wenn andere Menschen in Ihrer Gegenwart dauernd von früher reden, dann versuchen Sie, die Unterhaltung auf ein gegenwärtiges Thema zu bringen, oder ziehen Sie sich zurück. Es ist Ihr gutes Recht, sich und Ihren Energiehaushalt zu schützen.

Es gibt übrigens einen magischen Satz, der uns quasi automatisch aus der Vergangenheit herausholt und uns dabei hilft, sofort eine sonnigere Zukunft kreieren zu können. Er lautet:
Wäre es nicht schön, wenn ...

Wäre es nicht schön, wenn Sie sich ab jetzt voller Vorfreude auf Ihr Alter vorbereiten würden?

Wäre es nicht schön, wenn Sie ab jetzt juchzend in die Zukunft schauen, weil Sie genau wissen, dass da eine total geile Zeit bevorsteht?

Wäre es nicht schön, wenn alle Träume, die Sie je hatten, demnächst in Erfüllung gehen?

Jedes Mal, wenn Sie ein Problem haben, wenden Sie diesen Halbsatz an und suchen gedanklich nach dem bestmöglichen Ausgang aus der Misere. »Wäre es nicht schön, wenn ...« ist eine Zauberformel, die Ihnen helfen wird, Ihren Geist darauf zu trainieren, Lösungsmöglichkeiten zu finden. Sie wird Ihre momentane Stimmung sofort heben, und wer eine optimistische Vision hat, wird Probleme besser meistern. Das ist eine wissenschaftlich bewiesene Tatsache.

Es ist nicht so, dass man ein positives Lebensgefühl hat oder eben nicht. Man kann es *kreieren*, wenn man ein bisschen achtsam ist und weiß, wie's geht. Gerade wir Deutschen haben da noch viel Spielraum nach oben! Wir sind per se nicht unbedingt die größten Frohnaturen vor dem Herrn, aber nichts ist unmöglich, und wir können uns ja auch mal etwas abgucken von anderen Mentalitäten.

Der Spanier zum Beispiel nennt sich ab Rentenbeginn *el Jubilado,* zu deutsch *der Jubilierende.* Es gibt mittlerweile viele teutonische Senioren, die sich davon inspirieren lassen und ihren Lebensabend in Torremolinos oder auf Mallorca verbringen, Sangria trinken und »Polonesas Blancanesas« tanzen. Sich an den Spaniern zu orientieren ist eine gute Idee, denn die haben die höchste durchschnittliche Lebenserwartung Europas.

Wäre es nicht schön, wenn auch Sie tagtäglich ein bisschen vorankämen in Richtung Ihres persönlichen Wunschtraumes?

Dann programmieren Sie dieses Traumziel jetzt in Ihr inneres Navi ein. Es könnte ungefähr so klingen:

OCEANVIEW VILLA am SONNENWEG, ECKE LACHER-STRASSE, in GLÜCKSHAUSEN AN DER JUCHEI

Gehen Sie niemals unbedacht, schlecht gelaunt und ohne Navi oder ohne nach dem Weg zu fragen einfach nur im Autopilot durchs Leben. Sonst landen Sie womöglich aus Versehen im

JAMMERBUNKER, SCHWARZMALERGASSE, ECKE NÖRGEL-WEG, in TRÜBSAL AN DER WINSEL

Sie haben es in der Hand. Sie müssen nur lernen:

1. die Karte zu lesen
2. die Weichen zu stellen
3. das Steuer in die Hand zu nehmen
4. auf Kurs zu bleiben und
5. bewusst und achtsam zu lenken.

Das wird die Fehlerquote beträchtlich senken.

Der Wagen

Es gibt eine Tarotkarte, die genau beschreibt, wovon ich in diesem Buch oft rede. Diese Karte heißt »Der Wagen« (»The Chariot« im Wait Tarot). Darauf ist ein Kutscher zu sehen, dessen Gefährt von einer weißen und einer schwarzen Sphinx gezogen wird. Die schwarze steht für schlechte Gewohnheiten und rein instinktive Reaktionen. Die weiße verkörpert gute Vorsätze, bewusste Ziele und hohe Ideale.

Übertragen heißt das: Es gibt Leute, die ihre Tage mit Beschäftigungen füllen, die sie selbst und andere glücklich machen und weiterbringen – hin zu ihren wahren Zielen und zu einem Leben in Harmonie. Andere Menschen hingegen versumpfen, wenn sie Zeit haben, weil sie nix mit sich anfangen können oder weil ihnen keiner beigebracht hat, wie man den Weg findet, der einen zum persönlichen Wunschtraum und zu seinem höchsten Potential führt.

| 33

Die Herausforderung dabei ist, dass jeder nur auf seine ganz spezielle Weise glücklich wird. Das heißt, jeder muss für sich selber erkennen, wo seine persönlichen »Glückskoordinaten« liegen, und herausfinden, wo er wirklich hinwill. Man kann es sich also nicht beim Nachbarn abgucken, und man sollte sich auch nichts einreden lassen, sondern muss so lange rumprobieren, bis es plötzlich da ist: dieses unvergleichliche Gefühl, angekommen zu sein.

Wünsche müssen kontinuierlich neu geschmiedet werden – das ist ein niemals endender Prozess. Aber je älter wir werden, umso größer ist unsere Selbsterfahrung und umso besser kennen wir uns und wissen Bescheid darüber, was wir wirklich brauchen und was wir nicht vertragen. Das ist doch der allergrößte Vorteil am Älterwerden!

Die Vorteile im Alter

Für viele ist das Thema Alter verbunden mit dem Verlust der Schönheit, Gesundheit und des Gedächtnisses. Das Alter bringt aber auch sehr viele Vorteile mit sich. Denn das, was im Laufe der Jahre unwiederbringlich schwindet, wird kompensiert durch andere, neue Qualitäten, und diese Tatsache wird von sämtlichen Alternsforschern bestätigt.

Wir gewinnen – wenn wir es richtig angehen – Geduld, Weisheit, Humor, Zuversicht und innere Entspanntheit. Okay, wenn wir jung sind, können wir Bäume ausreißen. Wenn wir alt sind, pflanzen wir lieber welche – und zwar genau die, die wir wollen.

Wir müssen, wenn alles gut läuft, uns und anderen nichts mehr beweisen und können uns in Zufriedenheit üben und auch einen gesunden Stolz entwickeln über Errungenschaften, die wir erreicht haben. (Darauf freue ich mich selber schon sehr, denn bis zum heutigen Tage setze ich mich immer noch arg unter Druck.)

Außerdem lernen wir immer mehr, Einfluss zu nehmen auf die Sinuskurve unserer Ups und Downs, um nicht mehr ganz so tief runterzurauschen, wenn mal etwas nicht klappt. Wir haben im Idealfall gelernt, stabil im oberen Bereich zu verweilen, ein reifer Mensch braucht keine Achterbahn und keine Loopings mehr, sondern hält die Zügel lieber fest in der Hand, weil er begriffen hat, dass die Kutsche eh nie anhält. Der Alterungsprozess geht unaufhörlich weiter, die Zeit wird immer wertvoller, und deswegen werden wir quasi automatisch selektiver und, wenn wir uns ein wenig darum bemühen, auch achtsamer, einfühlsamer und bewusster.

Man könnte also mit Fug und Recht behaupten, dass das Leben allen Grund hat, ständig besser zu werden. Da es mir an dem Punkt aber an der persönlichen Erfahrung fehlt, wie sich das Ganze wirklich anfühlt, wenn man selbst erst mal über 70 ist, habe ich beschlossen, darüber mit meiner allerliebsten, bezaubernden Freundin zu reden.

Marlene und die neuen Qualitäten des Alters

Marlene Witzleben ist der typische Fall einer »Neuen Alten«. Sie ist 75 und eine »Alt-68erin«, wie sie im Buche steht. Damals war sie ganz vorne mit dabei in der Jugendbewegung der 70er-Jahre, und jetzt erfindet sie ihr eigenes Alter neu. Ich habe sie in Goa kennengelernt, als sie auf einem Felsen am Strand saß und auf ihrem drei Meter langen Alphorn geblasen hat. Sie bereist Indien schon seit ihrer Jugend und ist ein nie versiegender Quell an Weisheit, gepaart mit Humor und der Prise ganz normalen Wahnsinns, den man braucht, um auch im Alter so jugendlich zu bleiben.

Wenn ich Marlene zuhöre, verliere ich nicht nur die Angst vorm Älterwerden – ich kriege sogar richtig Lust drauf! Sie ist einer der wenigen Menschen, die ich kenne, die völlig darüberzustehen scheinen – über all den Ängsten vor den späten Jahren. Sie sagt immer:

Ein Geburtstag ist wie ein Glas Bier: Wenn man genug davon gehabt hat, hört man ganz von alleine auf zu zählen.

Deswegen werde ich ab jetzt quasi mit ihr zusammenarbeiten und ihre Kommentare einfach direkt im Buch einbauen.

Ich werde nie vergessen, wie Marlene zu unserem ersten Gespräch über dieses Buch aufkreuzte. Sie hatte sich für mich besonders schön gemacht und sah aus wie ein reich geschmückter Weihnachtsbaum. Sie liebt wie ich alles Asiatische und hat sich aus mehreren Kimonos einen formidablen, locker an ihr herabfließenden Fummel nähen lassen. Dazu trägt sie bunte Armreifen bis zum Ellenbogen, die bei jeder Bewegung klingeln, und um den Hals einen ganzen Reigen von Perlketten in allen Längen bis runter zum Nabel.

Ich mache ihr große Komplimente, besonders für die geile Idee, zwei Barbiepuppenköpfe zu Ohrringen umzubasteln. Dann frage ich sie direkt, ob es denn für sie auch Vorteile gäbe beim Älterwerden. Sie winkt nur ab und lacht schallend.

Na klar, massig. Das Alter hat ganz viele neue Qualitäten. Man hat zum Beispiel absolute Narrenfreiheit und kann erzählen und tun und lassen, was man will. Nur als Beispiel: Wenn ich heut beim Bankomaten Geld abheb, ruf ich immer ganz laut: »Gewonnen!« Oder letzterdings war ich im Zoo mit meiner Enkelin und wir kamen aus'm Raubtierhaus, und ich hab laut geschrien: »Die Tiger sind ausgebrochen, alle Mann in Deckung!« Das fand die superlustig! Dann waren wir beim Einkaufen, und ich stand in der Umkleidekabine, und sie sagte: »Oma, was machste denn für komische Geräusche?«, und ich sag darauf ganz laut: »Oh shit, die ham hier gar kein Klopapier in der Kabine.«

Wenn du alt bist, kannste dir jeden Quatsch erlauben. Also wenn ich gewusst hätte, dass Älterwerden so lustig ist, ich hätt ja schon viel früher damit angefangen. Alles wird irgendwie entspannter, auch weil die Sinne nicht mehr so scharf sind. Manchmal glaub ich, das hat Mutter Natur mal wieder gefickt eingeschädelt, dass man mit den Jahren nicht mehr so gut sieht. Man kriegt dadurch irgendwie 'nen milderen Blick, auch für die eigenen Falten und die der Freunde, und auch das Putzen wird dadurch viel einfacher: Was ich nich seh, wisch ich auch nich weg! Und meine Brille setz ich immer seltener auf, da geht's nämlich immer gleich so zu! Auch mein Hörgerät funktioniert nur, wenn ich Lust hab. Mein Gott, du glaubst gar nicht, was ich mir jetzt alles für Gelaber erspar. Viele Leute sind ab 'nem gewissen Alter ja nur noch am Jammern. Früher hab ich oft aus Höflichkeit noch »O weh« und »O Gott« dazu gesagt. Heut weiß ich: Ich bin zu jung für so 'nen Kindergarten!

Ja, stell dir mal vor, ich hab danach 'nen Hirnschlag und fall tot um. Dann ist das olle Gemäkel das Letzte, was mir noch in den Ohren schwingt, wenn ich drüben ankomm. Ne, ne, das kommt mir nicht in die Tüte, ich bin da inzwischen ganz konsequent geworden.

Aber die größte Erleichterung für mich persönlich ist, dass ich nicht mehr dauernd auf die Piste muss. Früher hab ich's keinen Abend zu Hause ausgehalten, weil ich so dermaßen Hummeln im Arsch hatte. Jetzt hab ich mich in dem Punkt schön ausgetobt und geh nur noch zwei Mal die Woche feiern, und ich muss auch nicht mehr ständig aus einem Meter Höhe in den Spagat springen, das tut meinen Hüftgelenken nämlich nicht gut, und als 75-Jährige biste doch sowieso der Star in jeder Disco.

Jetzt nehm ich mir mehr Zeit für die wichtigen Dinge des Lebens, die innere Einkehr und den Kram, du weißt schon, dir muss ich das nicht lang erklären. Wat für 'ne Wohltat! Endlich kümmere ich mich auch mal um andere Leute, ich bin jetzt »Leih-Oma« im Waisenhaus bei uns im Kiez. Da geh ich immer gern hin und les den Kleinen was vor. Das is zwar anstrengend, aber macht auch echt Freude. Da sind ein paar echte Engelchen dabei, über die halt ich meine Hand und geb denen bisschen Wind unter die Flügel.

> **Tipp**
>
> Das ist ein wichtiger Punkt, den Marlene da anspricht: Man sollte sich beizeiten vernetzen und gegenseitig helfen in der Nachbarschaft! Das schafft Freude und neue Freunde. Durch ein bisschen Kooperation und Hilfsbereitschaft kann man sich ein intaktes Umfeld schaffen, in dem man sich dann im Alter aufgehoben und beschützt fühlt. Einsamkeit ist erwiesenermaßen der größte Krankmacher im Alter, und dagegen sollte man früh genug Vorsorge treffen.

Darauf gehe ich später noch mal näher ein – sowohl auf das Thema Generativität (generationsübergreifende soziale Tätigkeiten) als auch die Kunst der Vernetzung und des mit sich Allein-sein-Könnens.

Jetzt ist Marlene gerade so schön in Fahrt, da höre ich lieber zu, denn sie spricht mir aus der Seele. Gerade den nächsten Punkt kann ich sehr gut nachfühlen:

Ich bin ja überhaupt kein Fan von dieser Denke, dass man sich im Alter nicht mehr aufbrezeln soll. Ganz im Gegenteil! Sich hübsch machen ist für mich ein wichtiges Ritual, das man sich wert sein sollte und das jeden Tag die Kräfte und Lebenssäfte wieder neu zum Fließen bringt. Wenn man sich gehenlässt, ist das der Anfang zur Wende zum Ende. Ich bin einfach am glücklichsten mit dickem Lidstrich, deswegen gibt's den bei mir eben schon zum Frühstück! Ich erlaub mir inzwischen jede Extravaganz, das puscht das Lebensgefühl, und ich lieb es zum Beispiel, wenn der Schmuck nur so an mir rumdängelt. Das is Jingle Bells im Sommer! Haha!

Marlene schüttelt sich und lässt die Armreifen klingeln.

Da denk ich immer, dasse für mich auf'm Kamelmarkt noch 'nen guten Preis bezahlen würden. Und mehrstöckige Hüte mit viel Deko drauf, die machen 'nen schlanken Fuß. Das kommt mir grad gelegen, ich hab momentan nämlich bisschen Wasser in den Beinen.

Ich find, Schmuck, Schminke und Kleidung sind Drogen, die Spaß machen, ohne ungesund zu sein, und es ist mir auch schnurzegal, wenn ich völlig overdressed zwischen lauter grauen Mäusen steh, das kann man gleich als Übung nehmen, bei sich zu bleiben und drüberzustehen. Aber bitte, jeder soll machen, was seinem Typ entspricht. Wenn sich einer nur in 'nem popelgrünen Hemd zur leberwurstfarbigen Sportjacke wohlfühlt – meinetwegen. Aber ich sag dir, Farben färben auf die Seele ab, und das will man doch nich, so 'ne popelgrüne Seele.

Wir lachen beide aus voller Kehle, ich hole eine Flasche Schampus aus dem Kühlschrank. Wir erheben das Glas und genehmigen uns einen kühlen Schluck.

»Alte Schachtel?«

Früher waren Frauen ab einem bestimmten Alter automatisch »alte Schachteln«. Heute sind wir zu Schmuckschatullen geworden, die sich selber mit reichem Wortschatz füllen und prachtvollen Ideen, mit famosen kreativen Preziosen und geistigen Juwelen. Denn die größten Kostbarkeiten sind nun mal wahre Liebe und Weisheit. Früher war man nur als gute Putze eine Perle; heute sind wir wie geschliffene Diamanten mit 100 000 Karat – das sind die Neuen Alten mit Format!

Aber kaum stellt sich das wohlige Gefühl ein, dass wir in eine rosige Zukunft gleiten können, in der das Altwerden auch viele Vorteile hat, werden wir unter Beschuss genommen von der Schwarzmalerei der Medien.

GUTER INPUT STATT NEGATIVPROPAGANDA

Zu schaffen machen uns natürlich in erster Linie die »*demografischen*« Untersuchungen, die aber nur »*grafisch demo*-nstrieren« können, was rein theoretisch passieren würde, wenn alles genau so weiterliefe wie bisher. Aber die Welt und das Leben – und besonders wir Menschen – sind wirklich das Unberechenbarste, was es gibt.

Daher glaube ich, dass hier der wunderschöne und gern zitierte Grundsatz gilt: Es kommt erstens immer anders und zweitens als man denkt! Wir werden auf zigmillionenfache Weise Abhilfe schaffen – nämlich jeder erwachte Mensch in seinem persönlichen Umfeld. Aber die Medien liefern unaufhörlich Brennstoff für die Ängste der Menschen, immer nach dem Motto: In 20 Jahren gibt's nur noch alte Leute; da kommen dann auf jeden Falschparker 5 Rentner, die mit Heugabeln um ihn herumstehen und ihn anzeigen.

Da darf man dann ab 70 bei Rot über die Ampel gehen; ab 80 musste, und ab 90 wirste geschubst. Die Kosten im Gesundheitswesen werden explodieren, nur die Rentner leider nicht.

Generell wird mit Gebrechlichen in Zukunft härter umgesprungen. Dann müssen Magersüchtige den Gürtel enger schnallen, Beinamputierte kürzer treten, Unfallopfer richtig bluten und Schizophrene doppelt zahlen! Und dank Pflegenotstand kriegst du statt 'nem Zahnersatz nur noch 'nen Pürierstab.

Auf diesem Niveau, in dem sich der Massengeschmack zu suhlen scheint, klinken sich dann auch noch unzählige düstere Science-Fiction-Filme ein. Wenn ich im Flieger nach Indien die Play-Liste der Filme anschaue, sehe ich nur schwarz, so vieles ist im »Grusel-Style« gehalten und variiert nur noch mit ein paar kleinen Farbtupfern von »Alien-Lila« über »Space-Blau«

zu »Schleim-Grün«. Untote Zombies übernehmen den Planeten, den Menschen drohen Krankheiten und Weltverschwörungen – alles ist irgendwie dem Untergang geweiht. Bunt geht es nur noch bei den Animationsfilmen für Kinder zu, und auch da wird die »Spooky Linie« schon ab sechs Jahren eingeführt. Ich habe neulich in einem Supermarkt drei verschiedene »Vampirella Barbiepuppen« in der Hand gehalten! Positiv zu sein ist in Filmen und Serien und leider auch vielen privaten Kreisen völlig out. Es gilt als naiv, und man wird dafür verarscht. Dazu kann ich nur sagen:

Positiv zu sein ist der wichtigste Lebensmotor. Nur wer positiv ist, kann sein Leben und seine Pläne meistern.

Ich möchte hier keine »Verstörungstheorien« absondern, warum in den Medien schwarzgemalt wird. Ich kann Ihnen nur ans Herz legen:

Tipp

Halten Sie sich fern von allen grausamen, brutalen und hoffnungslosen Szenarien – und zwar sowohl in Filmen als auch in Büchern, im Internet und in Videospielen. Der Stress, den man bei so etwas ausschüttet, ist Gift für die Seele und vor allem für das Immunsystem. Feinstoffliche negative Energien dringen in unser System ein und schwächen unsere Fähigkeit, positive Dinge in unserem Leben manifestieren zu können.

Vermeiden Sie negativen Input

Würden Sie verstrahlten Giftmüll unter Ihren frisch gepflanzten Obstbaum schmeißen? Eher nicht, oder?

Wir haben schon alle Hände voll zu tun, die gute Laune nicht zu verlieren, wenn das alltägliche Leben uns beutelt. Da muss man sich nicht zusätzlich und womöglich noch zur »Entspannung« (?) vorm Zubettgehen irgendeine brutale Gangster-Action-Chose reinziehen, die uns den Schlaf stiehlt und die Träume versaut.

Das Gleiche gilt übrigens auch für 80 Prozent der »News«, die uns 24 Stunden am Tag um die Ohren gehauen werden.

Leider ist für viele ältere Menschen der Fernseher oft der Dreh- und Angelpunkt im Leben. Und so hören sie sich wie hypnotisiert mehrmals täglich immer wieder die gleichen schlechten Nachrichten an. Ich konnte förmlich mitverfolgen, wie meine Mutter, die eigentlich eine extrem lebensfrohe Frau war, durch die täglichen Katastrophenmeldungen, die ihr aus dem TV entgegenkamen, immer ängstlicher, negativer, trauriger und hoffnungsloser wurde.

Am Ball bleiben

Ich plädiere natürlich *nicht* dafür, sich völlig abzuschotten und keine Nachrichten mehr zu schauen! Denn es ist wichtig, sich politisch weiterzubilden und gesellschaftlich am Ball zu bleiben. Es gibt heute zig Methoden, wie man sich auf dem neuesten Wissensstand halten kann, ohne dass man seine Tage nach den Nachrichten takten muss.

Tipp

Ich empfehle, online mehrere Zeitungen – wenn möglich aus verschiedenen Ländern – quer zu lesen. So bekommt man einerseits Zugriff auf die wirklich wichtigen Neuigkeiten und zugleich etwas Abstand, weil man sieht, wie unterschiedlich mitunter berichtet wird. Außerdem sollte man den Zeitpunkt bewusst wählen, an dem man sich das geballte Grauen der gesamten Welt reinzieht. Gerade morgens ist man besonders dünnhäutig, und die erste halbe Stunde nach dem Erwachen ist eine Phase, in der man sich eher positiv auf den Tag einstimmen sollte.

Unsere Medienlandschaft dient in erster Linie dem Kommerz und baut darauf auf, dass Unsicherheit und das Gefühl der Sinnlosigkeit durch möglichst viel Konsum kompensiert werden. Deswegen werden die Menschen zu Konsum-Enten erzogen. Ich komme mir manchmal vor, als wäre ich in einem schlechten Science-Fiction-Film gelandet, in dem ein Bösewicht hinter einer Maske mit Robotersprache sagt:»Das Gehirn der Menschen ist eine Festplatte! Wir werden uns als feindliche Hacker in das kollektive Unterbewusstsein der Bevölkerung einloggen, sie mit unaufhörlicher Angstpropaganda mutlos und krank machen, und dann können wir sie perfekt manipulieren und ausnehmen wie 'ne Weihnachtsgans – har har har!«

Wir müssen lernen, uns abzugrenzen

Jeder sollte versuchen, die Medien in geordnete Bahnen zu leiten, und sie daran hindern, ununterbrochen unsere gesamte Aufmerksamkeit auf sich zu ziehen. Wenn wir auf jede Nachricht reagieren, die auf uns einstürmt, verlieren wir im Lauf der Zeit die Kontrolle über unser Leben und unsere Energien. Vieles von dem, was da aus TV, Radio, Zeitungen und Internet herausströmt, ist einfach nur Panikmache! Wenn ich den Fernseher anschalte, höre ich ständig Kommentatorenstimmen, die mit düsterem Timbre eine unheilvolle Zukunft in den schwärzesten Farben ausmalen. Dazu erscheinen Bilder, bei denen man als sensibler Mensch nur noch sagen kann:»Bring ich mich jetzt gleich um oder geh ich vorher noch duschen?«

Unsere Psyche ist nicht dafür gebaut, 24 Stunden am Tag mit dem gesamten grauenhaften Leid dieser Welt konfrontiert zu werden! Dadurch wird auch nichts besser – im Gegenteil!

Angstmacherei ist extrem kontraproduktiv, weil sie bei den Menschen das Gefühl der Überforderung verstärkt und uns dadurch schwächt!

Die ständigen Hiobsbotschaften dienen letztlich nur der Auflage, den Clickraten und den Einschaltquoten. Negatives verkauft sich einfach besser! Außerdem bekommt man mehr Macht über die Massen, wenn man sie in Angst versetzt, weil sie sich dann nach einem Beschützer sehnen. Und wenn man den Leuten Schuldgefühle vermittelt, macht man sie passiv. Die Menschen stumpfen ab oder fallen in eine Überforderungsstarre – man weiß gar nicht mehr, wo man anfangen soll, sich einzusetzen, und gibt lieber gleich auf.

Dazu eine kleine Geschichte vom Dalai-Lama:

Ich hatte vor einiger Zeit die großartige Gelegenheit, den Dalai-Lama in kleinem Kreise zu treffen, und habe ihn Folgendes gefragt:

»Der Buddhismus lehrt uns so viel über Mitgefühl, aber wenn ich mir das immense Leid auf dieser Welt anschaue, fühle ich mich völlig überfordert. Ich habe das Gefühl, mich schützen zu müssen vor all dem Grauen, weil ich mich als sensibler Künstler nicht verhärten möchte. Ich weiß auch nicht, wo ich anfangen soll zu helfen. Was soll ich tun?«

Er hat genickt und gesagt: »Das ist eine sehr gute Frage, und es gibt drei Schritte zu beachten.

Der erste ist, selbst kein Karma mehr zu erzeugen! Das heißt, nicht noch mehr Schlechtes in die Welt zu bringen. Der zweite Schritt ist, in seinem persönlichen Umfeld, in dem man Einfluss nehmen kann, so viel Gutes wie nur möglich zu tun. Und der dritte Schritt ist, jeden Tag zu beten für die, denen es nicht gut geht. Ich bete täglich für diejenigen, die in den Konzentrationslagern umgekommen sind. Für Seelen ist ein Gebet wie Brot für die Menschen.«

Ich finde, das war ein wirklich guter Rat, denn er erlöst uns von dem dauernden Schrecken und auch vom chronischen Schuldgefühl, das uns geradezu paralysiert. Gutes zu tun *in seinem direkten Umfeld* – das ist heute bereits die große Stärke der Alten, die Gott sei Dank einen großen Teil aller sozialen und ehrenamtlichen Betätigungen übernommen haben und dadurch auch selber wieder voll eingebunden sind in ein reiches Leben. Das ist viel effizienter, als sich von den Schreckensnachrichten aus aller Welt entmutigen zu lassen und nichts zu tun.

Merke:
Nur »domestizierte Arbeitsprimaten«
geben täglich brav die »Einschalt-Pfote«
und erhöhen freiwillig die Idiotenquote!

Ich habe das Gefühl, unsere Gesellschaft spaltet sich gerade immer mehr auf in diejenigen, die vor irgendwelchen Bildschirmen dahindämmern, sich nur noch Infos aus dritter Hand reinziehen und die folglich auch völlig passiv ihren Lebensabend verbringen werden, und diejenigen, die bis zuletzt aktiv im Leben mit dabei sein wollen. Ich bin für mich zu dem Schluss gekommen, dass ich mich entscheiden muss, was ich sein will: eine *Vor-Denkerin* oder eine *Nach-Denkerin?* Beides gleichzeitig ist schwer.

Wenn ich mich ständig mit allem auseinandersetze, was tagtäglich so geschieht, bin ich ununterbrochen am *Re-agieren* und darüber *Re-flektieren* und muss darüber *nach-denken,* um es verarbeiten zu können.

Wenn ich mit wachem Geist mein Leben von Moment zu Moment optimal kreieren möchte, muss ich Zeit zum Visionieren haben und unabgelenkt bleiben. Nur so kann ich zur *Vor-Denkerin* werden, die sich gute Lösungen einfallen lässt – zum Beispiel zum Thema Älterwerden.

Dies alles soll jetzt nicht heißen, dass ich uns gerne wieder in eine Steinzeit ohne jegliche Medien zurückversetzen möchte. Wir leben nun mal in einer neuen Zeit mit neuen Herausforderungen und neuen Lernschritten, und sie bietet natürlich auch unglaublich viele Vorteile. Aber eben auch Gefahren, und wir müssen wissen, wann und wie wir uns davon abgrenzen – und vor allem auch unsere Kinder.

Kinder schützen

Die Kinder müssen wir aktiv schützen vor der geballten Einflussnahme der Medien, insbesondere Fernsehen und Internet. Man weiß heute, dass Kinder, die von ihren Eltern vor dem Fernseher geparkt werden, extreme Lernstörungen haben und – hier wird's für uns Alte spannend – dass Menschen mit solch einer TV-Kindheit viel früher dement werden. Wenn Sie also mitkriegen, dass Kinder in Ihrem Umfeld zu viel vor den Bildschirmen sitzen, werden Sie bitte aktiv und holen Sie sie da weg. Das geht – zum Beispiel durch spannende Spiele, kleine Auftragsarbeiten (um das Taschengeld aufzubessern) oder einfach mit einer spannenden Geschichte darüber, was aus Kindern wird, die nur noch daddeln oder glotzen. Ältere Menschen tragen hier aufgrund ihres Wissensvorsprunges eine nicht zu unterschätzende Verantwortung.

Tipp

Sie sollten mit sich und Ihren Kindern »TV-Hygiene« betreiben. Ich finde, die Flimmerkiste gehört nicht ins Zentrum des Familienlebens im Wohnzimmer, wo die gemütliche Sofaecke steht und wo Menschen sitzen und miteinander reden wollen, sondern in ein eigenes Fernsehzimmer. Bei den heutigen Flachbildschirmen kann man sie auch locker in einem Schrank oder hinter einem Vorhang verschwinden lassen und nur hervorholen, wenn etwas läuft, das Sie wirklich sehen wollen. Sie werden sich wundern, wie viel Zeit Sie plötzlich für sich, Ihre Lieben und Ihr neues Leben haben.

Ich persönlich schaue sehr selektiv fern: Beiträge, die mich wirklich interessieren, und manchmal lustige oder fantasievolle Filme. Leider gibt es auch da Gewaltszenen – dann schalte ich sofort um, weil ich das nicht ertrage. Im Kino halte ich mir während solcher Sequenzen die Ohren zu und beuge mich vor, damit ich nichts davon sehen muss. Ich schaue mir stattdessen die Gesichter der Menschen an, die wie gebannt auf die Leinwand starren, wenn einer dem anderen Leid zufügt. Es ist mir ein Rätsel, wie man das anschauen kann, ohne in Tränen auszubrechen. Diese ganze Welt (und das, was hier anscheinend als normal gilt) erscheint mir in solchen Momenten oft als völlig ver-rückt.

Stellen Sie sich vor, wie es sich für einen spirituell höher entwickelten Alien anfühlen würde, wenn er sich bei uns umschaute. Er würde durch einsame Straßen gehen und überall das Licht der Fernseher in den Fenstern flackern sehen. Und er würde zu Recht denken, dass wir alle völlig ferngesteuert dahinvegetieren.

Aber auch das ständige Simsen und Twittern fordert seinen geistigen Tribut: In Korea hat man jetzt herausgefunden, dass die Aufmerksamkeitsspanne von Teenagern nur noch 30 Sekunden beträgt, und die meisten von ihnen sind inzwischen wieder zu Quasi-Analphabeten geworden, die nur noch in Kürzeln kommunizieren können, weil sie ihre gesamte Freizeit in Chatrooms verbringen. Am liebsten fotografieren sie ihr Essen und schicken sich gegenseitig Bilder davon, wo sie gerade sind.

Als ich vor 12 Jahren bei Peter Maffays *Tabaluga* mitgespielt habe, war das Tollste an jedem Abend, beim Finale auf diesem langen Laufsteg nach vorne zu gehen und in die strahlenden Augen der Leute zu schauen. Als ich vor zwei Jahren wieder dabei war, haben wir nur noch in ein Meer von Smartphones geschaut. Die Leute – auch die kleinen Kinder! – haben gar nicht mehr primär der Bühnenshow zugesehen und dieses gigantische Erlebnis mit all seinen Wahnsinnseffekten miterlebt. Nein, sie waren damit beschäftigt, alles zu filmen.

Ja, es tut sich gerade sehr schnell sehr viel auf dieser Welt. Für mich wird es daher umso wichtiger, immer öfter mal innezuhalten, um all das auf mich einwirken zu lassen und während einer Meditation wieder zur Ruhe zu kommen.

Buddha-Statue

Wenn man sich eine Buddha-Statue ansieht, könnte man denken: »Na ja, der Typ legt ja bloß die Hände in den Schoß.«

Aber dieser Mann hat vor 2500 Jahren die Revolution genau dort angeschoben, wo sie losgehen muss: nämlich im tiefsten, innersten Selbst, im eigenen Herzen. Und ist es nicht erstaunlich, dass diese uralte Lehre noch immer das Modernste ist, was die Menschheit je hervorgebracht hat?

Ein ethisch hoch entwickelter Humanismus, der in seiner Weisheit und seinen Lehren über Mitgefühl und Achtsamkeit viel tiefer geht als jede westliche Philosophie? In erster Linie dreht sich im Buddhismus alles darum, mit unserem Zentrum ins Reine zu kommen. In dem Moment, in dem man sich hinsetzt und bereit ist, anzuschauen, was da hoch kommt, setzt man sich auch wieder in Verbindung mit vielen Gefühlen und Erinnerungen, die man zuvor verdrängen musste, um weiter zu funktionieren.

Wenn Sie mit Ihrem derzeitigen Leben unzufrieden sind und vorhaben, in der Zukunft einiges anders und besser zu machen, um entspannter in die späten Jahre zu starten, dann ist es wichtig, die teilweise ins Unbewusste abgedrängten seelischen Wunden und destruktiven Glaubenssätze aus der Kindheit, mit Hilfe eines Therapeuten genauer anzuschauen. Ich persönlich habe noch nie jemanden näher kennengelernt, bei dem nicht irgendwelche frühkindlichen Verletzungen vorgefallen wären. Mit anderen Worten: So etwas ist völlig normal!

Keiner von uns ist in Zuckerwatte gehüllt durchs Leben geschaukelt worden. Das ist auch weiter nicht schlimm – wir sind ja keine Zuckerpüppchen, und sowohl auf psychischer als auch auf körperlicher Ebene kennt unser Organismus tausend Methoden, wie er trotz aller Verletzungen weiterleben kann. Wenn Sie aber merken, dass sich Ihre Gedanken immer wieder in hoffnungslosen Szenarien verhaken, und Sie sich nicht alleine aus Ihren alten Mustern befreien können, sollten Sie sich einen Profi suchen, der Ihnen dabei hilft, nährende gute Vorsätze zu entwickeln.

Wenn Sie das Gefühl haben, dies trotzdem lieber erst mal für sich tun zu wollen, hätte ich folgenden Vorschlag:

> **Tipp**
>
> Nehmen Sie sich ab jetzt jeden Morgen zehn Minuten Zeit, um in einer kleinen Meditation Ihre Vorsätze für den Tag geistig zu manifestieren. Das heißt, Sie setzen sich hin und gehen den Tag im Geist durch und versetzen sich in die verschiedenen Situationen, die auf Sie zukommen werden. Dann stellen Sie sich vor, wie alles glatt und gut läuft. Lächeln Sie dabei und freuen Sie sich auf diesen tollen Tag, der vor Ihnen liegt. Seien Sie jetzt schon dankbar für all das Gute, das Ihnen widerfahren wird, und schreiben Sie anschließend eine »Morgen-Seite« darüber, welche Ziele Sie Ihrer »weißen Sphinx« heute setzen wollen. Diese Übung ist besonders wichtig, wenn ein Tag vor Ihnen liegt, vor dem Sie Bammel haben. Gönnen Sie sich in Ihrer Fantasie den bestmöglichen Ausgang und versetzen sie sich schon im Vorfeld in das Hochgefühl, das sich danach einstellen wird – dann bekommen Sie auch ein gutes Ergebnis.

Die wichtigsten Fragen des Lebens

Die guten Vorsätze, die man den negativen Mustern entgegenhalten will, die einem das Leben – möglicherweise schon seit der frühen Kindheit – schwermachen und einem die Lebensfreude rauben, muss man also schriftlich festhalten – etwa in einem Tagebuch.

Ich glaube, dass jeder in dieser Welt seinen Platz und seine Aufgabe hat, für die ihm das Talent in die Wiege gelegt ist. Nur wenn man diese Stärke entdeckt, kann man zu seinem höchsten Potential gelangen und wirkliches Glück finden. Man spürt es sofort, wenn man zur rechten Zeit am rechten Ort das Rechte tut, weil es ein unvergleichliches Glücksgefühl erzeugt. Wenn man dort angekommen ist, wird man seinen optimalen Beitrag leisten, um diese Welt zu verbessern, und gleichzeitig sein Leben in vollen Zügen genießen.

Ich weiß Gott sei Dank, wovon ich rede, weil ich meine Berufung ganz früh finden durfte, und ich kenne viele Leute außer mir, denen das ebenfalls gelungen ist. Der Weg dorthin verläuft eher krumm als gerade, und manchmal führt er uns durch Krisen und Prüfungen. Aber gerade dann, wenn wir glauben, alles zu verlieren, begreifen wir auch, was uns wirklich wichtig ist. Manchmal kann sogar eine harte Kindheit eine gute Brutkammer sein für ein erfülltes Leben.

Meine Eltern haben sich getrennt, als ich ganz klein war. Meine Mutter war völlig überfordert, und ich saß die ersten Jahre meines Lebens komplett vernachlässigt nur in meinem Gitterbettchen. Auch als sie wieder verheiratet war, hat sie nicht an mich geglaubt und mir zum Beispiel nie bei den Hausaufgaben geholfen. Sie hat mich auch später finanziell nicht unterstützt, und wenn ich etwa in die Tanzschule gehen oder Klavierunterricht haben wollte, sagte sie nur: »Du hörst eh immer alles auf.« Alle meine Bitten verhallten ungehört – weil ich einmal mit neun Jahren den Turnverein abgebrochen hatte, als der weit weg an den Stadtrand gezogen ist.

Hätte ich ihre Einstellung mir gegenüber übernommen, wäre ich mit Sicherheit ein unglücklicher Mensch geworden. In meiner persönlichen Entwicklung ging es immer wieder darum, falsche Glaubenssätze aufzuspüren und zu heilen – und es ist mir im Laufe meiner Arbeit an mir und in meiner Therapie ein Stück weit gelungen.

Da solche Dinge meist sehr tief im Inneren vergraben sind, brauchen wir meist einen Profi, der uns hilft, diese inneren Handbremsen zu lösen und unser Leben in Gang und in die für uns richtige Richtung zu bringen. Meine Therapie hat mein gesamtes Dasein zum Positiven verändert und mich zu einem erfüllten, glücklichen Menschen gemacht, weil mein Therapeut mir geholfen hat, mich an diese Dinge zu erinnern und sie hinauszutrauern.

> **Tipp**
>
> Wenn Sie ein wichtiges Thema am Wickel haben oder sich dabei ertappen, dass Sie die gleichen Fehler immer wieder machen, nehmen Sie ein paar Stunden bei einem guten Gesprächstherapeuten. Sie werden einen riesigen Lernschritt tun.

Die meisten Menschen leiden unter dem negativen Glaubenssatz: »Ich genüge nicht.«

Der wunderbare Lebenscoach Robert Betz hat den schönen Satz gesagt: Es ist nie zu spät für eine glückliche Kindheit.

Sogar frühe traumatische Erlebnisse verlieren ihre Macht, wenn wir lernen, sie in einer Therapie zu reflektieren und endgültig aufzulösen. Die Psyche verdrängt Traumata ins Vergessen, quasi ins Kellerabteil des Gehirns, und dort sitzen dann auch die damit verbundenen Gefühle fest. Jedes Mal, wenn wir uns von einem destruktiven Glaubenssatz verabschieden, können wir einen Aspekt unseres Wesens aus den Kellergewölben des Unterbewusstseins befreien. Ich mache das jetzt mal in Gedichtform und steige mit Ihnen in die Tiefen meiner Seele hinab.

Ich bin im Traum in eine Gruft gekrochen,
hab den alten Mief gerochen.
Ich musste da zur Klärung rein,
denn da hinten wohnt mein halbes Sein.
Meine Bestimmung liegt verschnürt
in Verbände und Bandagen balsamiert.
Stricke tief ins Fleisch gekerbt.
Die hab ich von den Ahnen geerbt.
Lauter längst überholte Naturgesetze,
gefesselt an negative Glaubenssätze.
Ich geh tiefer hinein in die Katakomben.
Jetzt schmeißt da wer mit Rauchbomben.
Jemand vernebelt mir die Sicht,

steckt mir Knebel ins Gesicht,
lässt Höllenhunde von den Ketten,
Ich renn davon, ich muss mich retten.
Da sagt eine Stimme: »Das sind nur Marionetten.
Die bringst du selbst in Position
und vergrößerst sie durch Projektion.
Halte der Trauer nichts mehr entgegen
und lass ihn kommen, den Tränenregen.
Lass ihn die heißen Eisen kühlen,
dann wirst du Erleichterung fühlen.
Und da entpuppen sich die bösen Geister
als überaus wichtige weise Meister.

Motivationscoach

Wenn Sie sich partout nicht wohlfühlen bei dem Gedanken, eine Therapie zu machen, könnten Sie sich für die liebevolle und gründliche Planung des letzten Lebensdrittels vielleicht ein paar Doppelstunden bei einem Motivationscoach gönnen. Diese Leute sind dafür ausgebildet, die verschütteten Qualitäten eines jeden Menschen wie einen Schatz zu bergen und die Blockaden zu »exorzieren«. Es geht dabei darum, Klarheit in die nebulöse Zukunft zu bringen und die wirklich wichtigen Entscheidungen zu fällen, wie man sein Leben gestalten möchte, um am Ende sagen zu können: »Ja, das war genau so, wie ich es mir erträumt habe – danke!«

Opfer kommen unter die Räder; Helden finden Lösungen.

Seien Sie der Held im Mythos Ihres eigenen Lebens! Aus den Steinen, die einem das Leben in den Weg legt, kann man ein Mausoleum bauen – oder ein Märchenschloss.

Je bewusster wir werden, umso leichter wird es für uns, von Moment zu Moment die richtigen Entscheidungen zu treffen.

Überwindung der Unbewusstheit

»Mein Gott, wie unbewusst die Menschen damals waren!« Diesen Satz proklamiert jede Generation über die vorhergehende – und das ist ein gutes Zeichen! Ja, wir werden auf dieser Erde immer bewusster und humaner, und es hat sich gerade in den letzten hundert Jahren in dieser Richtung unglaublich viel zum Besseren gewendet. Außerdem gehen diese Entwicklungsschritte immer schneller voran. Bei dem jetzigen Tempo wird sich schon in den nächsten zehn Jahren noch sehr viel tun, besonders, was die Situation der älteren Generation betrifft, und zwar in positiver Richtung. Ich hoffe, dass ganz viele Menschen diese Erwartung mit mir teilen! Auf dass sie eine solche Energie entwickeln, dass die allgemeine Bewusstseinsschärfung an weiterer Dynamik gewinnt und ganz viele Leute dadurch den Sinn in ihrer Existenz finden und sagen: Ab jetzt beginnt das echte Leben!

Dazu ein kleiner Witz: Ein katholischer Pfarrer, ein evangelischer Priester und ein jüdischer Rabbi unterhalten sich über die Frage: Wann beginnt das Leben? Der Katholik sagt: »Mit der Empfängnis.« Der Protestant sagt: »Circa zwei Monate nachdem das Ei befruchtet wurde.« Und der Rabbi meint: »Das Leben beginnt, wenn die Kinder aus dem Haus sind und der Hund tot!«

Dem pflichte ich sinngemäß bei. Denn es entspricht genau meiner Beobachtung: Das echte Leben beginnt, wenn wir es in der Hand haben, was genau wir mit unserer Zeit anstellen.

| 53

BESTANDSAUFNAHME

Schauen Sie sich mal in Ihrer Wohnung um, in Ihrem Freundeskreis, in Ihrem Leben. Alles, was Sie sehen, sind die Früchte Ihrer Arbeit. Das haben Sie manifestiert, das ist das Ergebnis Ihres Schaffens.

Sind Sie zufrieden? Dann machen Sie genauso weiter!

Sind Sie unglücklich oder gar krank, dann sollten Sie jetzt damit beginnen, etwas zu verändern. Wir müssen uns aufs Älterwerden *einstellen*, einiges *umstellen* (eventuell auch in der Wohnung) und uns dabei nicht zu blöd *anstellen*, dann wird alles gut.

An dieser Stelle frage ich Marlene zu ihrer Einstellung, weil ich weiß, dass sie sehr viel Wert auf ihre vier Wände legt:

Ich hab bei mir alles total liebevoll hergerichtet, und jede einzelne Ecke ist so schön bunt, und weißt du was? Das strahlt auf mich zurück. Ich komm bei mir zur Tür rein, und alles lacht mich an. Zwischendurch steh ich auf und rück Dinge zurecht und zupf alles genau an den richtigen Platz, auf dass mein Auge umschmeichelt werde vom Anblick dieser perfekten Schönheiten. Meine kleine Höhle is wie 'ne Ladestation für meine Seele geworden, und alle meine Freunde und Bekannten kommen immer gern bei mir vorbei, weil's da so gemütlich ist.

Die eigene Wohnung

Was Marlene da sagt, halte ich für ungeheuer wichtig. Aber es wird von den meisten Menschen sehr vernachlässigt. Unsere Wohnung ist der Ort auf der Welt, an dem wir wahrscheinlich die meiste Zeit unseres Ruhestandes verbringen werden.

Achten Sie noch mal genau darauf, welche Energie Ihre vier Wände verstrahlen. Ich habe Sie ja gerade schon gebeten, sich umzusehen – erlauben Sie sich nun, im Geiste mal alles umzustellen. Sie können in Ihren vier Wänden ja tun und lassen, was sie wollen – machen Sie Gebrauch davon! Richten Sie Ihren Wohnraum nach Ihren persönlichen Bedürfnissen ein, und machen Sie es sich so gemütlich, wie es geht. Denn hier soll ja ab jetzt Ihr persönlicher Transformationsprozess stattfinden. Es sollte also nicht nur alles barrierefrei sein, sondern schaffen Sie sich auch eine kreative Brutkammer, etwa mit ein paar bunten Decken an den kahlen Wänden, auf die man dann Bilder hängen kann, oder einem kleinen Beistelltisch neben Ihrem Lieblingslesestuhl. Manchmal blockiert man seine Energien auf eklatante Weise durch Möbelstücke und merkt den befreienden Unterschied erst, wenn der Grund behoben ist. Drum kann es nie schaden, immer mal wieder alles zu verrücken, bis man das Optimum rausgeholt hat.

Dieser Prozess ist nie ganz abgeschlossen. Man kann immer weiter tüddeln, aber das bringt ja auch große Freude mit sich. Alles wird immer besser, bis es nichts Hässliches mehr gibt in Ihrem Umfeld, das Ihre Kreise stören könnte. Man könnte einfach mal alle Ecken daraufhin abklopfen, ob man sie liebevoller gestalten könnte. Schreiben Sie eine Liste mit Dingen, die Sie besorgen oder basteln können, um Ihr Lebensgefühl zu verbessern.

Tipp

Ich würde jedem, der in eine neue Wohnung zieht oder sich gar eine Immobilie kaufen möchte, unbedingt ans Herz legen, einen Feng-Shui-Berater zu Rate zu ziehen. Auch dann, wenn Sie sich in Ihren jetzigen vier Wänden nicht wirklich wohlfühlen, kann ein Fachmann oft viel verbessern. Eine einmalige Beratung ist nicht teuer. In Asien hat man seit Jahrtausenden auf diese Dinge geachtet, und die Kriterien fußen auf empirischen Werten.

Bloß weil die meisten Menschen im Westen noch nicht sensibel genug sind für negative Energien und Strahlungen, heißt das noch lange nicht, dass alles, was damit zu tun hat, Quatsch ist. Ich habe inzwischen gute Antennen für Energien entwickelt, und ich sage Ihnen, das sind Kräfte, die sollte man für sich arbeiten lassen und nicht gegen sich!

Es geht hier immerhin um die wichtige Frage, ob Ihr Lebensbaum an einer optimalen Stelle steht und auch genügend Licht hat. Müsste man den Esstisch beispielsweise vielleicht lieber ans Fenster rücken, um in der Sonne zu frühstücken?

Schönes Licht

Ich weiß aus langjähriger Erfahrung als »Teilzeit-Nomadin«, dass man einen Raum mit ein paar Tricks blitzartig verwandeln kann. Entscheidend ist dabei auch, viele verschiedene Lichtquellen zu schaffen. Man kann seine Höhle ganz einfach und billig in ein warmes, vorteilhaftes Licht tauchen, denn auch das färbt auf die Seele ab. Schönes Licht kann man zum Beispiel erzeugen, indem man Lampions über Birnen hängt oder rosa Tücher um Lampenschirme wickelt oder das Licht indirekt von einer warmen Farbe zurückstrahlen lässt.

Möbel anziehen

Es gibt noch andere Tricks, die nicht viel kosten. Ich habe mir zum Beispiel an meinem Winterwohnort in Goa ganz billige hässliche Plastikmöbel gekauft: ein paar Stühle, Hocker, Tische und Regale. Damit ich die nicht so anschauen muss, wie sie sind, habe ich einfach überall schöne Stoffe drübergehängt und meinen Stühlen Klamotten angezogen: Ein bunter Pulli über die Stuhllehne gezogen, und schon hat man einen Schutz gegen Zugluft und kommt nicht mit dem Plastik in Berührung. Ein T-Shirt über einen Eimer gestülpt und dann ein kleines Kissen drauf, zack, schon hat man einen Hocker, der super aussieht, und man holt sich keinen kalten Popo mehr. Regale kann man von oben bis unten mit Saris auslegen; so kann auch hinten nix mehr runterfallen. In Indien gibt es überall riesengroße Tücher, die man als Bettwäsche oder Strandtücher verwendet. Ich lege die über alle Tische und verwende die langen indischen Hochzeitsröcke als Vorhänge – und schon ist alles gemütlich. Auch hässlichen Kissen kann man schöne T-Shirts anziehen oder sie in Schals einwickeln.

Ich habe das Glück, dass bei mir alle Stoffe, Wandbehänge und Klamotten immer zusammenpassen, weil sich mein Geschmack nie verändert hat. Seit ich denken kann, sammle ich alles, was rotgrundig ist und mit schönen Ornamenten drauf (meist altmodische grüne oder blaue Blumen). Auf diese Weise sind meine Räume immer in warmes Rot getaucht. Das passt wunderbar zu meinen Leoparden-Klamotten, und ich kann alles kombinieren, ohne dass es sich beißt.

Tipp

Veranstalten Sie doch einfach mal eine »1001 Nacht«-Mottoparty und holen Sie dafür alle bunten Klamotten aus Ihrem Schrank, die Sie haben. Bedecken Sie alle Möbel, Vorhänge und Tische damit, vor allem auch die Lampen. Gerade auf Feiern sollte das Licht warm sein, damit alle sich schön fühlen. Wenn die Party vorbei ist, lassen Sie einfach alles genauso, wie es ist. Dann spüren Sie nach, wie es Ihr Lebensgefühl verändert, wenn Sie Ihr persönliches Hier und Jetzt plötzlich gemütlich und farbenfroh aufgeladen haben.

Dieser Tipp ist zugegebenermaßen nichts für Puristen, aber es ist eine kostengünstige und schnelle Art, mal etwas ganz anderes auszuprobieren. Wenn man diese (oder auch eine selbst erfundene andere) Methode über die Jahre vervollkommnet, wird daraus eine ganz eigenwillige Stilistik entstehen. Seit ich in meinem Haus in Goa alles bunt eingerichtet und behängt habe, empfinde ich immer öfter eine tiefe Dankbarkeit dafür, dass ich diesen Ort finden durfte, an dem ich mich zuhause fühle und mich völlig frei entfalten darf. Das ist keineswegs selbstverständlich, aber unermesslich wertvoll. Ein Freund hat mir kürzlich erzählt, er sei spontan in Tränen ausgebrochen, als er zum ersten Mal nach Schweden gekommen sei. Er spürte, dass er endlich angekommen war in dem Land, in das er gehört. Auch mir geht es regelmäßig so, wenn ich wieder in Indien gelandet bin: Mir laufen Tränen der Freude über die Wangen, wenn ich den vertrauten Geruch rieche und die warme Luft mir entgegenschlägt. Ich glaube, es ist gerade im Alter wichtig, zu wissen, wo man sich besonders wohlfühlt und wo man daher möglichst viel Zeit verbringen möchte.

WO GEHÖRE ICH HIN?

Es gab da ein erstes Schlüsselerlebnis für mich, und zwar auf Bali, als ich zum ersten Mal sah, wie manche Leute dort leben: in offenen Holzhäusern, die fließend in tropische Gärten übergehen, mit Badezimmern unter freiem Himmel, eingebettet in riesige tropische Bäume und Kaskaden von blühenden Schlingpflanzen.

Das alles spielt sich hinter hohen Gartenmauern ab und ist für die normalen Touristen nicht einsehbar. Aber ich hatte damals einen Freund, der nur in solchen Aussteigervillen verkehrte, und so durfte ich sehen, wohin mich mein weiterer Weg führen sollte, nämlich in die Tropen, ins Grüne und raus aus dem deutschen Winter. Ich bin dieses Projekt damals vor meinem inneren Auge im Probelauf oft durchgegangen und habe mich dabei genau an die Orte hinvisualisiert, an denen ich jetzt lebe.

Dann habe ich es im Prinzip ganz ähnlich gemacht wie die Glyzinie, die sich an unserem Haus hochrankt und die hinüber zum nächsten Baum wachsen will. Sie schickt einfach mehrere Triebe, immer in Richtung des Astes, der am weitesten zu ihr herüberragt. Diese dünnen Schlingpflanzenarme verbinden sich und verflechten sich ineinander, und irgendwann ist dieses Gebilde stark genug, um den ersten Ausleger so weit hinüberwachsen zu lassen, dass er Halt findet. Damit ist die Brücke gebaut, und alle weiteren Triebe können sich daran festhalten und hinterherwachsen.

Genauso habe ich es auch gemacht. Erst bin ich nur herumgereist und habe mich umgeguckt in der Welt. Eines Tages habe ich dann den Ort gefunden, in den ich mich verliebt habe, und dann fing ich an, alle meine Fühler in diese Richtung zu strecken. Heute stehe ich hier fest verwurzelt im Licht.

Das ist der Vorteil von Wünschen, die man sich selber verwirklicht: Man kann langsam hineinwachsen, und alles ergibt sich dann nach und nach ganz stimmig.

Um so einen Schritt zu machen, muss man nicht unbedingt jung sein. Im Gegenteil! Ich glaube, spätestens dann, wenn sich sämtliche klassischen Alterszipperlein einstellen und einem das kalte Klima unserer Breitengrade zusetzt, könnte man solch einen Absprung über den Winter versuchen. Ich bin froh, dass ich diese Pendelbewegung in mein Leben integrieren konnte und jetzt zwischen Auszeit im Süden und »Applauszeit« auf Tournee in Deutschland hin und her wechseln darf – weil ich beides wirklich brauche. Ich liebe es, mich zurückzuziehen, um zu üben, zu schreiben und mich vorzubereiten. Aber ich möchte auch den Output vor Publikum nicht missen, wo ich die Dinge, die ich erarbeitet habe, mit den Menschen teilen kann. Ich bin vor allem auch sehr froh, dass ich zuerst Karriere gemacht habe und dann erst nach Indien kam. Es gibt hier leider viele Leute, die zu jung nach Indien kamen und dann in Drogenkreisen versackt sind. Ich glaube, erst wenn man bei uns im Westen beide Beine fest auf dem Boden hat und dann merkt, dass man noch mehr will vom Leben als essen, arbeiten und schlafen, ist es Zeit, nach Alternativen zu suchen. Es ist ein bisschen wie fliegen lernen: Man muss bereits seine Flügel durch Muskeltraining gestärkt haben, dann irgendwann seine Angst überwinden, auf den Aufwind vertrauen und bei gutem Wetter in die richtige Richtung starten. Ich denke oft, dass diese Gemeinde, die sich jedes Jahr über den Winter in Goa trifft, wie ein Schwarm Zugvögel ist – »Migrating birds and members of the tribe of the many colours«, die das ganze Jahr immer Richtung Sonne fliegen. So spart man eine Menge Heizkosten.

Aber klar, die Menschen sind unterschiedlich veranlagt, und was dem einen der Himmel, ist dem anderen die Hölle. Wenn man kein Vogel ist, will man auch nicht fliegen. Aber wenn man erst einmal begreift, welcher »Archetyp«, also welcher Grundcharakter man ist, wird einem viel leichter klar, wohin sich die eigene Seele wirklich entwickeln will.

Wer bin ich?

Mit der Antwort auf diese wichtige Frage, die wir uns immer wieder stellen sollten, fängt man vielleicht auch am besten in der Kindheit an. Ich war ein extrem burschikoses Mädchen und habe nie Spitzenkleidchen getragen, sondern mich immer als Bub verkleidet und bis zur 4. Klasse alle Jungs vermöbelt. Als mir meine Mutter, als ich fünf war, zu Weihnachten eine Babypuppe geschenkt hat, war ich, gelinde gesagt, schockiert und habe das Ding wortlos in die Ecke geschmissen. Ich bin also eine, die schon ganz früh wusste, was sie *nicht* will!

Ich habe meine ganze Kindheit über jeden Tag ein Bild gemalt und in meinem Zimmer aufgehängt, bis keine einzige Stelle mehr frei war. Aber als Malerin habe ich mich nie sehen können. Ich musste erst jemanden treffen, der meine Seele daran erinnerte, wo sie hinmuss. Das geschah, als ich zum ersten Mal meine wunderbare Kollegin Micky Malör auf einer Bühne sah. Sie ist Anfang der 80er mit der »Halluzination Company« aus Wien aufgetreten, die damals in München im *Domizil* spielte.

Ich saß in der ersten Reihe und mir sind die Tränen waagrecht aus den Augen geschossen, und ich habe plötzlich genau gewusst: »Genau so etwas will ich auch machen!«

Auf die Bühne gehen, um den Menschen eine Geschichte zu erzählen und Humor mit Weisheit zu verbinden – das ist meine tiefste innerste Berufung. Meine Eltern sind nie mit mir ins Theater gegangen, und so hat es gedauert, bis ich 18 war, um dieses Schlüsselerlebnis zu haben.

Schlüssel ist hier genau die richtige Bezeichnung. Denn ich konnte nun endlich die Tür zu meiner wahren Bestimmung öffnen – und es hat eingeschlagen wie ein Kugelblitz! Ich habe alles liegen und stehen gelassen, bin auf dem Absatz umgedreht, und von da an nur noch in diese Richtung gelaufen. Und ich habe es geschafft, meinen Traum zu leben! Danke!

Lebe deinen Traum

Marlene hebt den Arm und meldet sich zu Wort:

Dieser Satz ›Lebe deinen Traum‹ wird aber leider von der Werbung so was von strapaziert, das ist hinterhältig. Dabei wollen sie uns dann bloß wieder noch irgend 'nen Schrott verkaufen. Noch 'nen Flachbildschirm, noch 'nen Fummel oder noch irgendein Küchengerät. Ich nenn das immer ›Spermüll im Frühstadium‹. Am schlimmsten für mich wäre ja 'ne Kreuzfahrt! Wieso lebe ich 'nen Traum, wenn ich auf 'nem schwimmenden Altenheim sitze? Was will ich denn auf so 'nem Mumiendampfer und dann womöglich noch die Nordroute. Da hock ich mich doch lieber in meine Tiefkühltruhe. Und 25 000 Liter Sprit pro 100 km verbrät so ein Teil, das is doch krank. Man redet uns von klein auf ein, es wäre das Höchste der Gefühle, viel Geld zu haben und sich ständig alles kaufen zu können. Aber wieso bringen sich denn dann so viele Reiche um? Wir sind volle Kanne konditioniert worden, zu leben, wie wir leben, uns zu kleiden, wie wir uns kleiden, und zu träumen, was man uns vorträumt. Krishna Murti, ein indischer Philosoph, hat das sehr schön auf'n Punkt jebracht, als er sagte: ›Wir denken, wir würden unsere Gedanken denken, aber in Wirklichkeit denken wir die Gedanken unserer Kultur und der Gesellschaft, aus der wir kommen.‹ Ich sage, wir sollten alle genormten Uniformen abstreifen wie ein junger Vogel, der in der Mauser sein graues Baby-Tarngefieder abwerfen muss, damit ihm endlich seine bunten Federn wachsen können – prost!

Yogi statt Arbeitselefant

Dazu eine Geschichte. Vor Jahren habe ich im Süden Indiens die riesigen Arbeitselefanten beobachtet, die dort in der holzverarbeitenden Industrie eingesetzt werden. Jeder dieser grauen Riesen hat seinen »Mahut« im Nacken sitzen. Der schreit ununterbrochen auf ihn ein und sagt ihm genau, was er zu tun hat. Widerspruchslos laden diese gigantischen Tiere die schwersten Baumstämme auf ihre Stoßzähne, tragen sie herum und schuften im Schweiße ihres Angesichts den ganzen Tag. Abends werden sie dann im Stall an eine dünne Kette gehängt. Und das lassen sie 60 Jahre lang mit sich machen. Hallo!? Die müssten sich nur ein einziges Mal schütteln, und der Typ auf ihrem Rücken würde 20 Meter weit in die Landschaft fliegen. Sie müssten nur einmal an der Kette rupfen, dann wären sie frei. Aber sie haben als kleine Elefantenkinder oft probiert, sich von der Kette loszureißen, nur waren sie damals zu klein und schwach – und dann haben sie alle irgendwann aufgegeben.

Wir Menschen sind genauso! Wir sind domestizierte Arbeitsprimaten, denen man von klein auf beigebracht hat, dass sie sich unterzuordnen haben, um zu überleben.

Aber genau das Gegenteil ist der Fall! Wenn wir leben wollen, müssen wir uns befreien! Das geht aber erst in dem Moment, in dem wir begreifen, dass wir mächtige Wesen sind, die zu großen, ja manchmal unfasslichen Leistungen im Stande sind, sowohl geistig als auch körperlich. Schauen Sie sich an, was Zirkusartisten, Gedächtniskünstler oder Fakire alles vollbringen können. Sieht aus wie Hexenwerk, aber selbst das kann fast jeder, wenn er nur genügend übt.

Ein extremes Beispiel hierfür sind indische Yogis.

Vor kurzem war im *Spiegel* ein langer Bericht zu lesen über einen Yogi, der schon seit Jahrzehnten nichts mehr isst und trinkt. Westliche Wissenschaftler haben ihn mit seinem Einverständnis unter 24-stündiger Videobeobachtung in ein Zimmer gesperrt und ihn auf Herz und Nieren geprüft. Dieser Typ hat tatsächlich zwei Monate lang nichts zu sich genommen und war völlig gesund. Er hat außerdem die Zellstruktur eines 20-Jährigen, obwohl er augenscheinlich ein sehr alter Mann ist.

In Indien sind solche Dinge völlig normal. Jeder Yogi, der etwas auf sich hält, lässt sich zum Beispiel in einer Kiste einsperren und dann drei Tage lang vergraben. Klingt verrückt, doch es geht den Yogis bei alldem nur darum, zu beweisen, dass der Geist den Körper unter Kontrolle hat.

Mind over Matter – der Geist ist stärker als die Materie.

Hier in der westlichen Welt sind wir von solchen Dingen meilenweit entfernt. Aber in jedem von uns steckt viel mehr Potential, als wir denken, und allein der Wille kann dieses freisetzen. Nur dass wir in unserer Welt halt dermaßen abgelenkt und überfordert werden, dass wir ganz vergessen haben, wofür es sich lohnt zu üben.

Aber spätestens wenn wir den Ruhestand halbwegs vor Augen haben, ist genau dafür die Zeit gekommen! Wem es nun gelingt, seinen wahren Lebenssinn zu finden, der wird problemlos darauf hinarbeiten können, um schließlich ein glückliches und zufriedenes Alter zu haben.

Es gibt einen Königsweg zu dieser Selbstfindung.

Meditation

Für junge Menschen sind »Meditationsübungen« keine sonderlich spannende Aufgabe. Aber für ältere Menschen, die sich auf dem Weg der Selbsterkenntnis befinden, können sie ein sehr lohnendes Hobby werden, denn wir lernen dabei, unseren Geist so fokussiert zu halten, dass wir unsere einmal gesetzten Ziele viel leichter erreichen können. Außerdem können wir durch entsprechende Übungen auch auf unsere Gesundheit starken Einfluss nehmen. Leider denken die meisten Menschen immer noch, Meditation bedeute, im Schneidersitz mit eingeschlafenen Füßen an nix denken zu müssen. Das ist völliger Unsinn! Es gibt hunderte von verschiedenen Formen, und jeder kann und sollte seine eigene Art der meditativen Selbstreflexion wählen.

Wir lernen dabei nebenbei auch noch, bewusster und achtsamer zu werden, und das ist sehr wichtig, denn jede kleinste Entscheidung im Leben zählt, und diese Entscheidungen addieren sich im Lauf der Jahre zu einem Energielevel, auf das wir uns einpendeln. Wir haben heutzutage täglich mehrmals die Wahl, ob wir uns dem Licht oder dem Schatten zuwenden, deswegen kann ich nur empfehlen, sooft wie möglich in sich hineinzulauschen, das heißt, sich zu einer kleinen Meditation zurückzuziehen (und sei sie noch so kurz) und zu schauen, ob alles im grünen Bereich ist oder ob irgendwo ein rotes Warnlämpchen blinkt. Auch seine Ziele immer wieder zu visualisieren ist hilfreich. Man kann auch immer wieder zwischendurch all seinen Zellen erlauben, total gesund zu sein.

Es gibt unzählige Bücher zu dem Thema. Ich empfehle gerne Dr. Joe Dispenzas *Ein neues Ich.* Dispenza erklärt in sehr einfachen Worten, aber wissenschaftlich fundiert, was sich im Gehirn genau abspielt. Der Leser lernt, wie man durch spezielle Entspannungs- und Meditationstechniken zu immer mehr Bewusstheit gelangt und seine negativen Verhaltensmuster und Glaubenssätze der Reihe nach umstrukturieren kann, indem man Einfluss nimmt auf die elektromagnetische Funktionsweise und die zerebrale Architektur unseres Gehirns. Für uns »Wessis« geht es dabei weniger darum, erleuchtet zu werden – das wäre ein sehr hochgestecktes Ziel –, sondern einfach darum, bewusster zu leben und den Stress abzubauen. Das ist ein ganz entscheidender Punkt, um gesund zu bleiben!.

Wie es aussieht, setzt sich die Idee von mehr Mitgefühl und größerer Wachheit der Umwelt und uns selbst gegenüber auch in der westlichen Welt weiter durch. Sogar in Ost-Westfalen oder in der niederbayerischen Pampa eröffnen Yogazentren. Bioläden gibt es auch immer mehr, und viele Leute erkennen, dass es okay ist, wenn man hin und wieder mal auf seinen Schweinebraten verzichtet. Außer Reiner Calmund natürlich ... ☺

Ich gehe auf das Thema Meditation am Ende des Buches noch genauer ein. (Wer jetzt schon anfangen will zu üben, kann gleich nach hinten blättern zu der Übung *Meditation vor einer Lampe.)*

Ich finde, wir sollten schon die Kinder in der Schule an die Meditation heranführen. Jugendliche, die das früh kennenge-

| 65

lernt haben, bekommen erwiesenermaßen bessere Noten; den Geist fokussieren zu können heißt auch, leichter zu lernen.

Deepak Chopra sagt: Würden alle Kinder in der Schule meditieren lernen, hätten wir in einer Generation die gesamte Gewalt auf diesem Planeten abgeschafft.

Ü50 ALS CHANCE

Ich glaube, wenn ein wachsender Prozentsatz der Bevölkerung kontinuierlich und mit Freude am persönlichen Bewusstwerdungsprozess und damit zugleich am kollektiven Erwachen arbeitet, rückt die Möglichkeit näher, dass wir die Situation auf unserem Planeten herumreißen können. Diese kontinuierliche Arbeit am »offenen Herzen«, also an der »Öffnung desselben«, ist für ältere Menschen noch viel stimmiger und leichter zu vollführen als für Menschen, die alle Hände voll damit zu tun haben, ihr Leben, ihren Beruf und ihre Familie auf die Reihe zu kriegen.

Die heutigen Senioren sind auch deswegen für Bewusstwerdung und Herzensöffnung prädestiniert, weil viele von ihnen in ihrer Jugend vom 68er-Gedankengut geprägt wurden. Jetzt haben sie die Zeit und meist auch das Geld, um sich spirituell weiterzuentwickeln und neue Wege zu erforschen.

Was wollen Sie werden, wenn Sie alt sind?

Wir trainieren als Teenager viele Jahre fürs spätere Erwachsenendasein und müssen uns mit der Frage auseinandersetzen, was wir einmal beruflich machen wollen. Ebenso kann man sich als angehender Alter mit der Frage beschäftigen, was man im Alter werden möchte.

Ich selber weiß, was ich sein will, wenn ich ganz alt bin: Musikerin. Und Sie? Was ist Ihr Plan? Diese Frage sollte sich heute jeder stellen.

> **Tipp**
>
> Schreiben Sie jetzt sofort alles auf, was Ihnen spontan dazu einfällt, was Sie noch aus sich machen wollen. Schalten Sie Ihren inneren Richter aus, lassen Sie keine Einschränkungen zu. Es geht um die kühnsten Träume und uralte verschüttete Sehnsüchte, um Ihr inneres Kind, das zu Wort kommen soll, ohne dass jemand dazwischenquatscht. Aus der Quintessenz der Begriffe, die Sie im Laufe der nächsten Jahre noch vervollständigen können, lässt sich Ihr persönlicher Traum herauslesen. Gehen Sie ihn an, indem Sie sich dort hinvisualisieren und jede Spur, die sich Ihnen zeigt, verfolgen.

Es ist inzwischen normal, dass man im Laufe eines Lebens mehrere unterschiedliche Berufe und Karrieren haben kann. Und natürlich kann man, um das Glück im Alter zu finden, auch ehrenamtlich tätig werden oder sein Hobby kultivieren.

Ich bin vom Sternzeichen her Schützin, und zwar eine, wie sie im Buche steht. Dieser Charaktertyp neigt dazu, seinen Pfeil bis weit hinter den Horizont zu schießen und dieses Ziel dann ein Leben lang zu verfolgen. Ich habe also diesbezüglich einiges an Erfahrung gesammelt und kann Ihnen versichern, dass man ein Ziel, das man ganz fest vor Augen hat, auch erreichen wird. Ich lasse mich aufgrund meiner positiven Affirmationen bezüglich des Älterwerdens nicht aus der Ruhe bringen und habe damit stets gute Erfolge erzielt. Der Entwicklungsprozess geht immer weiter, wenn man es will.

Was mich nur immer wieder überrascht ist, wie fixiert die Menschen darauf sind, andere auf ihr Alter festzunageln.

»Wie alt sind Sie eigentlich?«

Das ist die häufigste Frage nach meinen Auftritten. Ich sage jedes Mal ganz ehrlich, dass ich es vergessen habe, weil ich mir Zahlen nicht merken kann. Außerdem will ich mich auch nicht in irgendeine Schublade stecken lassen. Mit dieser Denke und diesen Kategorien setze ich mich nicht mehr auseinander. Das zieht bloß einen ganzen Rattenschwanz schlechter Assoziationen nach sich. Schon Luis Buñuel hat gesagt: »Aufs Alter kommt es nicht an, außer man ist ein Käse.«

Heute sind viele Frauen über 50 begehrenswerter als je zuvor in ihrem Leben. Es gibt sogar schon ein Bond-Girl, das 50 ist: Monica Belucci.

Die neuen Fünfzigerinnen sind keine falschen Fuffziger mehr.

Viele von ihnen sehen ganz natürlich super aus, weil sie sich ihr Leben lang gepflegt haben. Sie sind lustig, klug, sexuell erfahren und rundum glücklich und zufrieden mit sich und ihren intakten Partnerschaften. Das ist die Zukunft – da wollen wir hin!

Ab 50 sollte man aber auch etwas mehr auf sich und seine Gesundheit achten, denn nun fällt auch die Entscheidung, ob es klappt mit einem langen gesunden Leben – oder eben nicht. Bis 50 können wir ziemlich rumschludern, danach allerdings sollten wir das Ruder rumreißen: Rauchen und übermäßiger Alkoholkonsum schlagen in den Statistiken schwer zu Buche, noch vor ungesunder Ernährung und Übergewicht. Entscheiden wir uns für die Gesundheit, also gegen Rauchen und Saufen, haben wir heute alle Chancen, 10 bis 20 Jahre länger zu leben. Dann kann man auch noch als 70-Jährige locker für Mitte 50 durchgehen, und ich finde sowieso: Ein bisschen am Alter zu schrauben sollte für die Dame von Welt genauso legitim sein wie das akademische Viertelstündchen, das man zerstreuten Professoren einräumt. Man ist so alt wie man sich macht. Sich jünger zu mogeln ist wissenschaftlich erwiesenermaßen sogar gesund, weil man sich dadurch auch jünger fühlt. Selffullfilling Prophecies gehen also nicht nur nach hinten los.

Aber warum genau fragen die Menschen eigentlich so oft nach dem Alter? Ich glaube, weil sie einander einordnen wollen in vorgefertigte Konzepte. Jeder bekommt seinen Platz zugewiesen und wird in der entsprechenden Schublade abgelegt.

| 69

Als Frau landet man ab 50 entweder unter: »Die sieht aber noch gut aus für ihr Alter ... äh, da hat die doch bestimmt was machen lassen.« Oder: »Oha, schon soo alt, na, dann ist sie ja inzwischen wirklich jenseits von Gut und Böse.«

Da tickt die Evolution noch ganz laut im Hintergrund. Sobald eine Frau nicht mehr die Signale der voll im Saft stehenden Empfänglichkeit ausstrahlt, verlischt der Jagdinstinkt beim männlichen Geschlecht.

Dabei geht es doch zwischen Mann und Frau nicht nur um Fortpflanzung, vor allem dann nicht, wenn man die Nummer schon ein paar Mal durchgezogen hat und die Gene längst weitläufig um den Erdball verteilt sind. Das scheint bei den meisten Männern aber leider nicht angekommen zu sein. Die Einstellung, dass man mit einer Frau sowieso nur aus Flirtgründen mit Sexaussicht redet, sitzt bei manchen Männern noch tief. Aber hier kommt der Lichtblick, meine Damen: Auch das ändert sich im Alter zum Positiven – und zwar mit der fortschreitenden Impotenz.

Schönheitsideale

Schönheitsideale und körperliche Fitness werden von den Medien wahnsinnig in den Vordergrund gerückt. Jung bleiben zu wollen auf Teufel komm raus heißt leider oft auch, krampfhaft zu verdrängen, was nicht zu ändern ist. Und das macht erst richtig hässlich, weil es frustriert.

Mütter, die für die jüngere Schwester ihrer Tochter gehalten werden wollen, sind ganz arm dran. Sie laufen panisch vor einem Prozess davon, den man nicht stoppen kann, und haben es versäumt, ihrem Lebensbaum noch ein paar andere Seitenäste zu entlocken, auf denen andere Stärken hätten gedeihen können, als immer nur die jugendliche Gespielin bleiben zu wollen. Besonders ehemals extrem hübsche und sinnlich veranlagte Frauen, also solche, die ich »Archetyp Aphrodite« nenne, haben es nicht leicht mit dem Altern und sollten so früh wie möglich versuchen, auch noch in anderen Bereichen ihre Stärken zu entwickeln. Grundsätzlich gilt, dass unsere Medien und weite Teile der Gesellschaft immer noch stark vom Jugendwahn geprägt sind. Ich interviewe Marlene zu dem Thema, und sie hat natürlich einiges dazu zu berichten:

Ich hab viele Freunde in den USA, ich sag dir, in ganz Beverly Hills gibt's seit 30 Jahren keinen Weißhaarigen mehr. Wenn du da auf 'nem Klassentreffen als Einziger nix hast machen lassen, biste 'ne schräge Nummer, als hättste ein lebendes Spanferkel als Hut. Aber dafür gibt's in den USA auch schöne Witze zu dem Thema. Manche haben sich zum Beispiel so oft liften lassen, die haben sich aus den überschüssigen Hautlappen ein Handtäschchen machen lassen und aus den Tränensäcken ein Portemonnaie. Jetzt haben sie 'n Twinset passend zum Gesicht. Na ja, warum nicht? Cher hat inzwischen ein ganzes Kofferset! Früher, als man sich noch nicht liften lassen konnte, haben die Damen hinten an ihrem Dutt so lang gedreht, bis sie irgendwann den Bauchnabel auf der Stirn hatten. Dann musste man ein Halstuch tragen – über der Mumu ...
Ja, die Möglichkeiten sind immens, dagegen erscheint einem ein Frankenstein-Film wie 'ne Doku. Ich finde, wenn sich einer hässlich fühlt, soll er sich doch helfen lassen, es gibt aber auch Fälle, wo der Arzt sagt: »Sorry, wir nehmen keine Enthauptungen vor.«

So viel zum Thema Schönheits-OPs.
Ich beobachte in meinem Umfeld allerdings immer mehr Leute, die völlig entspannt mit ihrem fortgeschrittenen Alter umgehen und einfach nur stolz darauf sind, dass sie es soweit gebracht haben.
Ich hoffe, bald wird es auch in dieser Richtung eine Menge »Coming-outs« geben – wenn die Menschen eingesehen haben, dass Alter nichts ist, was man runterlügen, wegoperieren oder verstecken muss.

> **Tipp**
>
> Entziehen Sie dem gesamten Themenkreis »Jugend und Schönheit« vollständig die Aufmerksamkeit. Jedes Mal, wenn Sie sich dabei ertappen, über das »Alter« schlecht zu denken, dann erinnern Sie sich daran, dass Zahlen nur was für Buchhalter und Statistiken sind. Die Seele bleibt immer jung, man muss einfach schauen, dass man sie immer mehr durchleuchten lässt durch den älterwerdenden Körper.

Ich selber habe längst aufgehört, andere nach ihrem Alter zu fragen, und ermahne sogar inzwischen jeden, der mich fragt, mit einem koketten: »So was Unanständiges fragt man doch keine Lady.«

Wenn man erst länger nachdenken muss, bevor man die richtige Zahl der Lebensjahre zusammenkriegt, ist man auf dem richtigen Weg.

Medusa erhob ihr hässliches Haupt,
und ich hab einfach nicht hingeschaut.
So hat sie ihre Macht verloren, und ich bin nicht zu Stein
*   gefroren,*
sondern hab mich befreit und den alten Fluch entweiht!

»What you focus on expands«

Frei übersetzt heißt das ungefähr: Das, worauf man sich versteift und worüber man immer wieder nachgrübelt, wird auch ein immer größeres Problem werden. Es heißt aber auch umgekehrt: Was man irgendwann nicht mal mehr eines Gedankens für würdig erachtet, verdünnisiert sich aus unserem Leben von ganz alleine.

Wir halten nochmals fest: Das Wichtigste ist also, zu beobachten, wo wir unsere Aufmerksamkeit hinlenken – auf das Positive oder das Negative? Am besten ist es natürlich, wenn wir uns schon ganz früh den panischen Blick auf die Jahreszahl gar nicht erst einreden lassen, sondern uns immer wieder sagen: »Lebensgefühl, Glück und wahre Erfüllung sind völlig unabhängig vom Alter.« Und das stimmt auch mit allen Studien überein. Man hat herausgefunden, dass 80-Jährige im Durchschnitt viel glücklicher sind als 20-Jährige. Ist ja auch kein Wunder, denn die Alten hatten ja auch ein Leben lang Zeit, die Dinge so hinzudeichseln, dass sie sich schließlich wohlfühlten. Oft sind es nur ein paar Kleinigkeiten und marginale Kurskorrekturen, und schon sieht alles viel sonniger aus. Ganz in der Nähe unserer eher zufälligen Existenz, die nur vermeintlich fix ist, liegen viele andere Möglichkeiten, wie wir unser Leben auch führen könnten – und die sollte man alle mal abgeklappert haben.

ALTER IST RELATIV

Alter ist ja auch etwas extrem Subjektives. Das Gefühl dazu variiert von Moment zu Moment. Ich weiß noch gut, dass ich mich schon als Teenie oft gefühlt habe wie kurz vor Urne, zum Beispiel nach einer heftigen Party, wenn ich morgens vor Sonnenaufgang in die Schule musste. Da war ich mindestens so matschig in der Birne und so wackelig auf den Beinen wie meine eigene Oma. Ein andermal bin ich ungeschminkt und verheult nach einem Streit mit meinem damaligen Freund im Affentempo der Trambahn nachgerannt. Als ich die Türe aufhielt für den Herrn, der nach mir kam, sagte der völlig außer Atem, aber voller Bewunderung: »Hätte gar nicht gedacht, dass *Sie* noch so schnell laufen können.« Da war ich grade mal 16!

Es gibt dagegen heute noch oft Momente, in denen ich mich fühle wie mit 20 – etwa dann, wenn ich am Strand ums Feuer tanze, während mein Lieblingstrommler »Salvadore der Klingone« sein geniales Djembe-Solo spielt. Da fühle ich mich vor Verzückung schwerelos, mein Körper tanzt von ganz alleine, und ich fliege davon. Ich glaube, ich empfinde in diesen Momenten so, weil ich wirklich mit der absoluten *Essenz meiner Existenz* in Berührung bin! Jeder hat so einen Ort *in sich*, an dem er spürt: »Jetzt bin ich angekommen.« Und jeder hat auch so ein Äquivalent *im Außen*.

Wenn Sie diesen Ort und diese Betätigung gefunden haben, ist es völlig egal, wie alt Sie sind. Aber je älter Sie werden, umso größer ist die Chance, dass Sie aufgrund all Ihrer Erfahrung endlich herausfinden, in welcher Ecke diese Essenz Ihres Lebens sich versteckt. Ich wünsche jedem Menschen von ganzem Herzen, dass er an diesen Punkt kommt. Und das bringt mich zum nächsten wichtigen Themenkreis.

Die Welt der Wünsche

Es hat in letzter Zeit eine unglaubliche »Wüscheritis« um sich gegriffen, befeuert von allerlei klugen Büchern, die uns erklären, dass wir durch das physikalische Gesetz der Resonanz Einfluss nehmen können auf die Dinge, die wir anziehen. Für diejenigen, die davon noch nie etwas gehört haben, erkläre ich kurz den Ansatz:

Wenn man in einer niedrigen Frequenz schwingt, also wenn man hadert, jammert oder schimpft, zieht man auch niedrig schwingende Vorfälle und Menschen an. Ist man aber dankbar, voller Liebe und in Harmonie, also in einer hohen Frequenz und im Einklang mit seiner wahren Natur, die eigentlich voller Licht, Liebe und Energie ist, dann zieht man auch hoch schwingende, lichte und positive Dinge und Leute in sein Leben.

Das ist so weit natürlich völlig richtig!

Das *Gesetz der Resonanz* bedeutet auf physikalischer Ebene, dass wir nur das anziehen können, was wir aussenden, wie ein Radio, das nur die Wellenamplitude empfangen kann, auf die es eingestellt wurde. Wer »hochfrequent« drauf ist, kann keine niedrigen Schwingungen wahrnehmen und umgekehrt. Wenn wir uns aktiv immer wieder auftanken mit der Wärme der Liebe in unserem Herzen, tunen wir unsere Schwingung jedes Mal wieder ein Stückchen höher und ziehen dementsprechend auch immer schönere Umstände in unser Leben.

Was man leider in den meisten der »Wunsch-Bücher«, die dieses Prinzip propagieren, vergessen hat, ist zu erwähnen, dass man unbedingt erst lernen und auch üben muss, die eigene Frequenz zu beeinflussen.

Gerade wenn es mal nicht so rosig läuft, also wenn man zum Beispiel krank ist oder enttäuscht wurde, einen schweren Rückschlag wegstecken musste, oder wenn man gar von klein auf lauter negative Glaubenssätze reingedrückt bekommen hat, kann man nicht einfach aufs Knöpfchen drücken und sagen: »Äh, ich bin supergut drauf ... und totaaal entspannt, und äh ... ich wünsche mir, dass jetzt sofort alles besser wird, verdammt noch mal!«

Wer erwartet, dass sich auf diese Weise alles im Handumdrehen zum Besten verändert, wird definitiv enttäuscht werden.

Das heißt aber nicht, dass das Gesetz der Resonanz nicht funktionieren würde und die Bücher alle Humbug sind. Ich kann Ihnen jedenfalls versichern, dass sich in meinem Leben unheimlich viel zum Besten gewendet hat, seit ich sehr genau drauf achte, was ich mit Gedanken, Worten und Taten in meinem Leben so alles manifestiere und in welchen Frequenzbereichen ich mich so herumtreibe.

Es gibt verschiedenste Methoden, an seiner Frequenz zu schrauben. Meine Freundin Elfi auf Ibiza macht es beispielsweise durch Singen. Wenn sie Schmerzen hat, tanzt sie dazu in ihrem Haus herum und sagt sich immer wieder: »Anitscha, auch das geht vorbei ... La la la.«

Ein ganz einfacher, aber wirkungsvoller Trick ist auch, sich körperlich aufzurichten, durchzuatmen und ein breites Lächeln aufzusetzen.

Lächeln!

Man hat in zahlreichen Untersuchungen festgestellt, dass das Hirn sofort anfängt, eine bessere Chemie zu produzieren, wenn es durch Körperhaltung und Gesichtsmuskulatur gesagt bekommt: »Da gibt's was zu lächeln!« Wenn Ihr Oberkörper aufrecht ist, können Sie außerdem viel tiefer atmen, weil sich der Brustkorb leichter mit Luft füllt und auch die körperlichen Energien besser fließen.

Wenn es Ihnen zu künstlich vorkommt, einfach so grundlos zu lächeln, dann denken Sie daran, dass es immerhin ein *echtes* Bemühen ist, was dahintersteht, und zwar um eine gute Sache. Dann wirkt das Ganze gleich viel authentischer. Lächeln ist ein großartiger Trick – für einen selbst und auch für die anderen, die einen umgeben. Auf diese Weise schicken Sie gleich noch eine aufmunternde Botschaft in die Welt. Lächeln steckt an und bringt Freude in den Alltag. Man kann es zum Beispiel auch sehr schön üben, während man kocht, putzt, einkaufen geht, meditiert, Yoga macht oder sich schminkt.

Studien haben bewiesen, dass Leute, die bewusst viel lächeln, im Durchschnitt sieben Jahre länger leben. Es gibt viele Fälle, in denen Menschen sich selber heilen konnten, weil sie ihre Gedanken und dadurch ihre Emotionen und die daraus resultierende Körperchemie und Grundkonstitution veränderten, indem sie sich andere Denkmuster erarbeitet haben. Sehr zu empfehlen hierzu das Buch *Du bist das Placebo* von Joe Dispenza, in dem genau erklärt wird, wie man sich emotional umstimmen und so auf eine hohe Frequenz einschwingen kann.

Tipp

Achten Sie darauf, dass Sie viel zu lachen haben in Ihrem Leben. Besorgen Sie sich gute Komödien und immer etwas Lustiges zum Lesen. Gehen Sie so oft wie möglich ins Kabarett, ins Theater oder ins Kino und schauen Sie sich dort lustige Künstler an, die unseren Alltag aufs Komischste verarbeiten. Wenn Sie einen Abend lang richtig abgelacht haben, dann sind Sie für den Rest der Woche gegen Stress viel besser gefeit; auch das Immunsystem wird gestärkt, und Sie schütten jede Menge Glückshormone aus.

Alles selbstgemacht

Wir haben in unserem Oberstübchen eine Art Videospiel eingebaut, und wir sollten den Joystick, also die volle Verantwortung für alles – auch für unsere Frequenz –, immer selbst in die Hand nehmen. Erst dann sind wir im Stande, sämtliche Hindernisse und Monster auf allen Levels wegzuballern. Am besten natürlich mit Humor, einer positiven Grundeinstellung und ganz viel Licht im Herzen.

Erst wenn wir begreifen, dass wir alles selber in unser Leben gezogen haben, können wir alles, was uns nicht passt, auch wieder rausschmeißen.

Wenn wir hinfallen, können wir immer wieder aufstehen, die Krone zurechtrücken und weitergehen. Sobald wir anderen die Schuld für unser Leid geben, setzen wir uns selbst schachmatt, weil wir passiv darauf warten müssen, dass diese anderen unsere Situation verbessern. Das ist der große Unterschied zwischen Opfer und Held.

Opfer oder Held?

Es ist unerlässlich, dass wir begreifen, wie viel Anteil wir selber haben an allem, was uns täglich widerfährt. Der typische *Opfer-Typ* gibt die Schuld immer den anderen – und betont so seine schlechte Situation immer tiefer ein. Wenn Sie ein *Held* sein wollen, dann üben Sie sich in der Kunstfertigkeit, den Schalter aktiv umzulegen. Der Held durchschaut, dass er die Dinge selber in der Hand hat, erkennt die wiederkehrenden Muster seines Lebens und findet einen Trick, sie zu umgehen.

So wie Odysseus sich an den Mast binden ließ und seinen Seemännern die Ohren verstopft hat, damit sie die Sirenen nicht hören konnten, so können Sie ab jetzt Ihre Ohren gegen negatives Geschimpfe verschließen und Ihren mentalen Werkzeugkasten zum Einsatz bringen, wenn es darum geht, im Zentrum Ihres Herzen zu bleiben: in Ihrer Mitte.

Der Held übernimmt die volle Verantwortung für alles und nimmt die Lösung der Probleme in die eigene Hand. Seien Sie der Held im Videospiel Ihres Lebens, und Sie werden jedes Mal schneller und versierter reagieren, wenn das »Böse« mal wieder sein hässliches Haupt erhebt.

Ich bin, wie gesagt, ein großer Fan von Prophylaxe! Der *Profi relaxe* ... bei einer guten Tasse Tee. Denn der Profi betreibt gründliche Vorsorge und begibt sich gar nicht erst in Situationen, die nach Trouble riechen. So wie man nicht in Kneipen geht, bei denen man schon von außen sieht, dass man sich dort eine Magenverstimmung holt oder eins in die Fresse bekommt, so lernt man auch immer besser, Situationen zu vermeiden, die einem nicht guttun. Und wenn man sich unversehens doch in einen Schlamassel hineinmanövriert hat, kann man durch Entspannungsübungen und Atemtechniken das Ganze erheblich mildern.

Ich gebe zu, diese Dinge funktionieren nicht von heute auf morgen. »Instant Happiness« gibt es nur in Form von bunten Pillen. Für spirituelle oder feinstoffliche Vorgänge brauchen wir Zeit, bis wir die Sensibilität dafür entwickeln, den Unterschied überhaupt spüren zu können. Wenn man jedoch ein paar Jahre kontinuierlicher Übung auf dem Buckel hat, werden die Ergebnisse an allen Ecken und Enden sichtbar. Es werden in diesem Buch noch viele andere Tipps und Techniken kommen, die Ihnen helfen, Ihre Frequenz immer höher zu schrauben.

Esoterik?

Jetzt rede ich seit einiger Zeit über ziemlich abgehobene Sachen, doch was ist eigentlich mit den Leuten, die auf solche Themen immer noch reagieren mit einem: »Oh nö, geh mir weg mit diesem Eso-Zeug!« Besonders der grantlhuberige Bayer sagt am Stammtisch besonders über Frauen, die über solche Dinge sprechen, gerne Sätze wie: »Oh mei, was will's denn, die überkandidelte Krampfhenna, so eine Eso-Ziege, bei der is wahrscheinlich auch die Weihnachtsgans vegan, so a tofugstopfte Hirschkuh.«

Bei einigen *Normalos* gehört es immer noch zum unausgesprochenen Geheimkodex, gegen alles zu sein, was nicht hundertprozentig wissenschaftlich belegt ist – außer während der Fußball-WM. Da glauben selbst die hartgesottensten Rationalisten plötzlich an hellsichtige Kraken!

Aber wenn man alles immer nur rein wissenschaftlich betrachtet, ist das Leben nichts anderes als eine Krankheit, die durch Geschlechtsverkehr übertragen wird und mit hundertprozentiger Sicherheit mit dem Tod endet.

Ich kann dazu nur sagen: Lassen Sie sich von den Ewiggestrigen nicht aus der Ruhe bringen. Man kann viele dieser Dinge, die ich hier erwähne, erst dann beurteilen, wenn man sie eine Zeit lang ernsthaft ausprobiert hat. Frank Zappa hat einmal den schönen Satz gesagt: »Über Musik reden ist wie über Architektur tanzen.« Genauso verhält es sich mit den feinstofflichen Sachen, die wir noch nicht messen können, aber fühlen.

Fest steht: Ich will hier niemanden missionieren, jeder muss seine eigenen Wege finden; ich möchte einfach nur meine positiven Erfahrungen weitergeben – und ich persönlich finde, dass sich größere Bewusstheit sehr positiv auswirkt, und zwar in allen Lebensbereichen.

Man haut sich zum Beispiel viel seltener den Kopf an! Das ist kein Witz – achten Sie mal darauf: Je unbewusster Menschen durch die Welt laufen, umso mehr Schrammen, Blutergüsse und Krankheiten haben sie, umso ungesünder ernähren sie sich, und umso unglücklicher machen sie sich und leider auch andere.

Achtsame, bewusste Menschen genießen das Leben intensiver, haben mehr Freunde, sind gesünder und haben auch besseren Sex. Es ist längst wissenschaftlich belegt, dass es extrem lebensverlängernd und gesundheitsfördernd ist, wenn man sich angewöhnt, jeden Tag zuhause im stillen Kämmerlein seine Bewusstheit und Achtsamkeit zu trainieren, indem man meditiert.

Unterschwellig, manchmal auch ganz offen, werden wir im öffentlichen Leben aber immer noch dazu angehalten, diese ganzen »Eso-Dinge« abzulehnen. Dabei hat gerade die Offenheit dafür, auch mal »was gespinnertes Spirituelles« zu versuchen, oft den gleichen Effekt, als würde man uns einen Schlüssel in die Hand geben für den Deckel zu der Kiste, in die wir eingesperrt sind.

Wenn man offen bleibt, lernt man immer mehr Tricks und Techniken und findet immer mehr Schlüsselbotschaften, um selbst ganz alte, eingerostete Schlösser zu knacken. Hierzu mein Lied über die *Schlüssel:*

Es gibt Schlüssel fürs Fahrrad, Auto und Haus
und Schlüssel zur Entscheidung – was mach ich jetzt da draus?
Was soll ich tun – was lass ich lieber bleiben?
Das alles kann doch nur mein Herz entscheiden.
Türen führen zu Falsch oder Wahr,
Pandoras Box oder Utopia.
Das ist es, was ich meine, wenn ich sag,
die Sonne scheine möglichst jeden Tag.
Ich öffne alle Schranken und mein Herz ganz weit,
ich möchte mich bedanken, und ich bin bereit.
Jede Sekunde, die nicht kopflos rennt,
hat das Zeug zum echten Schlüsselmoment.
Tiefe Wahrheit muss man einmal nur sehn,
dann hört man auf, sich im Kreise zu drehn.
Schlüsselsätze können uns zu Tränen rühren,
Schlüsselfiguren hinterlassen Spuren, die uns führen.
Denn prinzipiell werden immer alle Träume wahr,
man muss nur wirklich richtig daran glauben.
Alles erfüllt sich in nur einem Jahr,
man muss nur täglich bisschen dran schrauben.
Der Schraubenschlüssel zu meinem Märchenschloss
liegt immer immer immer nur in meinem Schoß.

Folgende Merksätze sind in diesem Zusammenhang noch wichtig:

1. Das Märchenschloss unserer Kindheit besteht in erster Linie darin, dass wir viel Liebe von den Eltern erfahren!
2. Das zweite Märchenschloss baut sich auf, wenn wir geschlechtsreif werden und der Schlüssel zum Glück in der Liebe zum Partner liegt!
3. Anschließend findet man die Erfüllung in der Liebe zum Nachwuchs!
4. Wenn wir ab einem gewissen Alter zum ersten Mal Zeit für uns selbst haben, liegt die größte Befriedigung darin, dass wir hoffentlich endlich damit anfangen können, uns auch selber zu lieben.

5. Dann lernen wir eventuell sogar eine immer größer werdende Liebe zu allem kennen, was kreucht und fleucht in dieser wunderbaren Schöpfung, nämlich
6. Die Liebe zu allem Göttlichen.
7. Schließlich verlieren wir, wenn alles gut läuft, zu guter Letzt sogar die Angst vor dem Loslassen und können in Frieden gehen.

Mit anderen Worten: Spätestens wenn die Kinder aus dem Haus sind, hat jeder das Recht, sagen zu können: »So, jetzt geht's auch mal um mich und meine Bedürfnisse.« Besonders Leute, die ein Leben lang einen Job gemacht haben, dessen Höhepunkt darin bestand, dass sie ihren Bürostuhl gleichzeitig drehen und dabei rauf- und runterfahren konnten, haben es verdient, dass sich nach der Pensionierung etwas tut, das ihrer Existenz einen Sinn gibt.

DER RUHESTAND

Der Ruhestand könnte meiner Meinung nach die Zeit sein, in der es endlich vorbei ist mit der Ruhe!

Endlich können wir alles tun, wonach wir uns immer gesehnt haben, auch die verrücktesten Sachen. Es soll sogar Beamte geben, die plötzlich angefangen haben zu arbeiten ...

Okay, für den, der sein Leben lang geschuftet und dabei alles erreicht hat, was ihm wichtig war, ist es vielleicht stimmig, wenn er die restlichen Jahre in einer Hängematte liegen und sich die Drinks bringen lassen kann. Bloß weil *ich* das nicht tun würde, muss das noch lange nicht falsch sein. Wenn Sie allerdings in den Spiegel schauen und einen Menschen vor sich sehen, der Sie nie sein wollten, dann ist jetzt die Gelegenheit, das zu ändern. Können Sie sich daran erinnern, dass Sie in der Sturm-und-Drang-Zeit Ihres Lebens zu Ihren Freunden gesagt haben: »Ich will nicht enden wie meine Eltern! Wenn ich je in solchen Klamotten rumlaufe, bitte erschießt mich, bevor ich ver-beige! Beige ist nämlich eigentlich keine Farbe, sondern nur die Vorsilbe von –issen«.

Falls Sie dem Sog in die Konservativität trotzdem nicht widerstehen konnten, ist es jetzt allerhöchste Zeit, etwas zu ändern. Oder sagen wir's mal so: Spätestens wenn man ins Altersheim abgeschoben werden soll, muss man die Initiative ergreifen und seine Wunschträume wahr werden lassen.

Infarkt? Nein, danke

Wir nennen die häufigste Todesursache der westlichen Welt »Herzinfarkt«. Aber diese Herzen sind in Wirklichkeit vor Trauer darüber zerbrochen, dass ihre Rufe nie erhört wurden. Erst wenn wir plötzlich krank sind oder eine tiefe Krise uns den Boden unter den Füßen wegreißt, wachen wir manchmal auf und sagen: »Oha, ich wollte doch eigentlich etwas machen aus mir und meiner Restlaufzeit.«

Aber warum muss uns das Wasser immer erst bis zur Oberkante Unterlippe stehen, bevor wir endlich die Dinge tun, die uns wirklich wichtig sind, und anfangen, so zu leben, wie wir es uns immer gewünscht haben?

Wer dieses Buch jetzt auf der Stelle weglegen und aufspringen will – der hat genau den richtigen Impuls! Suchen Sie sich heute noch eine Tätigkeit, die Ihnen schon immer vorgeschwebt ist, und legen Sie einfach los. Man muss einfach so lange rumsuchen und etwas tun, sei es malen, töpfern, musizieren, sporteln oder was auch immer, bis man *sein* Ding gefunden hat. Man kann sich in einem Verein anmelden oder auf die Volkshochschule gehen. Man kann ein Studium anfangen oder Hobbygruppen gründen. Lassen Sie sich irgendetwas einfallen, womit Sie Ihre neue Freizeit freud- und sinnvoll füllen – sonst wartet auf Sie womöglich irgendwann ein Loch, in das Sie im Alter fallen.

Sich beschäftigen

Ich habe zum Beispiel erst mit 45 angefangen, Gitarre zu spielen, und muss wirklich sagen, dass ich saufroh bin, mein Vorurteil über Bord geworfen zu haben, so etwas müsse man schon als Kind beginnen, sonst ist es sinnlos. Ich hab mir einfach gedacht: Ich will ja nicht enden wie Paco de Lucia!

Bei meinem ersten Lied kam ich mir noch vor wie ein Huhn: Du bist so am Rumdrücken und denkst: »O Gott, hoffentlich wird das nicht totale Kacke – und plötzlich lag da ein wohlgeformtes Ei. Das war eine große Freude, und ich möchte mich an dieser Stelle auch mal ganz ausdrücklich bei meinen Freunden bedanken, dass sie so geduldig waren mit all meinen anfänglichen musikalischen Absonderungen.

Es ist ganz wichtig, dranzubleiben an dem, was man beginnt,

denn erst wenn man gelernt hat, eine Betätigung über einige Jahre hinweg zu betreiben, kann man sich an den Früchten seiner Mühen erfreuen und spürt die Magie dessen, was da gewachsen ist. Wenn man hingegen immer wieder etwas Neues anfängt und nie dranbleibt, dann ist diese Erfahrung auf Dauer entmutigend. Irgendwann glaubt man dann, die ganze »Überei« bringe sowieso nix.

Wenn wir uns ein Rückgrat aus Tätigkeiten antrainieren, die uns Freude machen und weiterbringen, dann ist das der Halt, den wir in uns selber schaffen. Es ist natürlich viel leichter, diesen »Backbone« zu trainieren und zu einer regelmäßigen Routine auszubauen, während man noch halbwegs jünger ist. Genau wie wir gelernt haben, uns täglich die Zähne zu putzen, die Haare zu kämmen und die Hände zu waschen, so sollten wir auch jeden Tag ein bisschen Zeit darauf verwenden, unseren inneren Wachstumsprozess, unsere handwerkliche Geschicklichkeit und körperliche Fitness voranzutreiben, und kontinuierlich dranbleiben.

Tipp

Suchen Sie sich eine Tätigkeit, die Ihnen gefällt und die Sie einmal pro Woche beigebracht bekommen, und üben Sie täglich mindestens eine Viertelstunde für sich. Bleiben Sie konsequent, denn erst nach einiger Zeit stellt sich das erste Erfolgserlebnis ein. Besonders empfehlenswert ist es, diese Tätigkeit mit anderen zu teilen. So entwickeln sich nebenbei auch neue Freundschaften und Beziehungen. Sehen Sie diese Unternehmung als »Energie-Aufladestation« für Ihre Seele.

Ich bin sehr glücklich über meinen bunten Freundeskreis in Goa oder Ibiza. Bei unseren Treffen ist es völlig normal, dass sich jeder mit irgendetwas beschäftigt. Einige musizieren gemeinsam, andere tanzen, manche machen in der Ecke Yoga oder üben das Jonglieren. Manche geben einander Rücken- oder Fußmassagen, wieder andere basteln Schmuck oder nähen an ihren Klamotten herum. Ich veranstalte bei mir Partys, auf denen es völlig normal ist, dass jeder etwas vorführt oder ausprobieren kann. Am Anfang sind manche noch ein bisschen gehemmt, aber wenn man einen Rahmen schafft, in dem solches Verhalten goutiert wird, entspannen sich alle und genießen es sehr, etwas zu teilen. Eine Party zu veranstalten muss nicht immer nur Alkoholtrinken und Smalltalk bedeuten.

Einsamkeit im Alter muss nicht sein

Im Alter wird es leider erwiesenermaßen schwieriger, den Kontakt zu anderen aufrechtzuerhalten. Wir werden kauziger, wählerischer und träger, weil der Körper die Hormonproduktion runterfährt und wir deswegen auch keine Hummeln mehr im Arsch haben.

Wer aber nach dem Tod oder der Trennung von einem Partner plötzlich bedürftig und panisch nach neuen Freunden oder Gleichgesinnten sucht, wird es schwerer haben als einer, der gelernt hat, sich sinnvoll mit sich selbst zu beschäftigen, und schon vorher einen intakten Kreis an Gleichgesinnten aufgebaut und gepflegt hat.

Alle Gerontologen sind sich in diesem Punkt einig: Es ist wirklich wichtig, dass wir uns frühzeitig vernetzen und in symbiotischen Austausch treten mit anderen. Und es ist eine Illusion zu glauben, man könne auch ganz gut allein.

Es gibt zwar den typischen »Grantelhuber«, der zum Wohl der anderen tatsächlich lieber für sich bleiben sollte, aber grundsätzlich ist Einsamkeit der größte Auslöser für Depressionen im Alter. Der Homo sapiens ist ein Gruppentier, und nur ganz wenige sind zum einsamen Wolf geboren. Die meisten Glücksmomente empfinden wir in der Gesellschaft anderer. Kontakte zu vernachlässigen ist daher ein großer Fehler. Wenn wir unsere Verbindungslinien nach außen kappen und alle Rollläden in unserem Realitätstunnel herunterlassen, wird es mit fortschreitendem

Alter immer schwerer, diesen Prozess wieder rückgängig zu machen. Deswegen ist es so wichtig, sich mit seinen unbewussten Mustern und Selbstschutzmechanismen auseinanderzusetzen.

Hier ein kleiner Test, mit dem Sie sich selber auf die Schliche kommen können: Es gibt verschiedene Arten, sich daheim aufzuhalten. Welche trifft auf Sie am ehesten zu? Sie bleiben zuhause, weil Sie

A) gerade an einer hochinteressanten Sache arbeiten, die Sie glücklicher macht als alles andere.

B) diese Woche schon dreimal weg waren und heute das tolle Buch zu Ende lesen wollen.

C) nicht recht wissen, was Sie da draußen mit sich anfangen sollen, und Angst haben, dass Sie sich in Gesellschaft unwohl fühlen werden oder gar blamieren könnten.

Wenn Sie eher Typ C sein sollten, dann gehen Sie los und suchen Sie nach jemandem, der Ihnen hilft, diese Ängste zu überwinden. Das kann ein Therapeut sein oder eine Selbsthilfegruppe, ein Fernstudium – oder vielleicht auch nur das richtige Buch zu Ihrem persönlichen Thema.

Wenn wir uns und unsere Weiterentwicklung aufgeben, weil wir dem negativen Glaubenssatz folgen: »Von nun an geht's sowieso bergab« und uns deswegen zurückziehen, bringen wir uns um den absoluten Höhepunkt unseres Lebens, an dem unsere Existenz eigentlich zu ihrer vollen Pracht erblühen wollte.

Einsamkeit im Alter ist auch der Hauptgrund für fast alle Krankheiten und Sinnkrisen und spielt eine riesige Rolle beim allgemeinen Verfall.

Der imaginäre Freund

Hier ein sehr unkonventioneller Trick, den ich selber als kleines Kind für mich erfand:

Als ich in meiner Therapie meine Kindheit aufgearbeitet habe, begriff ich erst, dass ich die ersten drei Jahre meines Lebens fast völlig isoliert war. Meine sieben Jahre ältere Schwester hat mir erzählt, dass ich in dieser Zeit eine imaginäre Freundin erfunden habe, mit der ich immer spielen und reden konnte. Es ist inzwischen ein bekanntes Phänomen, dass vernachlässigte Kinder sich auf diese Weise helfen.

Auch heute noch habe ich an meinem Schlagzeug in Goa einen kleinen aufblasbaren Hund sitzen, der mich mit heraushängender Zunge anstrahlt, wenn ich da alleine vor mich hin übe. Ich habe ihn dort hingesetzt, damit da schlichtweg wer ist, für den ich spielen kann.

Jeder »Familienaufstellungstherapeut« würde bestätigen, dass mir auf diese Weise Energie zufließt. Nicht nur Menschen, die im Raum in einer bestimmten Konstellation aufgestellt sind, erzeugen negative oder positiv bestrahlte Energiefelder, auch Gegenstände strahlen aus. Vielleicht haben Sie ja den Film *Cast Away* gesehen, in dem Tom Hanks auf eine einsame Insel verschlagen wird und dort um sein Überleben kämpft. Er bastelt sich irgendwann aus einem Ball einen Kameraden, mit dem er abends am Feuer reden kann. Wenn Sie jetzt denken, das sei alles völlig geistesgestört, dann vergessen Sie nicht, dass wir beim Beten im Prinzip nichts anderes tun: Wir wenden uns an eine imaginäre andere Person und erfahren dadurch Linderung.

Tipp

Wenn Sie sich wirklich einsam fühlen, basteln Sie sich ein imaginäres Gegenüber, das an Ihrem Esstisch sitzt, und üben Sie mit ihm die Konversation. Dieser Platzhalter hat sogar viele Vorteile – zum Beispiel, dass er nicht widerspricht, sondern die Klappe hält und man endlich ausreden kann; und dass man wirklich ehrlich sein darf. Ich verspreche Ihnen, der Tag wird kommen, da sitzt plötzlich wieder ein echter Mensch an Ihrem Tisch – aber Sie haben in der Zwischenzeit nicht verlernt zu kommunizieren. Den Platzhalter können Sie dann ja immer noch als Vogelscheuche verwenden.

Die gute Mischung

Ein imaginärer Freund ersetzt lebendige Menschen natürlich nur bedingt. Auf die gute Mischung kommt es an. Aber nicht nur hier. Eigentlich sagt man ja, das Alter sei die Zeit der Einkehr und Besinnung. Doch das ist kein Widerspruch zum zuvor Gesagten, denn ich rede hier ja von einem gesunden Ausgleich. Weder rund um die Uhr Halligalli, lautet die Devise, noch monatelange Einsamkeit – sondern ein gerüttelt Maß von beidem.

Ich war mein eigenes Versuchskaninchen und habe bei der Arbeit an diesem Buch zum ersten Mal getestet, wie es ist, wenn ich das Haus viel seltener verlasse. Noch vor einem Jahr hätte ich es als absolute Zumutung empfunden, jemals eine Party oder ein Konzert meiner Lieblingsband zu versäumen. Inzwischen weiß ich jedoch, dass ich eigentlich nichts verpasse. Trotzdem sollte man seinen Hintern hin und wieder hochkriegen und sich blicken lassen, sonst gerät man ganz in Vergessenheit, und dann entgehen einem wichtige Impulse, Inspirationen – und auch die neuesten Witze ...

Dieses Experiment hat mir eine sehr wichtige Einsicht gebracht: Es wird mit dem Älterwerden leichter, sich von allen egogesteuerten Dingen zu verabschieden. In der Zeit, in der ich an diesem Buch und der neuen Show gearbeitet habe, habe ich meine Tür zur Spiritualität noch weiter geöffnet, weil ich viel stringenter meditieren konnte. Je länger man mit den feinstofflichen Energien arbeitet, umso fester sitzt man auch da im Sattel und weiß sich immer besser zu helfen.

Werkzeugkasten fürs Leben

Eine Bekannte, die ein Meditationszentrum geleitet hat, bezeichnet das, wovon ich hier rede, als »Seelischen Werkzeugkasten«.

Sie musste zum Beispiel eine schwere Rückenoperation überstehen. Als sie aus der Narkose erwachte und Schmerzen und Angst hatte, hat sie einfach, wie sie es ausdrückte, auf »Zuversicht geschaltet« – und es hat sich in ihr ein ganz tiefes Vertrauen breit gemacht, dass alles gut werde. Sie wurde ganz schnell und ohne Komplikationen wieder gesund.

Die »Zuversicht« ist wie ein Aufblendlicht.
Ist wie ein Flutlicht, ermöglicht gute Sicht.

Es gibt viele solche »Werkzeuge«: Wird man zum Beispiel von Zweifeln oder Ängsten gequält, ist es gut, wenn man sich mit positiven Affirmationen selber Mut zuspricht:

»Ich kann das, alles wird gut, ich bin voller Licht, Liebe und Energie!«

Es ist genau wie mit körperlichen Übungen: Man findet im Laufe der Jahre welche, die funktionieren, und muss die nur anwenden.

Wenn man weiß, wie man sich auf eine höhere Frequenz bringen kann, ist es, als hätte man einen *Regler* zur Verfügung, mit dem man auch seine Emotionen regulieren kann.

Jeder hat sein Kreuz zu tragen; aber wenn wir regelmäßig Rückenübungen machen, wird uns die Last immer leichter vorkommen. Man kann sein Kreuz aber auch in eine Schubkarre laden. Man kann auch anderen ihre Kreuze abnehmen, sie zu einem *Floß* zusammenbinden, und dann gemeinsam neuen Ufern entgegenpaddeln. Man kann sein Kreuz auch zersägen und hübsche Bauklötzchen basteln oder ein Lagerfeuer damit machen und sich daran wärmen und Kartoffeln braten. Oder man haut ein paar *Nägel* rein und baut einen Kleiderständer daraus oder schnitzt sich einen bunten Totempfahl mit den Abbildungen seiner Vorfahren.

Wichtig ist, dass wir die Dinge immer wieder spielerisch von allen Seiten betrachten, um die konstruktivste Lösung zu finden. **Wir können unser Lebensdrehbuch jederzeit umschreiben!**

Wir müssen nicht in die Fußstapfen unserer Ahnen treten. Wir können frische Spuren im Schnee hinterlassen, und es liegt immer in unserer Hand, worauf wir den Lupenblick unserer Aufmerksamkeit richten – auf die Stellen, die kaputt sind, oder auf die Möglichkeiten, wie man das Ganze reparieren oder umfunktionieren könnte.

Lebenskunst heißt auch, die wichtige Lehre zu erkennen, die jede schwierige Situation mit sich bringt. Wir stellen im Alltag täglich hunderte kleiner Weichen und treffen Entscheidungen, und es ist gut, einen inneren Kompass zu haben, der immer wieder in Richtung Licht und Liebe zeigt. Wenn wir lernen, bewusst und achtsam zu sein, fahren wir quasi automatisch in eine positive Zukunft.

Die Tipps, die ich hier gebe, sind zum großen Teil solche Werkzeuge, die man in seinem Werkzeugkasten aufbewahren kann. Man muss sie nicht täglich benützen, aber sie sollten gut geölt und einigermaßen ordentlich verstaut sein, damit man sie in der Not verfügbar hat.

Wichtig: Der Schlüssel zu diesem Kasten ist die Achtsamkeit. Wenn wir uns achtsam zusehen bei allem, was uns widerfährt, wissen wir viel schneller, was Sache ist, und können sofort eingreifen, wenn es drauf ankommt.

SELBSTWERTGEFÜHL UND ACHTSAMKEIT

Bei all diesen Dingen ist das Selbstwertgefühl der entscheidende Punkt – hier liegt der Hund begraben. Wenn uns das Gefühl, *wert-voll* zu sein, ausgetrieben wurde, lassen wir uns hängen und gehen mit uns selbst nicht achtsam um. Die Frage ist also:

Wie viel bin ich mir wert? Glaube ich an mich und meine Fähigkeiten?

Nur dann gebe ich mir auch wirklich Mühe, weil ich weiß, dass es etwas bringt, an mir zu arbeiten.

Wenn wir aber im Hinterkopf abgespeichert haben, dass wir sowieso immer Verlierer sind, weil man uns das eingeredet hat, geben wir uns, wenn es ans Älterwerden geht, viel zu schnell auf.

Ergo: Das Selbstwertgefühl gehört genährt!

Am Selbstwert arbeitet man täglich, ob man will oder nicht – entweder in einer aufwärts oder in einer abwärts gerichteten Bewegung. Je mehr ich erkannt habe, dass etwas in mir steckt, und sehe, dass ich richtig gut geworden bin in den Bereichen, die mir liegen, umso leichter fällt es mir, motiviert und mit wachsender Begeisterung weiterzumachen. Wir fällen minütlich Entscheidungen, wie wir mit uns selber umgehen. Wenn ich das Gefühl habe, ich bin mir etwas wert, dann ernähre ich mich gesund, pflege mich regelmäßig, arbeite an mir, trainiere, um fit zu bleiben, und tue mir viel Gutes. Das Ergebnis befeuert mich dann täglich, weiter in diese Richtung zu gehen.

Hierzu ein Song von mir:

Wer sich die Freiheit gewährt,
dass er gut mit sich verfährt,
und nur Gutes tut, das die Seele nährt,
der isses sich dann auch selber wert,

dass er in die richtige Richtung fährt.
Die Welt ist so, wie man sie sieht,
jeder kreiert, was ihm geschieht,
und was du ausstrahlst, ziehst du an,
du wählst minütlich dein Programm
und hast dein Navi hoffentlich so programmiert,
dass es dich immer brav zum Licht hinführt.
Was der Denker denkt, wird der Beweiser beweisen.
Wie der Lenker lenkt, so wirst du leider reisen.
DRUM SCHAU GENAU, WORAUF LÄSST DU DICH GRADE
  EIN.
Hab Vertrauen, das findest du grad im Alter.
Es gibt für alles so 'nen inneren kleinen Schalter,
und man kann immer und auf all seinen Wegen
diesen kleinen Hebel einfach – klack – umlegen.
Das ist ein kleiner Trick, den man kennen muss.
Das ist ein feiner Klick vom Negativ zum Plus.

liegt alles in unserer Hand. Wir erziehen uns täglich selber und werden immer »er-wachsener«. Ja, wir wachsen – oder aber wir verhärten und verspießern. Das ist genau der Unterschied zwischen Negativ oder Plus, von dem ich im obigen Lied singe.

Wenn Sie merken, dass Sie immer wieder in Situationen schlittern, in denen Sie nicht die Wertschätzung kriegen, die Sie sich wünschen – sei es an Ihrem Arbeitsplatz, in Freundschaften oder in Ihrer Paarbeziehung –, dann liegt es daran, dass Ihre Seele diese Situationen immer wieder kreiert, um Sie darauf aufmerksam zu machen, dass es da etwas aufzulösen gilt.

Auch hier kann ich nur wieder empfehlen: Begeben Sie sich vertrauensvoll in die Hände eines dafür ausgebildeten Therapeuten. Keiner sonst wird Ihnen so effektiv helfen können. Wenn Ihr Auto kaputt ist, bitten Sie ja wahrscheinlich auch nicht Ihre Freundin, ob sie es reparieren kann.

Achtsamkeit

Ich sage es noch einmal, weil es so wichtig ist: Ich bin davon überzeugt, das Substanziellste, was wir kultivieren sollten, damit wir unseren Lebensbaum zur größten, höchsten Pracht gedeihen lassen können, ist die Achtsamkeit! Sie ist maßgeblich für alle weiterführenden Schritte und ermöglicht uns eine unendliche Wachstumsmöglichkeit bis ganz zum Schluss unseres Lebens.

Ich erkläre Achtsamkeit gerne so: Es gibt 5 *Sinne*, plus dem 6. *Sinn* für alles Übersinnliche. Der 7. *Sinn* ist die Telepathie (auch wenn die meisten von uns damit eher eine TV-Sendung zu Verkehrsfragen verbinden). Und der 8. *Sinn* ist – für mich – die Achtsamkeit.

Man kann lernen und üben, achtsam zu sein sich selbst gegenüber, aber auch für die Umwelt und das, was um uns herum vor sich geht.

Um Achtsamkeit zu trainieren, gibt es allerlei Methoden:

Ich habe beispielsweise auf meinem Schreibtisch ein Arrangement, das aus sorgsam drapierten Blumen, Schmuckstücken, kleinen Götterstatuen und Perlen besteht. Wenn ich unachtsam bin, schmeiße ich etwas durcheinander, und dann merke ich sofort, dass ich nicht präsent war. Während ich diese kleine Dekoration liebevoll zurechtrücke, sammle ich mich auch innerlich und werde so automatisch wieder achtsam. Ich nenne das *»Awareness Enhancer«*.

Achtsamkeit kann man in vielen Situationen üben.

Zum Beispiel, wenn man ein Marmeladenbrot isst, während Wespen herumfliegen. Manche Leute flippen in so einer Situation völlig aus, schlagen um sich und machen die Tiere dabei aggressiv. Wenn man aber alles achtsam und bewusst im Auge behält, kann man ganz entspannt weiteressen, und wird dann sogar mehr genießen, einfach, weil man präsenter isst und ist.

Wir hatten früher an unserem Haus Weinreben. Die Wespen haben mir als Kind quasi meine erste Ess-Meditation beigebracht.

Die Sinne trainieren

Gerontologen haben herausgefunden, dass wir Demenz und Alzheimer hinauszögern können, wenn wir unsere Sinne trainieren. Es gibt daher in manchen Einrichtungen bereits dementsprechende Übungen und Trainingsansätze. Oft wird mit Gerüchen oder dem Tastsinn experimentiert. Das kann man natürlich auch wunderbar für sich selber probieren. Gehen Sie achtsam durch die Welt und schauen Sie, was es alles zu fühlen, zu riechen, zu hören und zu ertasten gibt.

Die Nase einer Kuh auf der Weide ist ganz glitschig und glatt. Ihre Zunge ist extrem rau. Wenn man ihr ein Büschel Gras durch den Zaun anbietet, kann man damit echt Spaß haben.

Mit Lehm zu töpfern ist eine sinnliche Sensation. Kleiner Nebeneffekt: Man kann mit dem Endergebnis unliebsame Bekannte beschenken, die man schon lange loswerden wollte.

Allgemein kann man sagen: Achtsamkeit kann nie schaden, aber je kritischer eine Situation ist, umso wichtiger wird sie – aber eben auch umso schwieriger. Deswegen sollte man Achtsamkeit schon in leichten Situationen geübt haben.

Ich habe mir zum Beispiel angewöhnt, automatisch langsamer zu werden, wenn eine Situation plötzlich hektisch wird. Das hat sich zu einem echten Automatismus entwickelt. Gerade wenn der erste Impuls wäre, hektisch zu werden, bringt es viel, wenn man sich darauf trainiert hat, erst einmal tief ein- und wieder auszuatmen, kurz zu schauen, was eigentlich gerade genau los ist, und dann bedachtsam zu handeln. Panik ist ansteckend – bis wir gelernt haben, sie an uns abgleiten zu lassen. Wer sich im Alltag immer wieder einen Moment lang über die eigene Schulter schaut, bevor er loshampelt, wird dies im Laufe der Zeit auch in kritischen Situationen besser beherrschen. Also: Immer erst mal ein- und ausatmen – sich seine Lage bewusst machen – und dann erst agieren.

Achten Sie einmal darauf, was Helden in Actionfilmen machen – das ist im Prinzip nichts anderes. Überall knallt's und

| 95

scheppert's, alle rennen schreiend durcheinander – nur Bruce Willis oder James Bond hauen noch 'ne trockene Pointe raus, bevor sie ganz ruhig loslegen.

> **Tipp**
>
> Ich habe mir angewöhnt, diese Achtsamkeit regelmäßig zu trainieren, und zwar mit einer »Wasser-App«, die mich ein Mal pro Stunde daran erinnert, dass ich Wasser trinken soll. Ich nütze diese Funktion nebenbei dazu, mich kurz ins Hier und Jetzt zu holen und einen Moment lang alles um mich herum achtsam wahrzunehmen. Jedes Mal, wenn ich ein Glas Wasser in der Hand halte, nehme ich mir auch einen kurzen Moment Zeit, dafür dankbar zu sein, dass diese geniale Flüssigkeit für mich zur Verfügung steht. Während ich trinke, denke ich: Danke, danke, danke! Probieren Sie es aus; der Schluckrhythmus passt hervorragend zu diesem Wort, und die Energie der Dankbarkeit bewirkt eine sehr hohe Schwingung. Es bedeutet, dass Sie bewusst und achtsam werden dafür, wie viel Ihnen tagtäglich geschenkt wird.

Sobald ich mein Glas ausgetrunken habe, liegt jetzt ein neuer Zeitabschnitt vor mir, nämlich der Moment, in dem ich nach dem Trinken wieder in den Alltag zurückkehre, also quasi das nächste »Zeitsegment« meines Tages. Dieses kann ich jetzt willentlich bewusst und achtsam beeinflussen, indem ich mir explizit vornehme, es positiv anzugehen. Jede Situation kann auf die verschiedensten Arten ablaufen, und ich habe es jetzt in der Hand, alles zu meiner vollsten Zufriedenheit zu gestalten.

Ein Schritt zurück

Es kann nie schaden, öfter mal einen Schritt zurückzutreten, um zu schauen, wo man gerade steht und was man gerade fühlt. Ich frage mich in solchen Fällen:»Bin ich gerade dabei, gute Vibrationen zu verschicken?« Darauf sollte man immer ein Auge haben, denn:

Wie man in den Wald hineinruft, so schallt es heraus.

Wer mit einem frisch geöffneten Herzen fröhlich in den Wald hineintiriliert, wird meist eine freundliche Antwort erhalten – und schon ist eine Aufwärtsbewegung angekickt, die sofort mit guter Körperchemie untermauert wird.

Der innere Schalter

Man könnte auch sagen: Es gibt einen inneren Schalter, den man umlegen kann. Man sollte versuchen, ihn so oft wie möglich zu bedienen und von Negativ auf Positiv, von Nein auf Ja, von Angst auf Liebe umzulegen!

Die Stimmung zu beeinflussen ist machbar, Herr Nachbar!

Hierzu der zweite Teil meines Liedes:

Und eines weiß ich wirklich ganz präzis:
Dieser Planet ist für mich ein perfektes Paradies.
Und selbst wenn's schlimm steht – nicht pennen.
Ich hab immer die Wahl, wie ich damit umgeh,
das zu erkennen is der Heilige Gral!

Der berühmte Psychiater und Neurologe Viktor E. Frankl hat einmal sinngemäß gesagt:

Man kann dir alles nehmen, nur nicht die Freiheit, wie du auf eine Situation reagierst.

Der Mann hat die sogenannte »Höhenpsychologie« entworfen und mit dieser Einstellung sogar das KZ überlebt. Die Höhenpsychologie war für ihn der Gegenpol zur Tiefenpsychologie. Die Höhenpsychologie sollte nicht das »Unbewusste«, sondern das »Bewusste«, also das »höhere«, »wahre« Selbst erforschen – die oberen Regionen des menschlichen Bewusstseins, den Willen zur Lust und den Willen zum Sinn.

Dieser weise Ansatz funktioniert selbst unter härtesten Be-

| 97

dingungen, und man kann damit seine Chance, zu überleben, gewaltig erhöhen.

Ich habe für mich einen Trick erarbeitet, wie ich es immer wieder schaffe, mich auf das Gute und den Vorteil einer Situation zu fokussieren: Ich mache einfach die Augen zu, drehe mich zu einer Lichtquelle, atme bewusst das Licht durch mein drittes Auge ein und sage:»Danke, dass …«

Irgendeinen Vorteil kann man wirklich immer finden. Das Wichtigste dabei ist: Immer schön»Tante Grazie« sagen … auch wenn's ein Onkel ist, der dir den Kaffee bringt!

Tipp

Führen Sie ein »Dankbarkeitstagebuch« und schreiben Sie regelmäßig abends vor dem Schlafengehen hinein, was alles Gutes in Ihrem Leben passiert ist, egal, wie viel Mist vorgefallen sein mag. A bissl was geht immer, wie der Bayer sagt, und das gilt auch für eine positive Tagesbilanz! Sie schulen dadurch im Lauf der Zeit Ihren Blick für den konstruktiven Umgang mit Problemen und erwecken Ihre Aufmerksamkeit für alles, was eigentlich schon gut ist um Sie herum.

Ich weiß noch gut, wie ich das erstmals im Alltag angewendet habe. Ich war viel zu spät dran, weil ich die Zeit vergessen hatte, und mein Freund hatte gekocht. Er wartete bestimmt schon ewig mit dem Essen auf mich, und ich wusste, oh weh, jetzt gibt's 'ne Riesenstandpauke.

Ich stand vor dem Haus und habe mir folgendes überlegt: Es wäre so schön, wenn ich da jetzt reingehen könnte, und alles wäre gut. Ich will, dass er jetzt lieb zu mir ist … also werde ich jetzt lieb zu ihm sein!

In diesem Moment habe ich bewusst den Schalter in mir umgelegt: von Angst und vorauseilender Gegenwehr auf Liebe – und bin mit guter Laune hneingegangen und habe gesagt: »Boh, das riecht ja wie ein Fünf-Sterne-Restaurant. Danke, dass du gekocht hast, du bist der tollste Mann der Welt! Tut mir leid, dass ich so spät komme, ich wurde aufgehalten! Ich zünde uns ein paar Kerzen an – das wird ein richtig romantisches Dinner!«

Und alles war gut. Probieren Sie es aus, zum Beispiel vor einem Meeting mit dem Boss oder bei Vorstellungsgesprächen. Man macht kurz vorher sein Herz ganz weit auf, lächelt übers ganze Gesicht und sieht sich vor dem inneren Auge in strahlendem Licht. Ich schwöre Ihnen, das Gespräch verläuft gut. Auf diese Weise kann man das Beste aus jeder Gelegenheit herausholen. Ich mache das gerne, wenn ich aufs Klo gehe und ein paar Minuten alleine bin. Viele Autoren, zum Beispiel Esther und Jerry Hicks oder Pierre Franckh, haben mich in dieser Meinung mit ihren Büchern bestätigt (auch wenn ich diese Erkenntnis tatsächlich schon vorher hatte).

Wir haben immer die Wahl, ob wir blind und von negativen Emotionen getrieben in eine Situation hineinrasseln und dementsprechend einen Scherbenhaufen hinterlassen oder ob wir mit geöffnetem Herzen und positiver Energie in dieselbe Situation gehen.

Das offene Herz

Etwas mit offenem Herzen zu tun, das heißt für mich, dass ich mich in Liebe verbinde. Wenn man es intensiv empfindet, fühlt es sich ungefähr so an wie das flammende Herz auf den Heiligenbildern von Maria. (Dieses Bild gibt es übrigens auch im Hinduismus, etwa beim Affengott Hanuman, der von tiefer Liebe erfüllt ist für den Gott Ram.)

Wenn wir lernen, auf unsere Herzen zu hören, wird das die Medizin sein, mit der wir diesen Planeten und uns selber heilen. **Es gibt nur Angst oder Liebe! Man kann sich in jeder Situation des Lebens für eines von beiden entscheiden.**

Gerade wenn wir älter werden, wird die bewusste Entscheidung hin zur Liebe immer wichtiger. Angst erzeugt schlechte Körperchemie und macht krank. Glück ist die Abwesenheit von Angst.

Jugendwahn

Wir haben heute vor allem deswegen Angst vor dem Älterwerden, weil ältere Menschen in den Medien nicht so positiv wegkommen und nicht so umworben werden wie die Jungen. Was auch daran liegt, dass die »Kukident-Abteilung« wesentlich kritischer ist und ihr Geld nicht so leicht raushaut, wie es die jugendlichen Käufer tun. Auf diese Weise wurde unsere Gesellschaft künstlich in die Verherrlichung der Jugend getrieben – aus rein marketingtechnischen Gründen. Vor allem auf die Teenies hat es die werbetreibende Industrie seit jeher abgesehen – im kaufkräftigen Käufersegment zwischen Clearasil und Abitur.

Teenager sind halt meist so doof, dass man ihnen alle fünf Minuten irgendeinen anderen Schrott als Kult andrehen kann. Aus diesem Grund hat sich unsere Welt in den letzten 40 Jahren langsam, aber sicher auf das geistige Niveau eines pickeligen 15-Jährigen reduziert. Modebranche, Unterhaltungsindustrie, Programme in Fernsehen und Radio ... vieles wurde runtergeschraubt auf den Geschmack unbewusster Kinder!

Immerhin: Filme, in denen originelle ältere Leute die Stars sind, häufen sich in letzter Zeit beachtlich. Wir haben durch die Überalterung auch die große Chance, dass die totale Verdummung nicht mehr allgegenwärtig sein wird, sondern sich langfristig auf ein paar Sender beschränken könnte. Ich hoffe, dass anspruchsvollere Unterhaltung bald den größten Teil des Medienangebotes ausmachen wird.

Ja, ich weiß, das hört sich völlig utopisch an. Aber wie gesagt, bereits jetzt hat die Ü60-Generation das meiste Geld, und sie ist bald in der Überzahl! Wie immer liegt alles bei uns Konsumenten, denn das Volk bestimmt mit seinem Kaufverhalten den Markt. Und jetzt gibt es immer mehr im Herzen junggebliebene Silver-Ager, die in ihrem goldenen Herbst ihre Titan-Hüftgelenke feiern. Auch die bringen Umsatz. Aber man kann reifen Menschen kein X mehr für ein U vormachen, und wir werden hoffentlich nicht mehr so kopflos konsumieren und gleich wieder wegwerfen. Ich glaube:

Die Überalterung bringt auch für den Umgang mit Müll und Ressourcen einen großen Pluspunkt für die Welt.

Ein jeder von uns weiß, die Kuh steht auf'm Eis.
Und holen wir sie nicht runter, geht die Welt bald unter.

So, wie es jetzt läuft, mit dem Blick starr nur aufs Wirtschaftswachstum und die Arbeitsplätze gerichtet, kann es nicht immer weitergehen. Denn wir verbraten zu viele Ressourcen, produzieren viel zu viel Müll und verschmutzen unsere Umwelt auf's Sträflichste.

In Deutschland läuft alles nach folgendem Muster: Der Unternehmer ist der Vorzeigesohn, der Arbeitnehmer ist das ewige Problemkind. Alle leben zusammen in Muttis Staat, und der Papa ist der Markt, der nie da ist, wenn man ihn braucht, aber wenn er heimkommt, prügelt er alle unter den Tisch, weil er sich so vollgesoffen hat in der freien Marktwirtschaft.

Wir lassen uns ein Leben lang im Arbeitnehmer-Hamsterrad in die totale Erschöpfung hetzen und leben fast nur, um zu konsumieren. Und das halten wir dann auch noch für normal.

Auch dazu soll der Dalai-Lama einen sehr schönen Satz gesagt haben:

»Der Mensch opfert seine Gesundheit, um Geld zu machen. Dann opfert er sein Geld, um seine Gesundheit wieder zu erlangen.«

Ich finde, das ist der Inbegriff von unbewusstem Leben!

Klug wäre es, nur so viel Geld zu verdienen, wie man wirklich braucht; nichts zu kaufen, was nicht wirklich vonnöten ist; ansonsten genau die Dinge zu tun, die wirklich wichtig sind, uns gesund und glücklich machen und ein gutes Alter gewährleisten. Und den Rest der Zeit Gutes zu tun für sich, seine Umgebung und die Menschheit!

Soft Skills

Der Respekt für unsere Ältesten ist verlorengegangen, weil unsere Leistungsgesellschaft nur nach Arbeitsfähigkeit urteilt. Aber auch das ändert sich gerade vehement. Sogenannte »Soft Skills« wie Weisheit im Umgang mit anderen und emotionale Intelligenz in der Führung von Mitarbeitern sind immer mehr gefragt. Etliche Betriebe holen ihre erfahrenen älteren Mitarbeiter teilzeitmäßig wieder zurück, und viele Rentner haben noch Lust, sich zwei, drei Tage die Woche an einem Arbeitsplatz gebraucht zu fühlen. Auch kleinere Unternehmen stellen heute Senioren ein, die oft sehr nützlich sind fürs Betriebsklima.

Deutschland ist führend in der Beschäftigung von Älteren und profitiert davon ungemein. Die Alten nehmen keine Arbeitsplätze weg, sondern sie kurbeln durch ihre Aktivitäten die Wirtschaft an, und das schafft unter anderem auch Arbeitsplätze für die Jüngeren.

Unsere Gesellschaft muss sich dieser neuen Situation mit wesentlich mehr älteren Menschen noch anpassen. Aber das wird auch viele Vorteile mit sich bringen.

Wenn ich zum Beispiel vor einem Fahrkartenautomaten der Deutschen Bahn stehe und mir ein Ticket kaufen muss, habe ich das Gefühl, ich müsste erst mal fünf Semester Informatik studieren, um klarzukommen. Bald wird es hoffentlich viel bedienungsfreundlichere Displays geben. Auch Preisschilder und Beschriftungen werden besser lesbar, und die Straßen werden deutlicher ausgeschildert sein, so wie das in den USA zum Beispiel längst hervorragend klappt.

Themen wie Prostatakrebsvorsorge, Beckenbodentraining oder trockene Vaginalschleimhaut sind ja heutzutage schon in aller Munde, und das ist auch gut so, denn so stehen die Betroffenen nicht mehr alleine da. Die Zeit der »Neuen Alten« ist definitiv angebrochen. Aber was ist denn genau der Unterschied zu früher? Schauen wir ein letztes Mal zurück.

Die altmodischen Alten

Ich kannte früher kaum alte Leute, mit denen spannende Gespräche möglich waren. Sie schienen sich irgendwo auf ihrem Weg verheddert zu haben, das Lebensband wurde zerschnitten und zu einer sich selber loopenden Endlosschleife zusammengeklebt.

Ich glaube, die waren so drauf, weil sie alle ein schweres Kriegstrauma hatten und die ganzen Erlebnisse nie wirklich verarbeiten und loslassen konnten. Sie haben in der Vergangenheit gelebt und waren verseucht mit Sprüchen wie: »Erst die Arbeit, dann das Vergnügen.«

Wenn man aber ewig und drei Tage seine Vorhaben und Sehnsüchte in die Abstellkammer packt und immer denkt: »Nächsten Sommer hol ich das Fahrrad raus, dann mach ich 'ne ganz tolle Radtour« – dann ist das Leben irgendwann vorbei, und nix ist passiert.

Ich habe das bei meinen Eltern erlebt, als sie ins »Betreute Wohnen« umgezogen sind und ich ihr Kellerabteil aufräumen musste. Da lagen ihre gesamten ungelebten Träume vor mir, und ich habe begriffen, dass die alles entscheidende Frage am Ende lautet:

Ist der Inhalt der Abstellkammer größer als das tatsächlich gelebte Leben?

Meine Eltern waren eigentlich sehr glückliche Menschen und bis zuletzt sehr verliebt ineinander. Aber vom plötzlichen Wechsel in den Ruhestand waren sie so überrascht, dass sie verdattert auf den Hosenboden geplumpst sind – und nicht mehr hochkamen. Meine Mutter wollte irgendwann nur noch liegen und ihre Ruhe haben – und ist bereits ein Jahr nach ihrem Umzug ins Heim mit 83 an einem Gehirnschlag gestorben.

Dass es sehr wohl Leute gibt, die mit 94 noch einmal einen Schub kriegen und in ihren Ruderverein zurückkehren und sich durch allerlei Aktivitäten einen dritten Frühling erkämpfen – das wollte sie mir nicht glauben. Ich habe meine Mama dann irgendwann in Ruhe gelassen und nicht mehr länger an sie hingebettelt, wenigstens ein paar Schritte täglich mit mir zu gehen. Sie hat ganz klar gesagt: »Jetzt ist es vorbei, und ich mag auch nicht mehr.«

Die Asiaten sagen, jeder Mensch hat nur eine bestimmte Menge an Chi, also Lebensenergie, zur Verfügung; wenn die aufgebraucht ist, dann ist das auch das Ende der Fahnenstange. So war es wohl bei ihr.

Es waren die »altmodischen Alten«, die das persönliche Bild meiner Mutter vom »Alter« geprägt hatten. In Deutschland war es ja bis vor kurzem üblich, dass man spätestens ab 55 in einer ohrenschmalzgelb karierten Kittelschürze ganzkörpervertrocknet mit Stützstrümpfen auf dem Kissen am Fensterbrett in Ruhestand gegangen ist. Ich dachte als Kind allen Ernstes, irgendwann kriegt jede Frau eine violette Föhnwelle, ein Popelin-Mäntelchen, gelöcherte Gesundheitsschuhe und einen zahnlosen Rauhaardackel mit starken Flatulenzen, so wie alle Damen bei uns im Haus – und das war's dann.

Wenn solche Frauen krank wurden, ist ihnen der Mann verhungert, und war er nicht mehr da, gingen sie nur noch auf den Friedhof, um dort alles hübsch zu machen für ihre eigene baldige Ankunft. Ich habe mal einem Gespräch im Treppenhaus gelauscht, das lief so:

»Hast du des gehört, die Beerdigung von der Huberin is ned am Montag, sondern am Mittwoch?«

»So? ... Geht's ihr wieder besser?«

»Nein, sie is doch tot, aber sie hat gottlob ned so lang leiden müssn!«

»So? Aber die war doch 40 Jahre lang verheiratet ...«

Diese altmodischen Alten haben älter ausgesehen, als sie überhaupt je geworden sind. Diese Grantelhuber haben sogar darüber geschimpft, dass man heutzutage 112 rufen muss, wenn's brennt, und nicht mehr wie früher »Feuer!«. Vor so alten Stinkstiefeln hatte man keine Ehrfurcht, sondern eher Furcht ...

Wenn wir Kinder zu laut am spielen waren, wurde uns immer dieses schrille »Des hätt's beim Hitler ned gegeben!« hinterhergeplärrt. Diese Alten hatten den Krieg überlebt und schwärmten trotzdem noch vom Führer! Jeder von denen war promovierter Spitzel und Diplom-Blockwart mit 'nem Magister in Nörgelei.

Ja, so waren die Alten früher – nicht alle, aber viele.

Aber wie heißt es so schön:

Die Wahrheit siegt nie, nur ihre Gegner sterben aus.

Ich habe mir damals schon geschworen, nie so zu werden. In meinen Kleiderschränken gibt es nichts Beiges, Graues oder Schwarzes! Ich glaube fest daran, dass diese Art alter Menschen bald verschwunden sein wird wie die Dodos und die Dinos.

Daran sehen Sie mal wieder, welch Optimistin ich bin. Mein Kollege Alfred Dorfer würde wohl sagen: »Positiv denken ist was für Leute mit Informationsdefizit.« Ich meine:

Nur wer eine Utopie zu erträumen wagt, wird sie auch erreichen.

Das ist eine grundlegende Erkenntnis, die demnächst zum Mainstream werden wird! Jede große Erneuerung braucht eine Weile, bis sie sich durchsetzt. Die kritische Masse ist bei 30 Prozent, dann kippt es und wird von verhöhnter Avantgarde zur Normalität. Ich glaube, es dauert nicht mehr lange, dann wird sich auch in Deutschland einiges tun. Die Wissenschaft bestätigt die Vordenker der positiven Weltsicht. Hierzu ein paar Erkenntnisse aus der Placebo-Forschung.

Placebo-Forschung

Man gab in groß angelegten Versuchsreihen tausenden von erkrankten Probanden Traubenzuckerpillen ohne jeglichen Wirkstoff, um zu testen, wie sehr das eigene Denken Einfluss auf die Selbstheilungskräfte des Körpers nimmt.

Das Ergebnis: Der sogenannte »Placebo-Typ« wird von den Pillen gesund! Der »Nocebo-Typ« hingegen bekommt von den gleichen Pillen zum Teil sämtliche unangenehmen Nebenwirkungen, die auf dem Beipackzettel standen, und das teilweise so gravierend, dass man die Versuche einstellen musste, weil die Leute fast gestorben wären … an Traubenzucker!

Das war der wissenschaftliche Beweis, der auch die Schulmediziner überzeugt hat: So wie wir uns psychisch prädisponieren, so werden wir auch enden, also entweder als gesunde, lebensfrohe, selbstverwirklichte Menschen – oder mit grün-lila Ausschlag und Hirnhämorrhoiden auf der Intensivstation.

Ich finde Ersteres ganz klar die intelligentere Option und arbeite daran, immer den Fokus auf die positiven Aspekte meiner Existenz zu richten und ein hundertprozentig zuversichtlicher Placebo-Typ zu sein. Wie ein Mensch gepolt ist, kann man schon nach kürzester Zeit erkennen:

Die Putzfrau in unserem Haus zum Beispiel erzählt jedem, der aus Versehen nach ihrem Befinden fragt, sofort ihr gesamtes Leben im Schnelldurchlauf. Dabei poliert sie das Stiegengeländer blank und wiederholt die Worte immer haargenau gleich, wie in einer gut geprobten Theatervorführung:

»I hab scho als Kind gwusst, dass i die Schul ned schaff, da musst i hald schaun, dass i unter die Haubn komm, und hab mi natürlich total vergriffen bei der Wahl meines Lebensgefährten. Dann wollt i die Ehe mit a paar Kindern retten, aba die san ja total verkorkst worn. Und jetz is er mit aner andern davo, dank der steht er finanziell da wie a auszuzelte Weißwurschthaut und kann mir nix mehr zoihn, obwohl i mei Leben lang nur gebuckelt hab. … I war nach dera Trennung so am End, ich wollt nur noch naus, oiso hob I mir an Urlaub g'bucht, und wo flieg i hin? Voll aufs Maul!«

Gut, das klingt vielleicht nach einer ganz normalen Durchschnittsexistenz, aber ich sehe da eine gewisse Stringenz in der Durchführung. An jeder entscheidenden Gabelung ihres Lebensweges hat die Angst Regie geführt. Abwärtstendenzen und negative Muster sind oft sehr alt und sitzen tief. Aber wie Mark Twain so schön sagte:»Man kann schlechte Gewohnheiten nicht aus dem Fenster werfen, aber man kann sie Stufe für Stufe runterlocken.« Und dann konsequent verscheuchen.

Es kann sich bis ins hohe Alter noch einiges tun, wenn wir erkennen, dass ein »Pessimismuspanzer« nichts weiter ist als missverstandener Selbstschutz, nach dem Motto: »Wenn ich mir gar nicht erst lang Hoffnungen mache, kann ich auch nicht enttäuscht werden!«

Hoffnung ist unser stärkster Motor

Wenn wir die Hoffnung aufgeben, landen wir garantiert auf den billigsten Plätzen. Die allerniedrigste Frequenz auf der Skala an verschiedenen Schwingungsmöglichkeiten ist der Tod, die höchste ist die heitere Gelassenheit der bedingungslosen Liebe.

Zwischen diesen beiden Polen pendeln wir uns im Laufe des Lebens ein. Wenn jemand ganz viel Pech hat und dabei immer schlechter draufkommt und immer weiter runterrutscht in seiner Frequenz, dann zieht er immer mehr Pech an. Ich habe zu dieser Thematik ein Gedicht geschrieben. Versuchen Sie es laut zu lesen, wenn möglich mit einem leicht schwäbischen Dialekt. Und steigern Sie sich ruhig richtig rein. Dann wird es lustig.

DER PESSIMIST
Der Pessimist baut dauernd argen Mist,
ist ständig angepisst und voller Arglist.
Sein Sohn heißt Depression, sein Hobby Argwohn,
sein bester Freund nennt sich Verdruss,
sein Zeichen is der Bluterguss.
Und wer vom Teufel spricht, der ruft die Fliegen,
verstrickt sich in immer neuen Kriegen.
Und wer den Teufel an die Wand malt, erschafft
automatisch magnetisch seine Anziehungskraft.
Doch biste unbedacht und ohne Acht,
instinktgetrieben und aufgebracht,
von Ärger und Neid regiert,
hascht dich ins Schlamassel neibuxiert,
dann kannsch du dich suhlen im Sauer-Sein,

| 107

und hauscht dir den Kopp an 'ner Mauer ein.
Der Deibel scheißt laufend auf denselben Haufen.
Wenn mia saufend und raufend unsre Seele verkaufen,
ja, du selber wirsches gar nimmä merken,
alles, was du erläbsch, wird di bestärken.
Deiner Beweislast kann keiner entrinnen,
den Indizienprozess wirst du eh gewinnen.
Denn aus deiner Sicht kannsch du genau belegen,
kriegsch von Presse und TV den offiziellen Segen,
dass du klipp und klar im Recht bischt,
wenn du sagsch, dass de Welt total schlecht ist.

Expecto Patronum

Nachdem ich diese Zeilen geschrieben hatte, lief im Fernsehen am nächsten Tag ein *Harry Potter*-Film. In einer Szene lernt Harry von seinem Professor, die bösen Geister der Vergangenheit zu vertreiben, was aber nur funktioniert, wenn er an etwas Wunderschönes, extrem Positives aus seinem Leben denkt. Als er endlich die richtige Erinnerung aus dem Gedächtnis hervorkramt und den Zauberspruch »Expecto Patronum« ruft, schießt strahlend helles Licht aus der Spitze seines Zauberstabes und das düstere Flatterwesen löst sich winselnd in seine Einzelteile auf.

Das ist ein sehr schönes Bild dafür, wie es eigentlich auch in der Wirklichkeit funktioniert. Wenn man merkt, dass man schlecht draufkommt, etwa weil einen irgendein Vorfall an etwas Schmerzhaftes erinnert, hat man die Möglichkeit, sich da herauszuziehen, indem man sich bewusst mit einem konstruktiven positiven Gedanken beschäftigt. Man kann, wie gesagt, üben, bei sich selber den Schalter umzulegen, indem man seine Aufmerksamkeit wie ein Kind bei der Hand nimmt und sagt: »So, wir zwei Hübschen hören jetzt auf, da unten mit den Würmern zu spielen, sondern gehen dort hinüber und schauen uns nach einem besseren Spielzeug um.«

Hier ein paar Aspekte, wie es in konkreten Situationen aussieht, wenn man sich locker macht und sich für die positive Sicht entscheidet:

* Wenn wir älter werden, sehen wir nicht mehr so toll aus wie früher, aber dafür ist der Look auch nicht mehr so überlebenswichtig wie in den Teenie-Jahren.
* Wir sind nicht mehr so fit, aber wir müssen den Dingen auch nicht mehr so nachlaufen.
* Wir sind nicht mehr so drin im Leben, aber dafür stehen wir mehr über den Dingen und haben mehr innere Ruhe gewonnen.
* Wir sind nicht mehr so schnell im Kopf, haben dafür aber tiefere Weisheit und mehr Ahnung, was Sache ist.
* Wir haben zwar nicht mehr so viel Zeit zu leben, aber dafür gehen wir viel bewusster mit ihr um.

Kopf und Körper

Marlene hat eine ganze Weile vor sich hingebrütet, aber jetzt ist ihr ein Gedanke gekommen:

Ich mach mich inzwischen immer öfter 20 Jahre älter, als ich bin. Seitdem krieg ich viel mehr Komplimente dafür, wie frisch und jugendlich ich für mein Alter geblieben bin. Das geht runter wie Butter, und hey, so ganz unter uns: Seitdem ich mich älter mach und dazu auch noch aufstyle wie'n Crossover aus »Vintage Maserati« und Rolls-Royce, werd ich sogar von einem waschechten Erbschleicher umschwärmt – das is herrlich! Stell dir vor, der bringt mir Blumen und führt mich zum Tanzen aus! Das macht mir echt Spaß, weil ich ihn am gaaanz langen Arm verhungern lass. Aber so bleibt schön viel Platz für hübsche Armreifen.

Marlene strahlt und lässt die Dinger anständig klimpern.

Das Lustige is, ich vergess ganz oft, dass ich nich mehr der junge Hüpfer bin. Man verändert sich ja in der Birne kaum, aber der Körper ... Meiner ja nicht so, aber der von meinen Freunden extrem. Der Dieter zum Beispiel hat inzwischen Ohren so groß wie ein Stallhase, und da wachsen auch noch lange Haare drin. Er behauptet einfach, die braucht er, um die Schallwellen besser aufzufangen. Ich frag mich nur, wozu er dann die Haare am Rücken hat? Er sagt auch, bei ihm sind jetzt morgens immer alle Glieder steif, bis auf »das eine«. Aber er ist entspannt, und das Wichtigste is ja, dass man locker bleibt.

Gut, einiges ist schon anders als früher. Als ich Kind war, ham die Leute immer gesagt: »Gott, wat biste groß jewor'n, ick kenn dich noch, da warste sooo kleen.« Jetzt sagen alle: »Gott, wat biste kleen jewor'n, ick kenn dich noch, da warste sooo groß.« Aber das liegt nicht daran, dass ich schrumpf. Ne, das sind diese elenden 20 Kilo Damengepäck, die ich mein Leben lang in der Handtasche rumgeschleppt hab. Das zieht dich mit den Jahren immer mehr nach unten.

Aber auch hier hab ich im Alter 'nen Vorteil entdeckt: Das kommt jetzt nämlich alles schön ins Körbchen von der Gehhilfe. Ich frag dich wirklich, wieso musste ich erst alt werden, um so was immer dabeizuhaben? Das is so was von praktisch! Wenn ich du wär, würd ich die Gehhilfe jetzt schon zum festen Inventar von meiner Einkaufsausrüstung machen. Da kann man sich jederzeit hinsetzen und bisschen rasten, und die kannste auch dekorieren mit Stoffblumen. Da kann man 'nen CD-Spieler und Boxen ranmachen und 'ne Kühltasche für die Biere und 'nen kleenen Sonnenschirm, dann biste 'ne wandelnde Spontanparty. Ich geh zum Beispiel nich mehr einkaufen, ich rocke und rolle.

Ich persönlich habe längst mit dem Gedanken gespielt, mir mal so einen Rollator auf die Bühne zu stellen, und bin völlig Marlenes Meinung. Man könnte an so eine Gehhilfe lauter Perkussionsinstrumente hängen und hätte quasi sein rollendes Schlagzeug immer mit dabei – was für ein geiles Ding!

Aber Marlene ist jetzt so in Fahrt, dass ich gar nicht dazwischenkomme. Sie hängt sofort noch einen dran:

Also die Tatsache, dass ich jetzt Gesundheitsschuhe mit Einlagen trag und 'ne Weste mit integriertem Heizkissen, hat nix mit'm Alter zu tun, sondern ich bin klug geworden. Sich profimäßig warm zu halten is was, was junge Leute aus Eitelkeit nicht machen. Gott, was hatte ich früher oft Blasenentzündung ... Man lernt irgendwann, wie man sich in trockene, warme Tücher packt, und dann holt man sich auch nix mehr weg. Und es ist doch auch ein blödes Vorurteil, dass nur Senioren nachmittags Nickerchen machen! Ich hab schon immer gern Siesta gehalten, im Süden tun das alle, auch die Sexgöttinnen!!

Das letzte Wort lässt Marlene etwas verträumt im Raum stehen. Sie scheint kurz einer Erinnerung nachzuhängen, in der sie sich in seidenen Laken räkelt.

Die drei Ks

Ich freue mich natürlich, dass sie die Sache mit dem Alter so positiv sieht, aber der Vollständigkeit halber bohre ich noch mal nach und frage sie, ob sie denn eine schöne Jugend gehabt habe, der sie manchmal nachtrauere.

Marlene lacht glockenhell und winkt mit großer Geste ab:

Wir verklären die Jugend doch im Nachhinein maßlos. Aber wenn wir ehrlich sind, waren es für uns Frauen in meiner Generation eher düstere Zeiten. Früher gab's kaum Möglichkeiten, was aus dem Leben zu machen. Wir hatten auch überhaupt keine Vorbilder! Die Mütter waren fix und fertig vom Krieg und dem Überlebenskampf danach, die Männer waren völlig kaputt. Damals hat man nicht in großen Visionen gedacht, da wurden ganz kleine Brötchen gebacken. Die alten Leute waren ja auch noch erzkonservativ. Mein Opa hat zu mir immer nur gesagt: »Du bischd a Mädle, für dich gibt's Kinder, Küche, Kirche. Des isch klar wie Kloßbrüh.«

Aber ich dachte damals schon: Kloßbrüh is gar nicht klar, da schwimmen Bröckchen drin. Die Suppe löffle ich nicht aus, die lass ich mir auch nicht einbrocken.

Gott sei Dank hatte ich 'n paar Freundinnen, die genauso drauf waren, und da sind wir Mädels losgezogen und haben für die Gleichberechtigung gekämpft. Und was is draus geworden? Heute haste noch drei Ks mehr auf der Liste: Jetzt musste auch noch Karriere machen, den Körper stählen und den Kerl bei der Stange halten. Ich denke manchmal, die Männer haben die Emanzipation erfunden, damit die Frauen endlich arbeiten gehn.

Aber ich lass mich nich mehr stressen; für mich haben sich inzwischen ganz andere Ks herauskristallisiert: Kickboxen, Kegeln und Kundalini-Meditation. Da hat mein Oller immer gesagt: »Kundalini, det is doch mi'm Finger im Po, oder?« Der hatte null Sinn für spirituelle Weiterentwicklung, aber das war mir egal, und was is: Ich hab mich zur Tantra-Meisterin weiterentwickelt, und er ist gestorben. Ich bin heut biologisch 50 und komm trotzdem mit'm Seniorenpass umsonst ins Museum. Da hab ich ihn letzterdings auch zufällig gesehen, bei »Körperwelten«. Der hat sich gut gemacht in der Vitrine, endlich isser mal zu was nutze.

Er hieß ja Walter, und da hab ich gestanden und gesagt: »Mein Gott, Alter, jetzt kommste doch noch mal unter die Leute.«

Mein Oller war für *sein* Alter noch ganz rüstig. Aber eben nicht für *meines*.

Na ja, jetzt muss ich mir endlich mal ein Betätigungsfeld suchen, wo ich meine tantrischen Künste anwenden kann. In unserem Kegelclub sind so 'n paar sehr süße Jungs dabei, aber ich hab mich noch nicht recht entscheiden können, welchen von denen ich jetzt einweisen soll in die tiefere Weisheit der sexuellen Erfüllung. Aber allein bei dem Gedanken wird mir schon ganz warm ums Herz.

Marlene steht auf und singt leise und gefühlvoll das alte Lied von Frank Sinatra *Young at Heart:*

»Fairytales can come true,
it can happen to you
when he's young and hard ...«

Ich pruste los, aber sie bleibt ganz ernst und sagt trocken:

Madonna ist da mal wieder vorne dran, die hat ja immer 'nen ganz Jungen bei der Hand. Aber wer grad mal 1,50 groß ist, findet ja sogar in 'nem Teenie 'nen Mann auf gleicher Augenhöhe. Der Typ, der zu mir passt, ist einfach noch nicht geboren worden. Aber ich hab Geduld! Ich sag, ein guter Partner in meinem Alter muss das ausgleichen, was ich selber nicht mehr kann. Körper und Geist ist 'ne super Symbiose, aber bitte nicht so wie bei Marilyn Monroe und Arthur Miller. Das muss umgedreht sein: ein junger, männlicher, starker Kerl mit großer handwerklicher Geschicklichkeit, der in die Lehre geht bei einer liebevollen, weisen Tantra-Priesterin – das ist doch viel besser! Aber die meisten Frauen in meiner Generation suchen immer noch nach ihren Vätern, die alle im Krieg geblieben sind ...
Hab ich dir überhaupt schon erzählt, dass ich jetzt dreimal die Woche Lateinamerikanisch tanzen gehe? Ich sag dir, ich schmelz dahin wie 'ne Tube Gleitcreme in der andalusischen Sonne. Und mein Lehrer hat echt 'nen Narren an mir gefressen. Ich lass ihn natürlich schön zappeln, wie sich das gehört für 'ne kluge Frau.
Naja, mir geht das ganze Beziehungsgedönse eher auf den Zeiger. Jetzt hatt ich grade mal 'ne schöne Zeit mit 'nem Herrn aus meiner Trommelgruppe, jetzt will der schon wieder, dass

ich aufhör mit dem Salsa-Workshop, weil er eifersüchtig is. Nach dreimal Spazierengehen und ein bisschen Petting! Hallo? Da muss er aber noch ein paar Jahre warten. Wenn ich im Rollstuhl sitz, dann hör ich vielleicht auf mit Salsatanzen, aber keinen Tag früher. Ich bin nicht 78 geworden, um mir noch was vorschreiben zu lassen! Wenn mir heute einer 'nen Frosch schenkt, der sagt, er wär ein Märchenprinz, ich würde den nicht küssen. Da haste dann bloß wieder 'ne verwöhnte Diva an der Backe. Ein sprechender Frosch wär mir viel lieber. Ich amüsier mich grad lieber auf mehreren Baustellen. Na ja, ich hab halt 'nen hohen Unterhaltungswert, das is klar, und solang man die Dinge in der Schwebe hält, kann man sich auch die Finger nicht verbrennen. Man muss als Frau die Jungs kommen lassen, das is ganz wichtig. Sobald man denen hinterherdackelt, hat man nämlich die Zügel aus der Hand gegeben.

Da hat Marlene völlig Recht, und ich möchte dem einen kurzen Tipp hinzufügen, den ich für sehr wichtig halte, weil viele Frauen sich dieser Dynamik innerhalb einer Beziehung nicht bewusst sind.

Tipp

Die Energie in jeder Beziehung fließt immer von dem, der mehr will, hin zu dem, der sich ein wenig ziert. Als Frau sollte man tunlichst drauf achten, niemals in die bittende Rolle zu verfallen. Rein evolutionär gesehen können Männer damit wunderbar umgehen, wenn sie ewig kämpfen müssen, und betrachten eine Frau, bei der sie nicht landen können, als viel wertvoller als eine, die leicht zu haben ist. Also immer schön zurücklehnen und die Männer jagen lassen. Denn je schwerer eine Frau zu kriegen war, umso mehr wird sie dafür geliebt.

Marlene meint dazu:

Ich find sowieso die Zeit des Anbandelns immer die schönste und spannendste. Muss ja auch keiner wissen, dass noch nix gelaufen ist. Ich sag jetzt jedenfalls zu meinen Freundinnen immer, wenn mir was weh tut:»Det hat nix mit'm Alter zu tun, det kommt vom vielen Tantra-Sex. Ja Gott, man kennt doch im Kamasutra diese Stellung 'Der verdrehte Hund'. Da kriegste schon ma Rücken – ha ha ha!« Die Gesichter müssteste sehn!
Huch, jetzt muss ich aber los, ich hab doch gleich meine Salsa-Nachhilfestunde. Ach, das wird super, der ist soo süß!!

Marlene erhebt sich mit einem leichten Knarzen im Gebälk aus dem Stuhl und umarmt mich herzlich. Wir schauen uns tief in die Augen wie zwei Geheimkomplizinnen, und ich bin berührt, was da für ein wahrhaft liebevolles Wesen in diesem großen, warmen Körper steckt. Marlene winkt mir im Gehen zu, und ihre Stimme klingt wie die eines jungen Mädchens.»Wenn ich mal groß bin, möcht ich genauso werden wie du! Tschühüß!«, ruft sie auf dem Weg nach draußen über die Schulter. Dann klingelt und klappert sie die Treppen runter, und meine Wohnung duftet noch Stunden später nach ihrem Parfüm. Als ich sie vor ein paar Monaten gefragt habe, welchen Duft sie verwendet, hat sie geantwortet, sie sei eine wandelnde Aromatherapie.»Man muss Rose nehmen zwischen die Brüste, das öffnet das Herz-Chakra, und Rosmarin hinter die Ohren, das ist gut fürs Gedächtnis, und Grapefruit aufs dritte Auge, das macht jung und vital.«
So viel zu meiner Freundin Marlene. Sie sagt immer, ausruhen könne sie im Grab noch genug, und ist dermaßen umtriebig, dass ich nur staunen kann. Immer scheint sie irgendwelche Typen an der Hand zu haben. Das Thema»Einsamkeit« scheint für Marlene kein Problem zu sein, aber das ist eigentlich sehr ungewöhnlich. Der ganze Themenkreis um neue Partnerschaften wird für Senioren so oft zum Stolperstein, dass ich näher darauf eingehen möchte.

ALLEIN ODER ZU ZWEIT?

Wir sind Jahrzehnte mit der Meinung bombardiert worden, es sei ganz schwierig, mit über 50 noch mal einen neuen Partner zu finden. Und so etwas kann man auch nicht einfach so mit einem Knopfdruck von der Festplatte im Hirn löschen.

Deswegen hier ein paar Hintergründe zu diesem Thema:

In den 80er-Jahren, als die Scheidungsraten explodierten, weil die Frauen keinen Bock mehr hatten, in unterdrückerischen Beziehungen zu verharren, wurde alles unternommen, um diese »aufmüpfigen Weiber« zu verängstigen. Plötzlich erschienen lauter Artikel darüber, dass es angeblich statistisch erwiesen sei, dass es für eine Single-Frau über 45 wahrscheinlicher wäre, einem Terroranschlag zum Opfer zu fallen, als in *dem* Alter noch mal 'nen Typen abzukriegen.

Aus dieser Zeit stammt auch der Witz, wo die Mutter den neuen Freund ihrer immer noch ledigen 48-jährigen Tochter fragt, was er beruflich macht, und er antwortet: »Ich war gerade 20 Jahre im Gefängnis, weil ich meine Ehefrau umgebracht habe.« Darauf die Mutter: »Das is ja großartig! Das heißt, Sie sind ledig!«

Es ist inzwischen bewiesen, dass diese Statistik gefaked war, um Frauen zu verunsichern. Da wären wir wieder bei den Hackern, die uns Angst-Viren auf die Festplatte schleusen, damit wir brav in unserem Schicksal verharren, anstatt mutig zu neuen Lebensumständen aufzubrechen.

Ich hatte den dazu passenden Spruch in meiner Show *Singledämmerung*, wo ich sagte: »In meinem Alter als Frau noch mal 'nen Typen abzukriegen ist, als würde man sich mit 'nem brennenden Zirkusreifen vor 'nen überfahrenen Hund stellen und sagen:

»Hopp! Spring!«

Das Publikum hat sehr gelacht, aber für jemanden, der gerade verlassen wurde oder den Tod des Partners verkraften muss, ist das ganze Thema eher heftig. Man trägt tiefe Wunden davon und hofft auf einen Engel, der den Schmerz wegzaubert. Zutiefst einsam, verzweifelt und bedürftig läuft man sozusagen mit einem Schild auf der Stirn herum, auf dem in großen Buchstaben steht: *HILFE! ICH BRAUCHE DRINGEND IRGENDWEN!*

Das ist keine gute Ausgangsposition, um auf dem Singlemarkt zu punkten. Keiner kann und will seinen neuen Partner therapieren, weil der mit sich selbst nicht klar kommt.

Es ist aber nicht nur die »Bedürftigkeit«, die es für ältere Frauen besonders schwer macht, einen Partner zu finden. Ich habe das Thema im letzten Buch schon mal gestreift und werde mich hier leicht modifiziert wiederholen:

Mit über 50 einen neuen Mann zu finden gestaltet sich auch deswegen kompliziert, weil viele Frauen immer noch zu ihrem Partner aufschauen wollen. Er sollte möglichst noch reicher, noch klüger und gesellschaftlich noch angesehener sein als sie selber. Mit anderen Worten, sie suchen eine Mischung aus Bill Gates, Stephen Hawking und Antonio Banderas.

Aber solche Kaliber holen sich natürlich eher eine Sexgöttin, die auch noch Krankenpflegerin ist und 240 Anschläge pro Sekunde beherrscht.

Es ist tatsächlich so: Wenn Ursula von der Leyen heute bei Elitepartner einen Mann suchen würde, müsste sie sich als Kita-Angestellte ausgeben (was sie ja ein Stück weit auch ist).

Früher mussten sich Frauen hoch schlafen.

Heute müssen sie sich »down daten«.

Eine neue Art Mann

Doch das Klischee, dass *alle* Männer immer nur junge, geistig unterlegene Frauen wollen, stimmt so nicht mehr. Ich sehe in meinem Umfeld viele Männer, die bei der Frage, ob sie sich gerne so ein junges Ding angeln würden, die Hände über dem Kopf zusammenschlagen und sagen, dass sie sich diesen Stress nie mehr antun würden, sondern lieber eine reife, lustige, kluge Frau an ihrer Seite haben wollen. Man muss ja auch sehr doof sein, jemanden nur deswegen zu heiraten, weil er hübsche Beine und wippende Brüste hat.

Die gute Nachricht ist also: Es gibt inzwischen eine ganz neue Art von Männern, die sich nicht mehr durch ihren äußeren Status definieren und mit schicken »Beistell-Girls« schmücken müssen, sondern zu sich selber gefunden haben. Daher wissen sie starke Frauen zu schätzen und wären sogar bereit, diese zu unterstützen!

Auf eigenen Beinen stehen

Bevor Frauen den nächsten Partner in ihr Leben lassen, sollten sie lernen, auf eigenen Beinen zu stehen, und zwar nicht nur finanziell, sondern auch emotional. Es dauert ein paar Jahre, bis man nach einer Trennung über den Berg ist, aber wer die ganze Zeit nur nach einem Mann sucht, wird meist immer wieder verletzt und ausgenützt. Außerdem bringt man sich dabei leider um den wichtigsten Lernprozess seines Lebens, nämlich das Wissen, wie man aus der *furchtbaren Leere* eine *fruchtbare Lehre* macht!

All-ein-sein

»Mit sich all-ein sein können« ist ein Zeichen von Reife und will erarbeitet werden. Ich kann nur raten: Üben Sie es so früh wie möglich! Denn nur wer Alleinsein gelernt hat, kann sich im Alter mit sich selbst beschäftigen. Und das ist wichtig, um diese letzte Phase im Leben genießen zu können. Wir sind im Kern eh alle allein, aber wenn unsere Lebenspartner und Freunde uns verlassen oder sterben, fallen wir emotional in ein Loch – und es ist gut, wenn wir über diesen Abgrund vorher ein Netz gespannt haben.

Wer ständig darauf angewiesen ist, von anderen unterhalten zu werden, fällt seiner Umgebung zur Last. Solche alten Menschen machen sich und ihren Nächsten das Leben schwer, weil sie der Umgebung Schuldgefühle vermitteln. Schon Kinder, die so ticken, sind anstrengend, wenn sie nölen, dass ihnen langweilig ist, und erwarten, dass man ein Entertainmentprogramm nach dem anderen vom Stapel lässt. Wir sollten uns selbst, aber auch unsere Kinder dazu anhalten, immer wieder mal ein paar Stunden ganz alleine zu basteln, zu spielen, zu musizieren oder auch einfach nur zu schauen, wie schön die Welt ist.

Malta

Ich will hier aber auch schnell die Geschichte eines lieben Freundes erzählen, der eines Tages beschloss, zum ersten Mal in seinem Leben alleine wegzufliegen, um sich dem Thema »Alleinsein können« zu stellen und um in der Abgeschiedenheit an seinem neuesten Projekt zu arbeiten. Er flog auf die Insel Malta, ging abends in sein Hotelzimmer und stellte fest, dass es dort keinen Fernseher gab. Allein dieser Umstand hat ihn dermaßen aus der Bahn geworfen, dass er am nächsten Morgen um 5:30 Uhr am Flughafen saß und die gesamte dortige Belegschaft so lange genervt hat, bis man ihn – für viel Geld, versteht sich – tatsächlich wieder nach Hause geflogen hat.

Tipp

Beginnen Sie am besten mit Waldspaziergängen – da ist man für sich, aber nicht ganz raus aus der Welt. Wenn Sie merken, dass es funktioniert, und Sie wollen mehr davon, dann bleiben Sie öfter mal allein daheim, lassen alle Geräte aus und versuchen, mit der Stille und der Leere klarzukommen. Wenn Sie Familie haben, dann suchen Sie sich einen Ort, an dem sie ungestört sind, etwa ein Museum oder eine Kirche, in der Sie einfach nur mit geschlossenen Augen sitzen und in sich blicken können und spüren, welche Gefühle hochkommen. Haben Sie keine Angst! Und vergessen Sie nicht, alles aufzuschreiben, was Ihnen durch den Kopf geht.

| 119

Natur

Ich kann wirklich sehr empfehlen, so oft wie möglich in die Natur zu gehen, und muss sagen, dass mir der Park vor meiner Haustür in meiner Krise das Leben gerettet hat. Ich bin, sooft ich konnte, hindurchgelaufen und habe Licht durch den Scheitel eingesaugt und alles Negative durch den Anus ausgeatmet. Heute setze ich mich oft einfach nur still unter einen Baum, fühle mich verbunden mit allem, was da wächst, krabbelt, summt und singt, und eingebettet in diesem riesigen, wunderbaren Organismus, der mich hervorgebracht hat. Sich als Teil des Ganzen zu erkennen ist laut Deepak Chopra eine der wichtigsten Einstellungen, die uns jung bleiben lässt, denn dann sind wir auf der molekularen Ebene auch verbunden mit der Ewigkeit. Dieses Gefühl lässt mich ganz ruhig und glücklich werden.

Manchmal denke ich dann auch: Wenn ich meine Krise nicht erlebt hätte, wären mir all die Lernschritte und Erkenntnisse der letzten 15 Jahre nicht zuteil geworden.

Die große Krise ist die Hebamme des neuen Ichs

Der Überlebenspanzer, den wir uns in frühen Jahren zugelegt haben, um uns vor Verletzungen zu schützen, wird nur unter Druck geknackt, und nur dann können neue Qualitäten zum Vorschein kommen. Es ist quasi wie eine Feuerprobe mit anschließender Einbrennlackierung – hinterher erstrahlen wir in neuem Glanz.

Im Chinesischen haben die Worte »Krise«, »Risiko« und »Chance« dasselbe Schriftzeichen – das finde ich echt spannend. Und wir haben in der Tat die Wahl, ob wir über Schmerzen verbittern oder weise werden. Wenn wir die Krisen des Lebens der Reihe nach transformieren, wird mit anwachsender Reife der oben erwähnte innere Schalter immer leichter umgelegt:

Von Arroganz auf Dankbarkeit.

Von Hochmut zu Demut.

Von Langeweile auf Verspieltheit.

Von Beleidigtsein auf Vergebung.

Von Routine auf Kreativität.

Von Geiz auf Großzügigkeit.

Von Egozentrik auf Hilfsbereitschaft.

Von Sturheit auf Anpassungsfähigkeit.

Mit anderen Worten: Von Angst auf Liebe.

All das hält uns in Verbindung mit anderen Menschen. Auf dem Weg zum »All-ein-sein können« geht es darum, an den eigenen Fähigkeiten zu arbeiten, die uns ein ganz neues, viel tieferes Selbstvertrauen verschaffen. Das öffnet dann auch Tür und Tor für ein Leben mit vielen Freunden und Verknüpfungen in alle Lebensbereiche, die wir selber wählen und auf unsere Bedürfnisse abstimmen. Das ist die wichtigste Basis jeder Weiterentwicklung, und dann verändert sich bei der Partnersuche auch das Beuteschema ganz von alleine, weil wir gar keinen Beschützer und Versorger mehr brauchen, sondern eher Spielkameraden. In diesem Moment entwickeln sich ganz neuartige Partnerschaften, und man findet sich in allen möglichen Formen symbiotischer Kooperation wieder.

Eine Zeit lang Single zu sein ist sehr wertvoll

In einer längeren Phase des Singledaseins finden wir erst wirklich zu uns selbst und unseren wahren Interessen und Fähigkeiten. Und wir lernen, dieses Lebensgefühl zu schätzen. Es gilt vor allem, sich von dem Tunnelblick zu befreien, dass unbedingt immer jemand da sein muss. Irgendwann, wenn die Zeit reif ist und man sich in seiner Haut wirklich gut fühlt, ist man schlagartig auch viel attraktiver.

Ich persönlich würde allerdings davon abraten, sich in irgendwelchen Kneipen herumzudrücken. Versuchen Sie es lieber mit Seminaren, Intensivwochenenden oder Fortbildungskursen, die zu ihren Interessensbereichen gehören. Hauptsache, es kehrt

| 121

eine gewisse Regelmäßigkeit ein im Wiedersehen anderer Leute. Der Vorteil daran ist, dass man ein gemeinsames Thema hat.

Partnervermittlung

So unromantisch es auch klingen mag: Erwiesenermaßen die größten Erfolge erzielen reifere Menschen, wenn Sie im Internet suchen. Da kann man ein Gegenüber finden, das wirklich zu einem passt, wenn man ein entsprechend ausführliches Resümee verfasst.

Die Chancen, über eine Online-Vermittlungsagentur den passenden Partner zu finden, stehen besser, als man denkt. Die Statistik sagt, dass man sich circa 17-mal mit jemandem treffen muss, bevor man den Richtigen findet.

Tipp

Benützen Sie bei Partnerschafts-börsen ein realistisches und aktuelles Foto und beschreiben Sie genau, was Sie sich wün-schen und erträumen. Seien Sie ehrlich und klar in Ihren Forderungen und Bedürfnissen – auch mit sich selbst und bei Ihren Schwächen. Führen Sie vor dem ersten Date immer erst mal ein Telefonat und schauen Sie, ob Sie dabei ein gutes Gefühl haben. Wenn nicht, können sich beide die Zeit sparen. Bleiben Sie geduldig und brechen Sie nichts übers Knie – auch wenn Ihnen noch so schlecht ist ...

Je mehr Sie sich innerlich zurücklehnen und entspannen, umso größer ist Ihre Anziehungskraft. Geben Sie sich ruhig Zeit und lassen Sie genau den richtigen Menschen auf Sie zukommen. Es hat sich einiges getan in den letzten Jahren, und der Partner-schaftsmarkt ist viel bunter geworden.

Ich kenne zum Beispiel einige ganz hartgesottene Haudegen, die sich im Alter plötzlich für Buddhismus zu interessieren be-gonnen haben und deren Beuteschema sich ebenfalls grundlegend verändert hat. Das finde ich persönlich sehr erfreulich. Ein solcher Zug lässt einen Mann für mich sofort interessanter werden.

Tipp

Meine Herren, wenn Sie den Kontakt zu tollen, bewusst lebenden Frau finden wollen, dann bilden Sie sich in dieser Richtung weiter. Mann ist immer der Hahn im Korb bei psychologischen oder spirituellen Veranstaltungen oder Selbsterfahrungsseminaren.

Marlene und ich sitzen ein paar Tage später wieder beisammen, und ich lese ihr die letzten Seiten vor. Sie lacht schallend und kommentiert:

»Mutti hat angerufen, du kannst Papi jetzt vom Ballett abholen!« Das wäre noch 'ne Alternative, auch da kommt auf 20 Mädels nur ein heterosexueller Mann. Aber ich sag noch mal, grade im Alter isses gar nicht so gut, liiert zu sein. Also meine persönliche Erfahrung mit den meisten Paaren ist, dass sie nach dem Kennenlernen noch ein paar Mal in der Kneipe oder auf 'ner Party auftauchen, ein letztes müdes Winken hinterlassen und dann vollständig im Doppelbettgrab ihres Ehetunnels versinken. Von da an meiden sie die Außenwelt wie lichtscheue Kraken, die sich in ihren Unterwasserhöhlen verhaken und dann gemeinsam verzagen.

Was meine Eltern angeht, muss ich Marlene leider völlig recht geben. Obwohl beide früher echt lebensfrohe, gesellige Menschen waren, haben sie sich in ihrer Umschlungenheit gegenseitig so gefesselt, dass sie sich in die totale Passivität manövriert und quasi ihren gesamten Lebensabend nur noch vor der Glotze verbracht haben. Und das kann beim deutschen TV-Programm wirklich die Hölle auf Erden sein. Meine Eltern haben auch viel darüber geschimpft und gejammert, aber sie steckten in ihrer »Pattsituation« so fest, dass es kein Entrinnen mehr gab.

> **Tipp**
>
> Die meisten Paare schaffen es nicht, gemeinsam einem Hobby nachzugehen, weil ihre Interessen zu unterschiedlich sind. Wenn nur einer von beiden trotzdem losgeht und etwas Neues ausprobiert, ist allen geholfen, denn das lockert den Boden für beide. Machen Sie den ersten Schritt, und Sie werden sehen: Sie selber sind besser drauf und nicht mehr frustriert von der Befürchtung, dass Ihnen etwas entgeht, und der andere kapiert, dass auch er sein Ding durchziehen könnte, wenn er wollte – und davon wird die Gemeinsamkeit an den restlichen Tagen der Woche auf alle Fälle profitieren.

Wir sehnen uns, wenn wir alleine sind, nach Zweisamkeit und beneiden jeden, der in einer Beziehung lebt. Aber mal Hand aufs Herz: Wie viel wird denn wirklich gekuschelt nach ein paar Jahren? Wie oft wird man mitten im Satz plötzlich geküsst von seinem langjährigen Partner? Wie oft geht man lachend Hand in Hand über eine Blumenwiese? Diese magischen Momente erlebt man meist am Anfang einer Beziehung! Irgendwann stellt sich Routine ein, kommen Streitigkeiten und vor allem Kompromisse.

Das ist die große Chance im Single-Dasein: Kompromisslos genau das zu leben und zu verfolgen, was einem wichtig ist! Auch die eigene Stimmung selber in die Hand nehmen zu können, weil man heute endlich weiß, wie das geht! Die Single-Zeiten sollte man deshalb, so gut es geht, ausnützen, weil man nie weiß, wie lange sie dauern. Je effektiver man diese Phase nützt, um sich weiterzuentwickeln, umso mehr verkürzt sich auch die Strecke, bis plötzlich jemand Interesse zeigt. Schließlich wird man ja als Partner immer spannender, je mehr man sich verwirklicht hat.

Glückliche Paare

Aber natürlich gibt es auch Pärchen, die bis ins hohe Alter glücklich sind und alle Entwicklungsprozesse gemeinsam durchleben. Ich kenne viele solcher Paare, die auch in den wildesten und freiesten Hippiegemeinschaften seit 40 Jahren zusammengeblieben sind und ihre Kinder und Enkel großgezogen haben. Ich kann nur jedem Menschen wünschen, dass er mal eine Zeit lang wirklich in einer liebevollen Beziehung zu einem Partner war. Aber wenn man zum Single »degradiert« wird, tut sich eine ganz neue Welt auf, die man sonst zuhause auf der Couch verpasst hätte. Also: Machen Sie das Beste draus. Ich wünsche Ihnen ein frohes Wachstum!

Kommen wir zu den Jungen

Wir haben inzwischen so viel übers Alter geredet, dass nun mal ein Blick auf die Jungen angesagt ist. Mal sehen, ob die wirklich so beneidenswert sind, wie sie immer überall dargestellt werden. Ich möchte diesen Exkurs mit einer wissenschaftlich fundierten Tatsache beginnen: Der Hodensack eines jungen Mannes produziert ganze 1.500 Spermien pro Sekunde – das sind 1,6 Millionen pro Stunde. Und die wollen raus! Mit diesem Druck erklärt sich vieles – vor allen Dingen auch das Verkehrsverhalten – und damit meine ich keineswegs nur den Geschlechtsverkehr.

Marlene schaltet sich sofort ein:

Meine Güte, ja, wenn ich unsern Nachbarsjungen mit seinem Bike abends losfahren hör, wie der seinen Motor aufheulen lässt wie so ein röhrender Hirsch in der Brunft, da hab ich das Gefühl, er brüllt seine ganze Bedürftigkeit hinaus in die Nacht: »Wroahm!! Ick brauch was zum Ficken!«
Das ist dem schnurzpiepegal, dass hunderte von Leuten deswegen aus dem Schlaf gerissen werden. Ich wunder mich sowieso immer darüber, wie selbst die nettesten Typen plötzlich

| 125

zum Monster mutieren, sobald die sich in den Straßenverkehr begeben. Besonders anstrengend find ich's, wenn die auf der Autobahn so drängeln und rasen wie die Wahnsinnigen. Hey, 90 Prozent aller schweren Unfälle werden von jungen Männern verursacht. Aber trotzdem sind sich alle einig, dass wir Frauen die schlechteren Autofahrer sind!

Und die Aggressivität im Verkehr ändert sich ja kaum im Alter. Da gibt's doch den schönen Witz, wo das kleine Mädchen immer sonntags mit dem Opi 'ne Spritztour im Auto macht. Einmal isser krank, und die Omi fährt. Als sie abends heimkommen, fragt Opi, wie es war, und das Mädchen sagt:»Ganz toll, und heute waren auch überhaupt keine Vollidioten und Arschgeigen unterwegs!«

Okay, ich muss leider zugeben, dass ich auch schon häufiger die Beobachtung gemacht habe, dass Frauen nicht soo souverän sind am Steuer. Aber das liegt schlicht und einfach daran, das wir viel weniger Übung haben, weil die meisten Jungs es nicht ertragen, Beifahrer zu sein. Männer haben ja angeblich nur 3000 Worte pro Tag zur Verfügung, aber wenn's drum ging, mich für meine Fahrkünste zu beschimpfen, verfügte mein Ex plötzlich über 'ne überragende Eloquenz. Und wenn andere Frauen schlecht gefahren sind, rief er immer: «Pass uf, die sucht! Die is einsam, die baut 'nen Unfall, nur um wen kennenzulernen, und der is dann der Dumme, der die Alimente zahlen muss.« Ich hab dann gesagt, dass in diesem Zusammenhang der Begriff »Crash Test Dummy« 'ne ganz neue Bedeutung kriegt.

Aber zurück zu deinem Thema, dass Männer so 'nen Druck auf der Leitung haben. Da is das Alter doch mal wieder wie ein Silberstreif am Horizont. Denn mit den fortschreitenden Jahren legt sich das ewige Ringen der beiden Mächte Intelligenz gegen Spielball der Hormone. Das kann sich so 'n junger Typ noch gar nicht vorstellen, wie das ist, aber ich sage immer:

Die mühsame Reise aus der großen Scheiße
geht still und leise scheibchenweise!

Darauf einen Dujardin. Denn wenn einem so viel Gutes widerfährt, das ist schon einen Asbach uralt wert – prost! Du weißt, dass ich die Männer liebe, sonst würd ich nicht so lästern, aber das musste auch mal raus.

Marlene grinst und nippt mit weggespreizten Fingern am Glas. Sie nennt diese Stellung »Finger weg vom Alkohol«.

Hormone bei jungen Mädels

Aber es sind ja nicht nur die armen Jungs, die durch ihre Körperchemie ferngesteuert werden – die jungen Mädels machen sich genauso zum »Hormon-Horst«. Junge Frauen laufen wie die Aufziehpüppchen durch die Gegend und tun alles, um begehrenswert und sexy zu sein.

Wenn wir uns manchmal kopfschüttelnd fragen: »Warum is die Welt so, wie sie is?«, dann würde ich mal ganz salopp antworten: **Alles hängt mit der Triebkraft der Hormone zusammen!**

Wir sind alle quasi nur Spielbälle der Evolution, die das Fortbestehen unserer Spezies mit tausend Tricks immer wieder sicherstellt. Ich muss da immer an eine schöne Geschichte aus dem Bio-Unterricht denken, die eine besonders erfinderische Spielform der Arterhaltung demonstriert: Wenn eine Ameise den Kot eines Schafes frisst, das mit den Eiern des Leberegels befallen ist, schlüpfen in ihrem Magen die Maden, welche danach hinauf in ihren Kopf wandern und dort die Steuerung des Unterschlundganglions besetzen. Es ist also tatsächlich so, dass so 'ne kleine Made im Kopf der Ameise wie in einem Cockpit sitzt und sie dann dazu manipuliert, sich im Morgengrauen an der Spitze eines Grashalmes zu verbeißen, um in dieser Position zu verharren, bis ein Schaf kommt und sie frisst. Auf diese Weise kommt der Leberegel zurück in den Darm des Wirtes, wo er wieder seine Eier legen kann. Ist das nicht unglaublich ausgetüftelt?

Ähnlich ferngesteuert verhalten sich auch junge Menschen, wenn sie bis zum Morgengrauen irgendwo an einer Bar rumhän-

| 127

gen und warten, dass noch was geht. Besonders die Mädels tun sich hier keinen Gefallen, und warum das so ist, möchte ich kurz erklären.

Oxytocin (sprich: »Oxi-tussin«)

Oxytocin ist das Hormon, durch das sich Tussis zum Ochsen machen.

Frauen müssen wissen, dass sie Spielball ihrer Hormone sind und dass diese Getriebenheit in erster Linie einfach nur der Arterhaltung dient. Wenn Frau *auch nur einmal* (!) mit einem Typen in die Kiste steigt oder ihm längere Zeit sehr nahe ist, dann produziert ihr Körper eine »Kuschelhormonausschüttung«, die sich gewaschen hat. Durch das Hormon Oxytocin werden die Mädels quasi »automatisch« liebesbedürftig, anschmiegsam, gutgläubig, nachgiebig und kompromissbereit. Sie vernachlässigen ihre eigenen Interessen und fangen an, den Typen zu überhöhen und ins schönste rosa Licht zu tauchen, selbst wenn er in Wirklichkeit ein Vollpfosten ist. Das Ganze fühlt sich dann auch noch an wie die große, wahre, unendliche Liebe. Millionen von Frauen treffen völlig falsche Lebensentscheidungen, weil sie den Unterschied zwischen hormonverseuchter Blindheit und echter Liebe nicht kennen.

Bei wissenschaftlichen Versuchen hat man Leuten heimlich dieses »Liebeshormon« unter die Nase gesprüht. Daraufhin haben sie ihr gesamtes Erspartes einem Hütchenspieler am Hauptbahnhof gegeben, weil sie plötzlich »so 'n irre intensives Gefühl hatten, dass man dem Typen total vertrauen kann ...«

Drum: Augen auf bei der Partnerwahl!

Wenn wir während des Eisprungs empfänglich sind, kann man uns viel leichter verführen, besonders wenn uns sein Geruch signalisiert, dass unsere Gene gut zusammenpassen würden. Ist eine Frau dann schwanger, schüttet der Körper noch mal 'ne Ladung Hormone hinterher, die ihr einflüstern, dass sie dieses Kind unbedingt haben will, egal wie die Konsequenzen aussehen.

Leider wissen die meisten Frauen tatsächlich meist selber nicht, wo sie gerade in ihrem Zyklus stehen. Dabei wäre das extrem wichtig, um emotionale Schwankungen besser einordnen und vorhersehen zu können.

Tipp

Lassen Sie sich von Ihrem Gynäkologen eine Jahresübersicht geben und tragen Sie Ihre Regel jeden Monat dort ein, damit Sie einen Überblick bekommen. Schauen Sie, bevor Sie wichtige Termine machen, nach, denn die sollte man nicht unbedingt auf Tage legen, an denen wir uns in Krämpfen winden oder von PMS-Depressionen gebeutelt sind. Ein zusätzlicher Mondkalender verhilft einem zu größerer Achtsamkeit, etwa bei der Wahl von OP-Terminen.

Ich sage diese Dinge hier in diesem Buch übers Älterwerden, weil ich es für wichtig erachte, dass erfahrene Menschen ihren Wissensvorsprung an die Jungen weitergeben und ihnen so helfen, keine großen, irreversiblen Fehler in ihrer Lebensplanung zu begehen.

Drogen für Junge vs. Drogen für Alte

Um die natürliche Hemmschwelle, mit einem völlig fremden Menschen ins Bett zu gehen, lahmzulegen, kursieren auch allerhand Drogen im Nachtleben, die man mit großer Vorsicht genießen sollte, da sie vermeintliche tiefe Liebesgefühle künstlich auslösen. Auf Ecstasy etwa denkst du, wenn du Pech hast: »Och, der Typ, der sich da mit geöffnetem Trenchcoat heimlich im Gebüsch rumdrückt, is sicher total nett. Ich geh mal zu ihm rüber und streichle ihn ein bisschen.«

Tante Sissi mag jetzt vielleicht klingen wie 'ne spießige Spaßbremse. Bin ich aber nicht! Ich sage nur: Wenn man öfter MDMA oder Ecstasy nimmt, haut man die vom Körper selber mühsam und langwierig produzierten »Glückshormone« mit vollen Händen raus. Das heißt, dem kurzen großen Glücksgefühl folgt dann recht bald eine Durststrecke ohne körpereigene Hochgefühle. Wenn junge Leute zu viel von dieser Art Drogen nehmen, werden sie oft ausgebrannt und frustriert – zu schnell haben sie ihr Chi, also ihre Lebenskraft, rausgehauen. In Goa gibt's haufenweise solcher Wracks, mit grau gekiffter Aura, fahler Haut und leeren Augen, deren einzige körperliche Betätigung darin besteht, viel zu husten.

Ich würde meinen Kindern ganz klar von jeglichen Drogen abraten – auch, weil die Realität im Vergleich zum abnormalen Drogen-High nicht mithalten kann und man verlernt, sich an den vielen kleinen Highlights des Lebens zu erfreuen.

Kurzer Einschub:

Anders würde es sich in meinen Augen mit der Idee verhalten, Drogen in Altersheimen einzusetzen. Eigentlich müsste man nämlich eher den alte Leuten, die irgendwo im Heim vor sich hin vegetieren und die sich für nix mehr aufheben müssen, legalen Zugang verschaffen zu solchen aufhellenden Substanzen, um ihnen die letzte Zeit ein wenig zu versüßen. Wenn man im Hospiz liegt, bekommt man heute doch auch genügend Morphium, um nicht mehr leiden zu müssen. Ich meine das ernst. Durch bewusstseinserweiternde und aufhellende Substanzen könnte man dem vielleicht größten Problem der letzten Jahre, nämlich dem Gefühl der Sinnlosigkeit und der Altersdepression, mit geringem Aufwand wunderbar entgegenwirken. Die Selbstmordrate bei über 80-jährigen ist erschreckend hoch. Sollte man nicht darüber nachdenken, die Gesetzgebung entsprechend zu ändern?

Oversexed

Als ich Marlene wieder zu Besuch habe und wir den Absatz über Sex und Partner in der Jugend durchgehen, haut sie auf den Tisch und regt sich gleich furchtbar auf:

Also ich persönlich halte »Disco-One-Night-Stands« für völligen Unsinn, so was hab ich 'n paar Mal gemacht und mich hinterher so was von beschissen gefühlt. Und auch eklig. Da haste dich voll hingegeben, das gesamte Programm und die volle Leidenschaft, und dann ruft der Typ noch nicht mal mehr an. Der will ja auch nix mehr von dir, der hat ja schon alles gehabt, und zwar zu leicht. Dann biste nix mehr wert in seinen Augen. So sind die Jungs nun mal.

Gott, bin ich froh, dass ich nicht mehr jung sein muss! Was hab ich in meiner Jugend für Blödsinn verzapft! Ich hab zum Beispiel meine B-Hive-Frisur damals so doll mit Haarspray eingesprüht – die Hälfte vom Ozonloch über Berlin geht auf mein Konto! Und einmal bin ich sogar explodiert, als mir einer Feuer geben wollte – haha, danach hatte ich 'nen sehr schicken Kurzhaarschnitt und wurde unfreiwillig zur Trendsetterin in meiner Clique.

Aber ansonsten waren das echt unbequeme Zeiten. In den Fifties hatte man so spitze, schmale Stöckelschuhe, ich hab heute völlig kaputte Füße wegen der Dinger, und das alles nur, um 'nen Typen abzukriegen. Aber kaum war man unter der Haube, hatte man Migräne.

Na, und deswegen sind wir in den Siebzigern auf die Straße gegangen, damit unsere Töchter es besser haben. Wir haben für die Gleichberechtigung gekämpft und unsere BHs verbrannt – und was machen die jungen Dinger heute? Wir hatten uns doch endlich befreit von den unbequemen Miedern und dem festgefügten Rollenbild, und heute sind die Mädels sogar noch extremer geworden mit ihren superkurzen Röcken.

In dem Alter kapieren die doch gar nicht, was sie mit solchen Outfits bei den Jungs auslösen. Die tragen heute zwölf Zentimeter hohe Stilettos – in den Dingern schaff ich's nicht mal vom Bad zum Bett, die wurden ja auch nur designed, damit es hübsch aussieht, wenn man die Beine beim Sex in die Luft streckt ... So was hast du früher nur in Dominaläden gekriegt, und heute gehn die Mädels damit zum Shoppen durch die

| 131

Fußgängerzone! Das grenzt doch an Selbstverstümmelung. Ich sag nur: *Hallux valgus* oder Morton-Neurom, wo du den Rest vom Leben bei jedem Schritt schlimme Schmerzen hast. Ich weiß, wovon ich rede!

Marlene hält ihr leeres Glas wortlos hoch, und ich schenke blitzschnell nach, denn sie hat den nächsten Satz schon auf der Zunge. Sie braucht nur eine kleine Ölung der Kehle, damit es besser flutscht. Ich kann Ihnen an dieser Stelle nur den Rat geben, beide Begriffe mal zu googeln, damit Sie wissen, was auf Ihre Töchter zukommt, wenn sie mit so hohen Schuhen rumlaufen. Aber jetzt ist Marlene gerade wunderbar in Fahrt:

Ich nenn das ja immer die »Vernuttung« einer ganzen Generation. Und was die an Kohle raushauen ... alle paar Tage ziehen die los und kaufen 'ne neue Klamotte! Dabei hat man doch die schönsten Momente im Leben nackt! Wir ham uns damals emanzipiert – heute müssten sich die meisten Mädels erstmal »e-frauzipieren«! Die setzen sich ja gegenseitig unter Druck und haben keine Ahnung mehr von Frauenbefreiung. Das Thema is für junge Dinger völlig out, die kennen die Schwarzer gar nich mehr, die singen auf dem Oktoberfest nur noch: »Alice? Who the fuck is Alice?«
Schade eigentlich. Ich meine, die Frau hat viele Fehler gemacht, aber sie hat immerhin die einzige Zeitung rausgebracht, in der alles steht, was Frau wirklich wissen muss und sonst nirgends erfährt. Aber kaum eine liest die, und die meisten kennen sie nicht mal mehr. Die Frau hat ihr Leben lang alles gegeben, und jetzt ist sie wegen dieser blöden Steuerkiste zur Persona non grata geworden. Da haben sich die Maskulinisten natürlich ganz schön in ihr Machofäustchen gelacht. Au Mann, ist das blöde gelaufen.

Marlene ist einen Moment lang echt bedrückt und tupft sich mit ihrem Rocksaum den Schweiß von der Stirn. Ich finde, sie hat recht: Von Alice' Lebenswerk profitieren wir Frauen immer noch immens.

Tipp

Besorgen Sie sich mal in einem gut sortierten Zeitungskiosk eine Emma und lesen Sie sie ganz durch! Sie werden sich wundern, wie gut geschrieben und bestens recherchiert sie ist. Es schreiben Journalisten aus aller Welt über Themen, die von vielen anderen Medien völlig totgeschwiegen werden. Sie werden vieles erfahren, das Ihre Sicht der Dinge verändern wird. Und das gilt nicht nur für Frauen!

Marlene fährt fort:

Ich seh, dass viele Männer inzwischen ganz entspannt umgehen mit emanzipierten Frauen, aber viele Mädels haben sich freiwillig quasi mit 'nem Salto rückwärts in die alten Rollenbilder zurückbegeben. Die finden Emanzipation so sexy wie *Dalli Dalli*. Was mich immer wieder schockt ist, wie viele von diesen Hochglanz-Beautymagazinen es gibt, in denen immer und immer wieder das Gleiche steht. Die leben alle nur von Werbung und drucken natürlich auch nur das, was den Verkauf der beworbenen Produkte steigert. Ich vergleiche diese Hefte gern mit vergifteten Ködern, die überall ausgelegt werden, um den Mädels das Gehirn zu kontaminieren. Solche Presseorgane sind nix anderes als die verlängerten Arme der Diktatur des Jugendwahns. Die Medien hacken sich ins verletzbare Innere der Jugendlichen, kitzeln sie an ihren Urinstinkten und vermitteln ihnen permanent die Botschaft: Nur wer makellos schön und total sexy ist, wird den idealen Samenspender, Beschützer und Versorger finden.
Aber inzwischen ist es so: Wenn du als Frau alle Tipps und Schönheitstricks aus den Beautymagazinen anwendest, gehste morgens ins Bad und kommst abends komplett erschöpft

wieder raus. Und natürlich lassen sich auch grade ältere Damen völlig kirre machen und rennen panisch zur Kosmetikerin, wo sie beraten werden, was man gegen Lachfältchen tun muss ...

Ich hab dir ein paar Artikel rausgerissen, als ich im Wartezimmer bei meinem Gyn gesessen bin, weil ich ja wusste, dass du dieses Thema am Wickel hast. Hier hab ich mal unterstrichen, was da so propagiert wird heutzutage. Ich fass nur mal kurz zusammen, wie ein Tagesablauf so aussehen müsste. Also, hier steht: Aufwachen, wir leben im Anti-Aging-Zeit-Alter. Da kann man nicht mehr einfach so vor sich hin altern! Sie brauchen ein Serum für den Hals, ein Liquid für die Brust, 'ne Creme für die Nacht und ein Schutzschild für den Tag. Morgens um halb sechs sollte man immer Sex haben, das ist sehr wichtig für die Hormonausschüttung. Danach sofort joggen gehen mit 'ner Maske aus Samenöl und gemörserten Ingwerwurzeln, dann ein Blütendampf zur Öffnung der Poren mit anschließender Bürstenmassage gegen Cellulitis. Ernten Sie bei zunehmendem Mond die Kräuter für Ihren Fitness-Tee, trinken Sie täglich drei Liter abgekochtes Wasser, machen Sie immer schön Gesichtsmuskelübungen für eine positive Ausstrahlung, während Sie sich die Beine epilieren, die Bikinizone zupfen, unter den Achseln rasieren und die Haare ondulieren. Dann Power-Walking in die Arbeit, wo Sie als Erstes Ihren Entsafter anwerfen, um sich 'nen Enzym-Cocktail reinzuziehen. Anschließend Körner schroten, Keimling ernten, Bauch, Po und Beine am Schreibtisch trainieren, nachdem Sie Ihre Duftkerzen angeschmissen haben, danach Yoga, Körper und Seele in Einklang bringen mit Chigong, auf dem Nachhauseweg 'ne kleine Darmspülung mit Lymphdrainage und 'ne Frischzellenkur. Abends Hornhaut abbimsen, Hände und Füße in Öl packen, Problemzonen mit Zellophan umwickeln, die Haare mit »Over Night Hair Care« versorgen. Und man muss dem Körper natürlich Nährstoffe zuführen: Vitamine A, B, C, D, E, Kieselerde, Zink, Selen, Nachtkerzenöl, das Hormon

DHEA und vor allem Antioxidantien, die sind angeblich das Wichtigste überhaupt! Die wollen uns wohl einreden, dass wir bei lebendigem Leib verrosten! Ich dachte immer, nur wer rastet, der rostet. Aber wie kann man rasten bei dem, was das alles kostet? Den Frauen wird ab 40 gnadenlos der Alterungsprozess gemacht!

Marlene hat den ganzen Text runtergerattert und lässt sich jetzt mit gefalteten Händen auf die Knie fallen.

Gnade! Ich bekenne mich schuldig der fahrlässigen Faltenbildung und werde verurteilt zu 2500 € im Monat, zahlbar in unnummerierten kleinen Scheinchen an jeder Parfümerie meiner Wahl. Gnade! Habt Erbarmen!

Sie steht etwas umständlich wieder auf, rückt ihren Umhang zurecht und schüttelt den Kopf:

Du weißt, was ich meine. Das grenzt doch an Arbeitslager oder Beschäftigungstherapie, zu der man verknackt wurde. Jeder Gebrauchtwagenhändler, der dermaßen an seinen Autos rumtrickst, würde dafür im Knast landen. Aber von uns Weibern erwartet man das! Wenn du als Frau völlig natürlich, also ohne Nachbesserungsarbeiten vor dich hin alterst, sagen die Männer: »Au, um die Alte gut zu finden, muss 'n Mann schon Hobbyarchäologe sein!«
Als Frau haste eh schon die Arschkarte gezogen mit der ganzen Schönheitsnummer, und als würd das nicht schon genügend kosten, werfen die Weiber ihre restliche Kohle zusätzlich noch für diesen ganzen überteuerten Markenmode-Unsinn zum Fenster raus. Da muss man sich nicht wundern, dass die im Alter alle keine Kohle mehr haben! Und was diese Markenklamotten teilweise für ein Schrott sind, hat vor kurzem so 'n Chemiker-Komiker im Fernsehen sehr schön auf 'n Punkt gebracht: 'ne Louis-Vuitton-Tasche ist eigentlich Son-

| 135

dermüll und 'ne Barbie 'ne chemische Waffe. Haha, das find ich gut.

Aber da siehste's, auch das is ein Vorteil am Älterwerden: Ich hab mich komplett losgesagt von dem ganzen Quatsch und vor kurzem alle meine ungemütlichen Klamotten entsorgt. Meine Stringtangas benütz ich jetzt nur noch als Zahnseide. Dabei hätten die jungen Dinger Entfaltungsmöglichkeiten, bis der Arzt kommt. Aber so viele davon sind leider inzwischen komplett gleichgeschaltet. Die lernen jetzt Pole-Dancing und wollen ihren Körper zur Disco-Mucke feilbieten! Und sie sehen alle gleich aus, wie die genormten Einheitsgurken, als wären sie aus 'nem Heidi-Klum-Katalog gehüpft. Immer mit so graden Haaren und solchen »Silly Cones«.

Marlene mimt große steife Titten, dann springt sie auf und imitiert einen Tanz an der Stange mit versteinerter pseudo-sexy Mimik und singt:

»You better be slim, you better be fit, you better be tight, you better be ever ready« ... und warten darauf, dass ihnen irgendso ein geschniegelter Depp sein verseuchtes Ding ... Och, ich will da gar nicht dran denken! Was haste denn da als Mädel davon? 'ne multibakterielle Mischinfektion, wenns gut läuft, aber vor allem ein kaputtes Selbstwertgefühl.

Profi-Aufreißer und die Rolle der 68er

Hierzu muss ich kurz eine Geschichte loswerden, die mir ein Freund kürzlich erzählt hat. Sein Sohn hat ihm nämlich genau erklärt, wie es heute so läuft auf der freien Wildbahn bei den professionellen Aufreißertypen.

Mädchen gehen ja nie alleine aus, sondern immer in Gruppen. Das machen die Jungs jetzt auch, weil sie so eine Girls-Clique leichter anquatschen können. Dann musst du als Typ schauen, dass du deine Favoritin kurz vom Rudel getrennt bekommst, und jetzt geht es darum, ihr innerhalb von 30 Sekunden ein gutes Gefühl zu vermitteln. Du machst ihr ein Kompliment oder bringst sie irgendwie zum Lachen – und dann kannst du sie dir schnappen und die ganze Nummer abziehen, in der du ihr echtes Interesse vorgaukelst, bis du sie endlich in der Kiste hast.

Bei alldem geht's noch nicht mal so sehr darum, den Trieb zu befriedigen, sondern es ist die Lust am Jagen und vor allem der Triumph, die Hübscheste abzukriegen und vor den Kumpels gepunktet zu haben.

Solche Typen haben auch grundsätzlich vier oder fünf Freundinnen gleichzeitig, und sobald die erste sexuelle Euphorie verfliegt oder eine davon womöglich auch mal etwas reden will, wird sie ausgetauscht. Ich frage dich: Welches Mädchen lässt das mit sich machen? Doch nur eine, die von ihren Instinkten so weit entfremdet wurde, dass sie kein Gespür mehr hat für das, was eigentlich läuft, und deren Selbstwertgefühl so zerstört wurde, dass sie glaubt, nichts Besseres verdient zu haben, oder eine, die diesen Vorgang nicht durchschaut.

Tipp

Eltern und Freunde müssten den jungen Mädels immer wieder erklären, dass es in Liebesdingen einen großen Unterschied gibt zwischen Jungs und Mädchen, sowohl in der Herangehensweise als auch im Umgang mit Sex. Erzählt ihnen vom Oxytocin und klärt sie auf darüber, wie die Jungs ticken.

Ich möchte auch diesem ganzen Themenbereich etwas aus der »feinstofflich asiatischen Sichtweise« hinzufügen: Intime Nähe zu einem Menschen, der uns *nicht* liebt, ist eher schädlich, denn das Eindringen in unseren Körper, das nicht in Liebe geschieht, verletzt eher als zu befriedigen. Sperma, das nicht in Liebe fließt, verunreinigt uns energetisch gesehen.

Ich betone diese Dinge so, weil fast überall unterschwellig propagiert wird, sexuelle Befreiung hätte was mit Quantität zu tun. Ich weiß auch, dass viele Männer aufschreien, wenn ich so etwas am Tisch sage. Sie bestehen darauf, dass sie wahnsinnig viele Frauen kennen, die genauso Spaß haben an rein sexuellen Abenteuern. Ab einem gewissen Alter und bei einem ganz bestimmten Archetypen, nämlich der typischen Aphrodite-Frau, mag das so sein. Aber das Gros der Frauen – und vor allem die jungen Mädchen – gehen mit ganz anderen Erwartungen an Intimitäten heran. Meine Nachbarin Elfi Obermayr hat das sehr schön in kurzen, treffenden Worten ausgedrückt:

Frauen geben Sex, weil sie Liebe wollen.

Männer tun, als würden sie lieben, weil sie Sex wollen.

Prinzipiell kann man sagen, dass weibliche Sexualität über die Jahre hinweg immer mehr erblüht und wir uns in längeren Beziehungen darin weiterentwickeln. Also wird auch dieser ganze Bereich leichter, wenn man nicht mehr ganz so taufrisch ist. Reifere Frauen wissen sexuell besser Bescheid, weil sie herausgefunden haben, was sie wollen und was nicht. Noch ein Vorteil am Älterwerden!

Ich glaube, es ist heute ganz schön schwer geworden, unbeschwert seine Jugend zu genießen und den richtigen Weg für sich zu finden durch den unüberschaubaren Dschungel der »In-und-Out-Listen«. Woran sollen junge Leute sich denn noch verlässlich orientieren können? Es gibt keine klaren, stabilen Werte mehr, und in jeder Szene herrscht ein anderer Gruppenzwang.

Ich denke, dass gerade die Vorreiter der 68er-Bewegung die ersten älteren Leute sind, welche sogar Teenager da abholen können, wo sie gerade rumirren, und als Mentoren sehr tauglich wären. Denen hört man als junger Mensch eher zu, weil sie zum Beispiel selber Drogenerfahrungen haben, mit freier Sexualität experimentieren und unkonventionelle Biografien wagen konnten.

> **Tipp**
>
> Suchen Sie sich Kinder und Jugendliche in Ihrem Umfeld, denen Sie immer wieder mal mit einem lustigen Spruch oder ernsten Rat zur Seite stehen. Gerade Kinder aus dysfunk-tionalen Familienbrauchen jemanden, der ihnen Selbstvertrauen gibt und manchmal zur Seite steht. Das ist eine Win-win-Situation für beide Seiten (ich gehe später darauf ein).

Alt lehrt Jung

In Goa spiele ich regelmäßig meine englische Show. Dabei beziehe ich das Publikum sehr stark mit ein, und wir machen gemeinsame Übungen. Zum Beispiel hecheln wir zu einem meiner Lieder im Takt, bis das Blut extrem mit Sauerstoff angereichert ist. Zum nächsten Song schütteln wir uns gemeinsam, damit sich die Muskulatur lockert, dann lachen wir rhythmisch, was die Endorphinproduktion sehr anregt – und so weiter und so fort. Auch gehe ich mit den Leuten der Reihe nach alle möglichen Themen durch, die eventuell Blockaden darstellen, die wir gemeinsam lösen. Meine englische Show heißt:»Comedy Satsang – 10 Easy Steps to Enlightenment«.

Nach der Show bin ich regelmäßig umringt von lauter jungen Leuten, die mit mir auch über ihre Ängste und Unsicherheiten sprechen. Ich kann ihre Fragen aufgrund meines Altersvorsprungs meist beantworten und erzähle ihnen, wie ich so manche Nuss in meinem Leben geknackt habe. Das ist ein wunderschönes Gefühl, und ich spüre, dass ich auch bei dieser Tätigkeit an der wahren »Essenz meiner Existenz« angekommen bin. Ich fühle mich dazu in der Lage, etwas Sinnvolles beisteuern zu können, wenn meine jungen Fans nach der Show mit ihren Sorgen und Fragen zu mir kommen. Das ist ein großartiges und sehr schönes warmes Gefühl.

Erst später habe ich erfahren, dass es für diesen Vorgang einen Namen gibt.

Generativität

Der Psychologe Erik Erikson hat den Begriff »Generativität« geprägt. Es bedeutet, sich generationsübergreifend einzusetzen und sich als Mentor oder Ratgeber nützlich zu machen. Alle wissenschaftlichen Studien kommen zum gleichen Ergebnis: Wenn wir Mitgefühl für diese Welt und ihre Zukunft entwickeln und es als unsere Pflicht und unser Vermächtnis ansehen, etwas dafür zu tun, dass die Welt immer besser wird, dann ist das die effektivste Art, bis ins hohe Alter gesund und glücklich zu bleiben. Denn der Körper setzt bei solchen mitfühlenden sozialen Betätigungen jede Menge Glückshormone frei. Menschen, die auf dieser Ebene aktiv werden, stärken damit unter anderem ihr Immunsystem.

Man hat auch herausgefunden, dass ältere Leute viel besser geeignet sind, sich um sehr alte Menschen zu kümmern, als junges Profi-Pflegepersonal. Rentner haben mehr Einfühlungsvermögen, Zeit und Liebe. Es gibt einige Projekte, in denen Altenpflegetätigkeiten als Nebenerwerb für rüstige Senioren angeboten und gefördert werden – mit großem Erfolg. Grundsätzlich ist jede Form von aktiv ausgeübter Nächstenliebe ein Quell der Freude und Gesundheit.

Dr. George Vaillant, der auf Grundlage einer 30 Jahre andauernden Harvard-Studie ein sehr wichtiges Buch darüber geschrieben hat, wie gutes Altern aussehen kann, konnte sogar belegen, dass Frauen, die sozial aktiv sind, viel wahrscheinlicher bis ins hohe Alter orgasmusfähig bleiben als welche, die sich in sich zurückziehen. Na, wenn das nichts wert ist!

Ich persönlich habe die Erfahrung gemacht, dass ich geradezu über mich hinauswachse, und ich schaue mir manchmal selber über die Schulter, während ich gerade dabei bin, einen Ratschlag zu geben, und wundere mich, woher dieses Wissen plötzlich kommt. Als sei ich in dem Moment ein Kanal für eine höhere Weisheit, sobald ich mit einem Menschen in Kontakt trete, der genau diesen Ratschlag gerade braucht.

Mehr als nur eine Kuhle im Sofa hinterlassen!

So, wie wir unsere Bäume gießen und düngen, so sollten wir auch den Kreis an Menschen, der uns umgibt, mit guter Energie, edlen Gedanken, wohlwollenden Worten und hilfreichen Taten versorgen. Es ist wichtig, mit offenem Herzen und liebevollem Blick auf Kinder und Jugendliche zuzugehen und die künftigen Riesen zu erkennen, die da gerade heranwachsen.

Jugendliche brauchen Vorbilder.

Und wenn man es schafft, einen bleibenden guten Einfluss geltend zu machen, kann jeder mehr hinterlassen als nur eine Kuhle im Sofa!

Junge Menschen brauchen Leute, denen sie nacheifern können; so hat es die Evolution eingerichtet. Wir schauen uns von klein auf von den Großen ab, wie das Leben funktioniert.

In unserer westlichen Welt gibt es aber leider kaum wirklich inspirierende Anregung, und so folgen junge Leute notgedrungen irgendwelchen von den Medien künstlich kreierten Vorbildern. Doch die meisten Popstars und Sternchen wissen oft selber am allerwenigsten, wo es langgeht! Sie sind hübsche Marionetten, die eine Zeit lang hochgehypt werden und dann meist abstürzen. Solche ferngesteuerten Puppen sind ganz bestimmt keine Helden, die anderen Menschen ethische Leitlinien für ein gelungenes Leben geben können. Hierzu ein Lied:

Teenie-Song
Unsre westliche Welt ist ein eitler Pfau.
Im Zirkuszelt is Fleischbeschau,
wo die Schicken und Schönen sich brüsten,
wie die fitten Zirkusartisten.

In spleenig poppigen Seifenblasen
rasende Teenies in Ekstasen,
die mit schlanken Flanken den Catwalk rocken,
wie rattenscharfe Rattenfänger Dumme locken.

Mit künstlichen Appläusen angefeuert,
durch In- und Out-Listen ferngesteuert.
Userfreundlich-kompatible Puppen,
hinarrangiert zu Boygruppen.

Doch man gibt euch leider nur schlechte Drogen,
ihr werdet ganz viel angelogen,
von klein auf in die falsche Richtung verzogen,
und dann, wie man's braucht, zurechtgebogen.

Kommt raus aus euren rosa Wolken.
Ihr werdet wie die lila Kühe gemolken,
nur für den Kommerz gezüchtet.
Drum werdet ihr auch nicht hell belichtet.

Wenn Junge keine Peilung haben

Wenn ich dran denke, wie ich im Dunkeln gestochert habe, als ich ein Teenie war, ohne jegliche Peilung, wo's hingehen soll ... Da war kein Mensch weit und breit, der mir mal gesagt hätte, wie sehr sich alles ändern wird, wenn ich groß bin. Meine Mama hat immer nur gepredigt und keine Ahnung gehabt, wie es mir gerade ging. So musste ich alles alleine durchkämpfen und wäre einige Male beinahe unter die Räder gekommen.

Ein Lehrer hat mich mal gefragt: »Wie kann ein einzelner Jugendlicher so viel Unsinn verzapfen an einem Tag?«

Ich habe darauf geantwortet: »Ich bleibe abends lange wach.«

Ich hatte damals auch keine Ahnung, wie ich den Richtigen für eine funktionierende Beziehung finden sollte. Wie sehr ich daneben gegriffen hatte, erkannte ich immer erst hinterher. Da gab es zum Beispiel eine ganz klassische Situation: Ich war endlich über meinen schweren Liebeskummer hinweg und kam handtäschchenschwingend mit Freunden in eine Kneipe – und da saß ER! Mein EX!! Und ich sah ihn zum ersten Mal mit nüchternem Blick: ein blasser, pickeliger Typ mit hässlicher Brille in einem unterirdisch geschmacklosen T-Shirt. Meine Freunde wälzten sich kreischend vor Lachen am Boden und schrien: »Wegen dem hättest du dich fast von der Brücke gestürzt?!«

Nicht nur, dass man in der Jugend sein Gegenüber noch nicht richtig einschätzen kann – nein, junge Leute begeben sich zur Partnerfindung heutzutage auch noch in die absolut unwirtlichste Umgebung, die dieser Planet zu bieten hat. Da gäb's den Nordpol, die Tiefsee, das Innere eines Vulkans oder die Wüste Gobi. Am allerlebensfeindlichsten aber ist die Techno-Disco! Ohrenbetäubender Lärm, flackernde Laserblitze, die einem die Augen verätzen, überall explodieren stinkende Feuerfontänen, Nebel, bis der Arzt kommt, Schaumbad bis Oberkante Unterlippe, und von der Decke hängen Käfige mit halb verhungerten Models! Kurz – was früher die Geisterbahn war, nennt sich heute Club!

Und da gehen Jugendliche rein, um wen kennenzulernen? Und bei alldem muss man so cool sein, dass man dafür mindestens fünf Dosen Vereisungsspray schnupfen müsste.

Ich sage: Je cooler einer ist, umso mehr ist er eigentlich eine verklemmte, langweilige Spaßbremse – also nichts, was erstrebenswert wäre. Mit anderen Worten: Bitte nicht nachmachen! Wie nennt man es, wenn jemand mit 'nem Stock im Arsch versucht, dich anzumachen? Nordic Flirting!

Wenn ältere Menschen versuchen, jugendlich zu bleiben, sollten sie sich eher an Kindern orientieren und lieber kultivieren, ihrem inneren Affen die süßen Früchte der Spontaneität zu geben. Es ist ein völlig bescheuertes Ideal, kühl sein zu wollen, denn alles, was der Mensch will, ist Wärme!

Wir sehnen uns nach einem warmen Herz, nach warmen Worten, nach einem warmen Händedruck. Wenn Liebe echt und intensiv ist, dann ist sie brennend, und ein heißblütiger Liebhaber ist tausendmal spannender als ein cooler Typ.

Aber das Schlimmste am Coolsein ist, dass der »Coole« sich permanent darauf trainiert, seine wahren Emotionen zu unterdrücken. Dabei sind unsere Gefühle die wichtigsten Wegweiser im Leben!

Emotionales Feedbacksystem

Emotionen sind von der Evolution entwickelt worden, um uns zu zeigen, wo's langgeht. Da, wo ich mich unwohl fühle, gehe ich besser nicht hin. Da, wo es sich saugut anfühlt, geh ich am besten immer öfter hin. Also sollte ich mich auch mit Leuten umgeben, bei denen ich mich wohlfühle. Nur mit Hilfe eines gut trainierten und gesunden »Emotionalen Feedbacksystems« (so der Fachbegriff) können wir zur Harmonie finden mit unserer Urenergie, die unauslöschlich in uns schwingt, und uns die Wünsche erfüllen, die wir hegen.

Wenn man jung ist, kann man sich schon mal völlig hängenlassen, Scheiße bauen, ungesund leben, dem Schwarzsehen und der Depression frönen und sich perspektivlos treiben lassen. Wird man älter, erkennt man, dass all das keinen wirklichen Spaß macht. Und wenn man noch älter wird, weiß man mit ein bisschen Glück, wofür man eigentlich leben möchte und wofür man seine Zeit, seine Energien und seine Gesundheit noch verwenden will.

Der Körper und unsere Emotionen signalisieren uns genau, was für uns gut ist und wo wir es übertreiben. Wir müssen lernen, auf diese weisen Stimmen zu hören, und wir müssen darauf achten, nicht abzustumpfen und taub zu werden. Gefühle, auch wenn sie manchmal unangenehm sind, sind unsere Orientierungshilfe, unsere Fühler, unsere Wünschelrute auf der langen Reise ins Licht. Sie helfen uns, die Spreu vom Weizen zu trennen, um zu den wahren Prioritäten des eigenen Lebens zu finden.

Wenn wir in unserem Element sind, wachsen wir über uns hinaus, und alles läuft ohne Anstrengung. Sobald wir vom rechten Weg abkommen, werden wir es mit ein bisschen Sensibilität sofort fühlen.

Es geht mit kleinen Dingen los: Man stolpert, fühlt sich schwach und unkonzentriert, man verhaspelt sich, und die Dinge gehen nicht leicht von der Hand, sondern alles ist irgendwie eckig oder anstrengend. Menschen geraten oft in Rage, wenn Sachen nicht so laufen, wie sie es gerne hätten, und wollen dann mit Gewalt aggressiv etwas durchdrücken, das vielleicht einfach nur einen Moment des Durchatmens benötigt hätte.

Es ist leider immer noch nicht bei allen durchgeklickert, dass unsere Existenz auf mehreren Ebenen funktioniert. Wir sind wie Hausbesitzer, die nachts ein unheimliches Geräusch im Keller hören, aber lieber auf den Speicher gehen, um festzustellen, dass alles in Ordnung ist – weil das Licht dort besser ist ...

Das heißt: Wenn es in den Tiefen der Seele rumpelt, nützt es nichts, das Problem mit dem Kopf weg-erklären zu wollen. Je verkopfter wir sind, umso schwerer wird es, den wahren Sinn unseres Lebens zu erkennen, selbst wenn er direkt vor uns liegt. Je intensiver wir jedoch mit unseren Gefühlen verbunden sind, desto mehr können wir uns auf unsere Instinkte, unsere Intuition und unsere innere Stimme verlassen.

Der Sinn des Lebens ist auch nur ein ganz bestimmtes Gefühl.

Gerade Männer werden aber leider seit Jahrtausenden darauf getrimmt, ihre Gefühle zu unterdrücken und auch ihre eigene innere Weiblichkeit zu verachten. Sie sollten als Arbeiter und Soldaten funktionieren, und deswegen wurden sie von ihren Gefühlen abgetrennt. Die klassische altmodische Definition von »Maskulinität« bedeutet Konkurrenzkampf, Prestige, Macht, möglichst wenig Emotionen und die Unterdrückung alles Weiblichen.

Das ist völlig ungesund und dysfunktional! Und das sage nicht ich, sondern Professor Aaron Rochlen aufgrund einer großangelegten Studie. Männer, die aufhören, nach diesen alten Formen der Männlichkeit zu streben, sind bessere Väter, haben glücklichere Ehen, ein befriedigenderes Sex- und Arbeitsleben und sind viel gesünder.

Leider aber haben junge Männer wenige Vorbilder, die ihnen diese reifere und bewusstere Form von Männlichkeit vorleben. Nur: Ohne ein funktionierendes Role-Model ist es schwer, den Männlichkeitskonventionen entgegenzustreben, und die Jungs haben Angst davor, zu weich zu werden. Denn intensive Gefühle wie Liebe und Hingabe bedeuten auch Kontrollverlust.

Die promiskuitiven Profi-Aufreißer, von denen ich vorhin erzählt habe, wollen die Frauen ja gar nicht wirklich fühlen, mit denen sie in die Kiste steigen. Deswegen behandeln sie sie respektlos, und umso leichter können sie sie danach verachten. Das täuscht hinweg über die eigene Unfähigkeit, tiefe Gefühle entwickeln zu können.

Viele Männer lernen Liebe überhaupt erst kennen, wenn sie ein Kind bekommen. Wir haben auch durch unsere körperfeindlichen Religionen so viel Verklemmung eingetrichtert bekommen, dass die meisten von uns ihre eigenen Eltern nie schmusen gesehen haben. Viele Menschen wissen nichts über die hohe Kunst, sich in die Tiefen des anderen hineinzuversetzen und tantrisch mit dem Gegenüber zu verschmelzen, nach einem sich steigernden Vorspiel, das vielleicht sogar über Wochen andauert und mit multiplen Orgasmen belohnt wird, die die Seele erschüttern.

Mein Resümee: Die Jugend von heute tut mir eigentlich eher leid – beneiden tu ich sie null. Ich bin sehr froh über meine frühe Geburt!

Wechseljahre

Als Teenie ist man von Hormonumstellungen gebeutelt, hat aber von Tuten und Blasen keine Ahnung. Auch in den Wechseljahren ist man von Hormonumstellungen gebeutelt, aber da weiß man schon erheblich besser, warum das so ist und wie man sich helfen lassen kann. Es gibt diverse Hormontherapien, die fast alle Symptome beheben können. Wenn die Zeit der Hormonumstellung beginnt, könnte man sich erst mal nur noch weinend auf dem Boden wälzen und in den Teppich beißen. Aber das bringt ja nix. Deswegen habe ich mal alle guten Seiten aufgeschrieben, die das Ganze hat, und halte den Blick konsequent in diese Richtung – denn dann kann man die Menopause plötzlich auch als Befreiungsschlag erleben.

Ich zähle mal die wichtigsten Vorteile für Sie auf:

1. Man ist endlich nicht mehr Sklave von Verhütungsmitteln. Was wir da alles mitmachen, geht doch auf keine Kuhhaut!
– Schaum-Ovulum brennt wie Hölle.
– Spirale piekst wie Sau, und zwar alle Beteiligten.
– Fiebermessen ist für den Arsch, und zwar auch im wahrsten Sinne des Wortes.
– Diaphragma? Frag mal nicht, was das für ein Gefummel ist.
– Pille macht dick und tötet die Libido – also völlig paradox. Taugt eigentlich nur als Mütter-Beruhigungsmittel, wenn sie die jeden Morgen ins Müsli ihrer Töchter mischen.

Manchmal glaube ich, das liegt alles daran, dass es Mächte gibt, die gar nicht wollen, dass wir Frauen verhüten. Da steckt wahrscheinlich eine weltweite Verschwörung hinter: von der Katholischen Kirche, dem Islam – und Pampers! Die treffen sich vielleicht sogar heimlich in irgendwelchen Hinterzimmern und pieksen dort Löcher in Kondome.

Übrigens: Die Pille für den Mann gäb's natürlich längst. Doch die hat man wieder vom Markt genommen – die will nämlich keiner. Männer zahlen lieber Alimente. Kleiner Tipp, meine Herren: Wenn sie trotzdem sichergehen wollen, dann sollten Sie einfach Ihre Hoden auf 45 Grad erhitzen! Kaufen Sie sich einen handelsüblichen Eierkocher und drosseln Sie ihn.

Viele Frauen verlieren in der Menopause leider ihre Libido, und zwar, weil sie zu wenig »freies Testosteron« im Blut haben. Das kann man künstlich zuführen. Nebenwirkungen davon sind Bartwuchs, Haarausfall und strenger Körpergeruch. Wenn Sie, werte Damen, also anfangen, *Sportschau* zu gucken und sich dabei am Sack zu kratzen, haben sie eindeutig zuviel erwischt. Aber, meine Herren: Wenn demnächst lauter schnauzbärtige, glatzköpfige, stinkende Frauen in Fußballtrikots rudelweise hinter Ihnen her sind, dann seien Sie froh – die sind wenigstens spitz wie Nachbars Lumpi.

2. Man muss nicht mehr mit Tampons und Binden herumhantieren. Und man versaut sich auch seine Lieblingsslips nicht mehr, weil die Regel dummerweise doch früher kam als gedacht.

3. Frauen verlieren ihr PMS-Syndrom! Ab jetzt wird also nicht mehr einmal pro Monat vier Tage lang geheult und geschimpft, sondern geballt ein paar Jahre lang durchgehend, und dann is gut. Hö hö!

4. Ich hatte in meinem Leben schon so viele »Burnouts«, mich können so ein paar Hitzewellen also nicht mehr schocken. Ganz im Gegenteil, ich war früher immer eine derartige Frostbeule – ich habe statt Handtasche 'nen Heizlüfter rumgetragen. Heute könnte ich im Nebenjob als Tauchsieder im Schwimmbad arbeiten oder als Galionsfigur vor einem Eisbrecher. Wäre Kate Winslet im Wechsel gewesen, die *Titanic* wäre durch diesen Eisberg durchgefahren wie ein heißes Messer durch Butter, und nicht nur Leonardo di »Carpaccio« wäre dahingeschmolzen!

Alles in allem bieten die Wechseljahre also eine große Erleichterung! Sie sind wie eine Feuerprobe: Wenn ich da rauskomme, bin ich wie mit einer Einbrennlackierung gehärtet für den weiteren Alterungsprozesses.

Das ist quasi mein persönlicher Elchtest!

Gut, ich rede von mir, und ich bin auch nicht durch die ganze Welt gefahren, um 10 000 Frauen zu ihren ganz persönlichen Erfahrungen hierzu zu befragen. Ich bin Komikerin und betreibe keine wissenschaftlichen Studien. Fest steht, es ist auch hier, wie immer, eine Frage, für welche Betrachtung man sich entscheidet.

In unserer Gesellschaft war man als Frau jenseits der Fruchtbarkeit viele Jahrhunderte lang nichts mehr wert. In anderen Zeiten und anderen Ländern wurden alte Frauen hingegen verehrt für ihre Lebenserfahrung und Weisheit und vor allem dafür, dass sie überhaupt so alt geworden sind. Die chinesische Medizin zum Beispiel sagt, Frauen laufen erst richtig zur Höchstform auf, wenn sie endlich befreit sind von der Bürde des monatlich ablaufenden Zyklus.

Was diese Regel mit einem macht, kann sich niemand vorstellen, der es nicht am eigenen Leib erlebt hat. Man muss sich mal vor Augen führen, was das für Prozesse sind, die da jeden Monat in uns ablaufen: Die Schleimhaut, die sich in der Gebärmutter aufbaut, ist ja wie ein Bett, das der Körper mit viel Aufwand bereitstellt, damit das befruchtete Ei optimale Wachstumsbedingungen vorfindet. Wenn jedoch keine Befruchtung stattgefunden hat, schaltet der ganze Organismus um 180 Grad um, aufs genaue Gegenteil, nämlich »Abstoßen« – und das ist ziemlich heftig. Dieser Vorgang ist quasi vergleichbar mit einer kleinen hormonellen Abtreibung der Auspolsterung unseres Uterus.

Zwischen diesen beiden konträren Polen drehen sich Frauen *jeden Monat hin und her!* Das ist anstrengend, und wenn man viele Ängste und verdrängte wunde Punkte aus der Vergangenheit mit sich herumschleppt, werden diese dadurch immer wieder stimuliert. Wir Frauen sind nah am Wasser gebaut und *sehr* dünnhäutig. Ich finde, wir sollten dafür Sorge tragen, dass unsere Umgebung die emotionalen Unausgeglichenheiten besser einordnen kann; das heißt, wir Mädels sollten offen und bewusster damit umgehen, was gerade in uns vor sich geht, und aufhören, anderen die Schuld dafür geben zu wollen.

Tipp

Mein Süßer ist viel entspannter, seit ich ihn öfter mal ganz liebevoll bei der Hand genommen und gesagt habe: »Lass mich einfach nur weinen, es tut gut und hat wirklich rein gar nix mit dir zu tun!« Männer haben einen ganz tief sitzenden Beschützerinstinkt, und wenn ihre Frau weint oder schreit, glaubt Mann, er habe versagt, und reagiert womöglich sogar noch aggressiv, weil er sich keiner Schuld bewusst ist – und

> dann schaukeln sich die Dinge
> ganz schnell hoch. Es ist die
> Aufgabe der Frauen, den Jungs
> zu erklären, was während der
> Wechseljahre oder innerhalb des
> monatlichen Zyklus gerade
> abläuft. Nehmt also den Partner
> aus der Schusslinie und euch
> selber in den Arm!

Viele junge Frauen wissen nicht, was hormonell gerade los ist mit ihnen, und streiten sich mit ihren Männern oder schreien die ganze Welt an. Die Herren wissen, wovon ich rede, die kennen das Theater zur Genüge – aber eben nur von außen! Ich werde diesen ganzen Wahnsinn, der sich während unserer »Tage« *im* weiblichen Körper abspielt, jetzt auch mal von *innen* beleuchten:

Wir begeben uns zu diesem Zweck in Gedichtform in das Innere der Gebärmutter einer Frau, die gerade ihren Eisprung hatte.

Hi! Ich bin ein furchtbar fruchtbares Ei!
Komm doch mal auf 'nen Ei-Sprung vorbei!
Heute passt es fein rein,
so ein fleischliches Beisammensein
Mein Uterus ist flauschig zurechtgemacht,
ich freu mich auf 'ne flirrende Liebesnacht.
Jetzt mach ma hinne, du Samenritter,
bevor ich hier total verbitter.
Beiß dich durch durch das Kondom,
du heiß erwartetes Spermiom.
Doch wieder nix, das ist ein Jammer,
für die leere Brutkammer.
Schon leiten Krämpfe die Wende ein,
Klodeckel auf – rawusch – alles rein.
Das, meine Damen, is die Zeit,
in der man es tunlichst vermeidt,
nach Schuldigen zu suchen,
nur weil man selber leidet.

»Ich? Gereizt ...? Ich bin nicht schlecht gelaunt!!!«
Auch Frau fühlt sich un-berechenbar und ist erstaunt.
Dabei is alles ganz genau errechenbar
und jeden Monat anberaumt.
In ein paar Tagen geht's von vorne los,
die Hormone warten schon in den Depots.

Astrologie

Meiner Meinung nach ist die Astrologie nichts anderes als der verzweifelte Versuch der Männer, die zyklisch auftretenden hormonellen Schwankungen bei Frauen vorhersehbar zu machen. Meine persönliche These lautet so: Früher saß man jeden Abend ums Feuer und hat in den Himmel geguckt. Manchmal waren die Weiber alle total gut drauf, aber am nächsten Abend ging plötzlich der totale Punk ab, und alle Mädels waren am Zetern und Heulen. Man weiß ja, dass sich die Menstruationszyklen synchronisieren, wenn Frauen über längere Zeit in Gruppen zusammenleben.

Deswegen haben die Jungs schon früh die ersten Kalender erfunden, weil man darin niederschreiben konnte, wie die Parallelen zu den Mondphasen verlaufen. Daraufhin wurde alles überschaubar, und der kluge Mann wusste: Okay, die nächsten Tage gehe ich lieber Zäune flicken auf der Westweide, da läuft eh nix, sondern es gibt bloß Ärger. Aber wenn die Weiber alle richtig heiß waren, blieb der weise Astrologe lieber zuhause und schickte die Doofen zum Jagen.

Wie verhält es sich aber nun in den Wechseljahren?

Wenn wir Weiber in den Wechsel kommen, neigen wir tendenziell dazu, ein klein bisschen unleidlicher zu werden. Das heißt, dass wir leichter heulen und gerne wegen jedem kleinen Scheiß herumbrüllen. Wir werden sozusagen *»hormonisch unharmonisch«.*

Marlene nickt schon die ganze Zeit wie ein kleiner Wackeldackel:

Also ich hab gar nix gegen eine schöne Wallung hin und wieder, man kann doch nicht immer nur einen auf Friede, Freude, Eierkuchen machen. Ich muss mich doch auch mal aufregen über alles, was so schiefläuft. Da heißt es dann natürlich immer gleich:»Ach Gott, jetzt isse im Wechsel.« Ja und? Ich *wechsel* jetzt mal dazu über, alles zu sagen, was ich denke! Es gibt genügend Dinge, über die ich mich zu Recht aufrege, und die müssen auch raus! Nur mal als Beispiel: Mindestens die Hälfte der Bevölkerung leidet unter altersbedingter Sehschwäche, und trotzdem steht alles immer noch überall sooo klein drauf. Heut morgen hab ich mir mit meiner Körpermilch die Haare gewaschen! Hallo? Ja brauch ich zum Duschen jetzt 'ne Taucherbrille mit drei Dioptrien, oder was?

Die haben noch nicht wirklich kapiert, dass die Alten jetzt kommen! Im TV heißt das oberste Gesetz in der Werbung immer noch:»Kein Darsteller darf älter sein als 45.« Selbst neben 'nem Treppenlift steht dann so 'n Jungspund! Sogar bei der Inkontinenzwerbung läuft alles immer nach dem Motto: »Jüngst noch Modell im Baderöckchen, heut verliert sie ein paar Tröpfchen.«

Außerdem finde ich, es fehlt echt an Freizeitheimen für Senioren. Wir bräuchten endlich auch »Jugendtreffs« für alte Leute! Wir wollen doch auch 'nen öffentlichen Platz, wo man Skat und Tischtennis spielen kann, wo geflirtet wird und das Bier nur 'nen Euro kostet und Schachturniere veranstaltet werden und man im Partykeller schwofen kann.

Auch die Gesetzgebung gehört verändert, wie etwa die Nummer mit der Sterbehilfe. Ein ganzes Leben lang hab ich täglich die freie Wahl, ob ich aus'm Fenster hüpf oder nicht, aber wenn ich unheilbar krank und hilflos ans Bett gefesselt bin und beschlossen habe, dass ich nicht mehr länger leiden will, da muss ich mir 'nen Killer-Service kommen lassen, oder was? Irgendwie zieht sich das durch, dass man für 'ne Abtreibung nach Holland muss, für 'ne Scheidung nach Remo und für die Sterbehilfe in die Schweiz. Manchmal frag ich mich, ob die katholische Kirche mit dem Fremdenverkehrsamt unter einer Decke steckt?

Ich muss Marlene völlig recht geben und kurz hinzufügen, wie sehr es mich ärgert, dass sich die Kirche immer noch in so viele wichtige Lebensentscheidungen einmischt und sich sämtliche Festivitäten und Rituale unter den Nagel gerissen hat. Von der Taufe über die Konfirmation, die Hochzeit bis zur Beerdigung muss man sich an deren Regeln halten und deren Form des Feierns mitmachen. Die »Heilige Kommunion« zum Beispiel ist nichts anderes als ein Initiationsritus, wenn die Kindheit vorbei ist. Das könnte man auch ganz anders begehen, als den Leib Christi essen und sein Blut trinken zu müssen, oder? Ich fand das schon als Kind extrem abstoßend und bin mit meiner lebendigen Phantasie jedes Mal in irgendeiner kannibalistischen Vampirorgie gelandet.

Wenn ich sterbe, ist das Letzte, was ich möchte, dass plötzlich irgendein Priester an meinem Grab seine verklemmten Ansichten über Gut und Böse kundtut. Den Göttern sei Dank haben wir heute die Möglichkeit, uns in jeder Hinsicht anderweitig inspirieren (und auch beerdigen) zu lassen.

| 153

ABSTAND ZUR EIGENEN PRÄGUNG

An dieser Stelle würde ich gerne einen kleinen Ausflug ins Ausland unternehmen. Denn ich halte es für unendlich wertvoll, sich die Möglichkeit zu erkämpfen, zumindest für eine gewisse Zeit in anderen Ländern, in unterschiedlich strukturierten Gesellschaften und in anderen religiösen Hintergründen zu leben und dort Erfahrungen und neue Inspirationen zu sammeln. Es erweitert den eigenen Horizont und ermöglicht einem die verschiedensten Blickwinkel. Mit dieser breiteren Auswahl an Lebenskonzepten lässt sich die Gestaltung der eigenen Existenz viel persönlicher ausfeilen, und wir bekommen einen wertvollen Abstand zur eigenen Prägung.

Schon länger kursiert ja der Begriff vom »Sabbatical Year«.

Das heißt, man schaufelt sich ein ganzes Jahr komplett frei und schaut, was passiert, wenn man mal eine Zeitlang etwas ganz anderes macht. Viele gehen dafür ins Ausland, bilden sich weiter und bereiten sich auf neue Jobs vor. Das ist eine tolle Sache, die ich jedem total empfehlen kann, der sich umorientieren will.

Sabbatical-Monate

Eine andere Option wäre, sich pro Jahr ein paar Monate auszuklinken aus dem Lebens- und Berufstrott. Ich betreibe das mit wachsender Begeisterung seit inzwischen 17 Jahren und kann Ihnen genau erklären, warum ich dies tue und wieso ich es für viel produktiver halte, öfter abzuhauen, als nur einmal gleich für ein ganzes Jahr.

Mir ist natürlich auch klar, dass die wenigsten Berufstätigen so etwas hinkriegen. Aber was nicht ist, kann mit Ihrem Zutun ja noch werden. Abgesehen davon hat das Berufsleben ja auch irgendwann ein Ende – wir reden hier ja eh von den älteren Lebenssemestern. Um Sie zu inspirieren, lasse ich Sie gerne an den Ergebnissen meines »Auszeit-Experiments« teilhaben, das ich in meinem Leben seit vielen Jahren durchführen darf. Ich begebe mich zweimal im Jahr zu Studienzwecken ins Ausland und verbringe dort ein paar Monate, um etwas Neues zu schreiben und die Dinge zu üben, die ich für meine Shows brauche.

Diese kürzeren Auszeiten haben folgende Vorteile:

1. Sich ausruhen zu müssen wird im Alter immer wichtiger. Und auch das »Gasgeben« wird leichter, wenn man den Silberstreif der nächsten Ruhephase schon am Horizont erkennen kann.

2. Wenn eine Auszeit vorbei ist, verfällt man ganz schnell wieder in die alten Muster. Umso gesünder ist es, öfter mal alles richtig zu machen.

3. Von Jahr zu Jahr werden meine Auszeiten effektiver, weil ich das Ankommen, Auspacken und Loslegen immer besser im Griff habe.

4. Diese Rückzugsphasen ermöglichen es einem, regelmäßig an neuen Projekten kreativ arbeiten zu können. Auf diese Weise können ganz neue Betätigungen langsam, aber sicher zu einem alternativen zweiten Standbein werden.

5. Man verliert nach nur drei Monaten nicht so sehr den Anschluss ans alte Leben und die damit verknüpften Kontakte.

Auszeit in Goa

Ich berichte jetzt mal, wie meine Auszeit in Goa abläuft.

Immer wenn wir (mein Süßer und ich) in Indien in unserem Haus ankommen, packen wir als Erstes alle Kisten und Tonnen aus. Da gibt es viele Sachen, die man zum Leben braucht, aber auch eine Schachtel, die ich im Jahr zuvor wie ein kleines Weihnachtsgeschenk an mich selbst gepackt habe. Da steckt alles drin, was ich brauche zum Üben, Basteln und um mein nächstes Projekt für die kommende Saison voranzutreiben. Der Inhalt der Schachtel erinnert mich an alle meine Vorhaben, Pläne und Träume und gibt mir die richtigen Werkzeuge und Dinge an die Hand, die ich brauche, um loszulegen.

Tipp

Packen auch Sie sich eine Kiste für Ihre Auszeit im nächsten Urlaub, mit deren Inhalt Sie sich weiterentwickeln wollen. Was gehört da wohl genau rein? Vielleicht der Aquarellkasten und die Wachsmalkreiden? Oder die Jonglierbälle, die Sie als junger Mensch beiseitegelegt haben? Oder sollten Sie sich eine Ukulele kaufen, ein Terra-Band zum Trainieren, ein Lernset mit CDs, um eine neue Sprache zu pauker? Oder ein leeres Buch, um Tagebuch zu führen? Oder ...?

Vielleicht wird daraus ja auch die Kiste für Ihren Ruhestand – mit all den Ansätzen und Ideen, die Sie dann endlich verwirklichen möchten! Man kann Geld reintun, damit man nie vergisst, dass man welches beiseitelegen sollte. Man könnte auch Landkarten hineinlegen, auf denen Ziele abgebildet sind, die man unbedingt noch bereisen will.

Reisen

An dieser Stelle möchte ich gerne kurz was Grundlegendes zum Thema Reisen an sich sagen. Viele finden es heutzutage schick, für eine Woche tausende von Kilometern zu fliegen und in großen Hotels alle viere gerade sein zu lassen. Dort liegen sie dann in der Sonne und ruinieren womöglich ihre Haut, hauen sich am Hotelbuffet den Magen voll und verblöden eigentlich, weil sie ihr Gehirn nicht mehr fordern.

Es ist belegt, dass bereits nach zwei Wochen Nichtstun der Intelligenzquotient merklich anfängt zu sinken. Auch das Hirn ist ein Muskel, der benützt und trainiert werden will, um nicht zu erschlaffen.

Wir tun uns selber keinen Gefallen mit dieser Form des Urlaubs, zerstören systematisch die Länder, in die wir reisen, und verblasen unglaubliche Mengen an Kerosin für wenige Tage. Diese Form von Tourismus ist schädlich für alle Beteiligten. Ich persönlich plädiere dafür, Kurzurlaube eher in der Nähe zu genießen und nur dann weiter wegzufahren, wenn man sich auch die Zeit nehmen kann, länger an einem Ort zu verweilen und auf diese Weise viel intensiver an Land und Leuten teilzuhaben. Dafür empfiehlt es sich, in kleinen Pensionen oder gleich privat zu wohnen anstatt in großen Hotelkästen. Das ist viel billiger, und dabei verdienen die lokal ansässigen Menschen, denen man immerhin das Land mit seinem Müll versaut und das Wasser stiehlt, auch etwas an uns. Auf diese Weise können Sie sich wirklich anfreunden mit einer Gegend und ihren Leuten, und wenn Sie öfter dort hinfahren, wird das Land vielleicht irgendwann sogar zu einer zweiten Heimat, in der ganz andere Gesetze gelten, die man sogar mit nach Hause nehmen kann. Das ist das wahrlich Bereichernde am Reisen.

Mit der Zeit findet man dann vor Ort auch das Haus oder die Wohnung, die perfekt zu den eigenen Bedürfnissen passt. Dort kann man sich so einrichten und versorgen, wie man es braucht, um seine Freizeit fruchtbar zu gestalten. Das alles kostet oft weniger als das Leben zu Hause, und wer es schafft, seine Arbeit mitzubringen, kann in seiner Freizeit vor Ort noch etwas dazuverdienen. Außerdem kann ich aus jahrzehntelanger Beobachtung inzwischen definitiv sagen: Kein einziger dieser Semi-Aussteiger, die ich kenne, die sich den Winter über in warmen Gefilden rumtreiben, ist reich. All diese Leute finden irgendeinen Weg, das Geld für die drei bis vier Monate zusammenzukratzen, und sie leben vor allen Dingen sparsam! Es ist einfach eine Frage, welche Prioritäten und welche vorrangigen Wunschträume man in seinem Leben hat.

Viele landen auch in diesem Leben, weil Sie zum Beispiel durch eine schwere Krankheit aus ihrem normalen Trott wachgerüttelt wurden und dann ihre Konsequenzen gezogen haben.

| 157

Allein in meinem näheren Bekanntenkreis gibt es zig »wundergeheilte Menschen«, die als Aussteiger zu einer glücklicheren Existenz gefunden haben

Aber zurück zu mir und meinem Süßen in Indien. Wenn ich ankomme, muss ich erst mal viel schlafen und gehe ein paar Mal an den Strand, um Freunde zu treffen und erst mal runterzukommen. Aber wenn ich das eine Woche lang genossen habe, kommt der Moment, wo die neue Saison ihre Ordnung braucht. Ich gebe mich dann für den Rest der Zeit einem durchstrukturierten Tagesablauf hin, in dem ich alle Dinge der Reihe nach tue, die mir gut tun und die mich künstlerisch, spirituell und körperlich weiterbringen.

Freie Zeit optimal zu nützen will geübt sein

So ein kontinuierlicher Übungs- und Lernprozess zeigt nach ein paar Jahren erstaunliche Resultate, und das macht mich persönlich viel glücklicher, als nur in der Hängematte zu liegen.

Tipp

Schreiben Sie sich vor dem Urlaub eine Liste mit allem, was Sie immer schon gerne tun wollten, zum Beispiel eine Sprache lernen oder ein Musikinstrument, ein Handwerk oder eine Sportart. Das bedeutet, sich dementsprechend einen Lehrer zu suchen, und zwar am besten einen Menschen, der einen interessiert und mit dem man sich sowieso gerne unterhalten würde. Aus solchen regelmäßigen gemeinsamen Betätigungen entstehen oft die stabilsten Freundschaften.

Natürlich schafft man nicht jeden Tag immer alles, was man sich aufgeschrieben hat. Aber Sie werden sehen: Wenn Sie es nur fünf Tage pro Woche durchhalten, fühlen Sie sich so gut und zuversichtlich wie nie zuvor. Ich kann Ihnen versichern: Es ist ein unglaubliches Gefühl, wenn man zum ersten Mal eine Bauchmuskelübung macht und nur ein paar Durchgänge schafft – und vier Tage später schon doppelt so viele! Und wenn man dann weiß: Ich habe noch Monate, um mich immer weiter zu verbessern, das heißt, ich werde mit echten Resultaten nach Hause kommen.

Meine Auszeiten sind durch einen sehr genau auf meine jeweilige Aufgabe abgestimmten Stundenplan strukturiert. In dieser »Spick«-Liste kann ich immer wieder nachschauen, was gerade möglich wäre, wenn mir die Ideen ausgehen sollten, und wie ich meine Zeit sinnvoll nützen kann.

Wenn Sie jetzt denken, dass ich eine fürchterliche Streberin bin … haben Sie vielleicht recht. Aber ich kompensiere nur, was ich als Kind an Förderung verpasst habe. Und das Komische ist: Sosehr ich Pflichten früher in der Schule gehasst habe, sosehr genieße ich es jetzt, mich der Produktivität meines Stundenplans hinzugeben.

Im Folgenden sehen Sie meine Liste für den perfekten Tagesablauf in der Auszeit 2014/15, in der ich dieses Buch verfasst habe. Wenn Sie genauso ticken wie ich, können Sie diese Abfolge an Tätigkeiten ja einfach übernehmen.

1. Morgens als Erstes den Laptop zur Hand nehmen und tippen ist für mich das Rückgrat des Tages. Ich beginne gleich nach dem Aufwachen mit dem Schreiben, weil ich meinem Unterbewusstsein dann noch nahe bin. Ich baue mir alles gemütlich hin, so dass ich aufrecht in den Kissen liege. Dabei trinke ich eine große Kanne Tee und esse Obst. In der Früh ist für mich die optimale Zeit, um kreativ zu schreiben. Wenn ich nachmittags tippe, kämpfe ich mit Müdigkeit.

2. Danach mache ich mein eigenes »Yoga« – Dehnen und Muskelaufbau für Po, Bauch, Rücken und Nacken. (Mehr dazu im Kapitel *Fitness.*)

3. Dann meditiere ich und erteile allen meinen Zellen die Erlaubnis, gesund zu sein. (Darauf gehe ich näher ein im Kapitel *Healing Code.*)

5. Zu Mittag esse ich so gegen 15 Uhr und meist irgendeine Art von Rohkost. (Rezepte folgen weiter unten.)

6. Dann lerne ich die Songtexte für meine nächste Show oder

übe Choreografien. Das mache ich am liebsten mit Kopfhörer am Strand und verbinde es mit meinem Tanztraining und mache meine Ballettübungen.

7. Dann esse ich in meinem Lieblingsstrandrestaurant zu Abend.
8. Nach dem Essen wird Gitarre geübt, und das macht viel mehr Spaß, wenn man die neuen Songs jemandem vorspielen kann. Also mache ich quasi Dinnermusik für die anderen, die währenddessen dort zu Abend essen.
9. Wenn ich noch Kraft habe, bastle ich zuhause ein bisschen an meinen Kostümen.
10. Danach lese ich Bücher, die zu dem Thema passen, an dem ich gerade arbeite, und streichle dabei meinen Süßen in den Schlaf.

Das klingt jetzt alles ein bisschen heftig. Aber die Pausen mit Freunden und der Spaß und auch die Muße stellen sich ja von alleine ein – das muss man nicht in einen Plan schreiben.

Nach einiger Zeit kristallisieren sich Schwerpunkte heraus. Die Liste ist ein guter Leitfaden zur Orientierung, den ich auch immer wieder mal nachkorrigiere, weil sich andere Abläufe als stimmiger erweisen.

Im Prinzip ist diese Liste eine Abfolge von guten Vorsätzen, die man nicht nur an Neujahr, sondern mindestens einmal pro Monat fassen sollte. Dabei ist Folgendes zu beachten:

Tipp

Es ist immer gut, sich etwas bei frisch zunehmendem Mond vorzunehmen. Alles, was be »Shiva Moon«, also der ganz feinen Sichel des ersten Tages nach Neumond, begonnen wird, kann leichter gelingen, sagt der Volksmund in Asien. Und wenn Sie beobachten, dass die Sichel beim Untergehen etwas berührt, etwa die Wipfel der Bäume oder ein Hausdach, dann haben Sie einen Wunsch frei.

Die Asiaten sind mir in vielerlei Hinsicht sehr sympathisch. Vor kurzem lief der Film *Der letzte Samurai* mit Tom Cruise mal wieder im TV. Ein Mann lebt eine Zeitlang in einem japanischen Dorf in den Bergen und erkennt immer mehr, in was für einer spirituellen Umgebung er sich befindet, und er sagt:»From the moment they wake, they devote themselves to the perfection of whatever they pursue.« Da habe ich mich gut wiedererkennen können. Vielleicht war ich ja in einem früheren Leben ein Japaner (deswegen schmeckt mir Sushi auch so gut ☺).

Nun gut, nachdem ich diesen fast japanisch disziplinierten Lebensstil vier Monate durchgezogen hatte, kehrte ich mit einem fertigen Buch, einer neuen Show und einem gestählten Körper nach Hause zurück.

Vielleicht sollte ich noch erwähnen, dass ich im Jahr davor ganz anders gelebt habe. Damals habe ich fast jeden Abend irgendwo meine englische Show gespielt, bin spät nach Hause gekommen und habe morgens noch nicht am Buch getippt. Da lag der Schwerpunkt auf Gitarre üben und am Feilen an meinen englischen Comedy-Texten. Das Grundprinzip bleibt jedoch das gleiche: Es ist immer eine Aneinanderreihung von Beschäftigungen, die mich zwar fordern, aber danach auch eine unglaubliche Befriedigung erzeugen und das kreative, sportliche und spirituelle Rückgrat stärken.

Jede Saison ist wie ein Kapitel mit bestimmten Themen, Aufgaben, Schwierigkeiten und Erfolgserlebnissen. Wenn ich schließlich meine Koffer wieder packe, bin ich unendlich glücklich, denn ich habe konkrete Ergebnisse erzielt und bringe die Früchte der Arbeit heim. Dann freue ich mich auch auf Deutschland und die Applauszeit, genauso wie vorher auf die Auszeit, weil ich diese optimal ausgekostet habe.

Ich hoffe, dass auch Sie sich bald die Möglichkeiten verschaffen werden, Ihre Träume zu verwirklichen, und wollte Ihnen hiermit nur ein paar Anregungen dafür gegeben haben.

Aber jetzt noch eine kurze Sache.

Die Qualität der Tage

Wenn man einige Monate seinen eigenen Rhythmus lebt, erkennt man plötzlich die unterschiedliche Qualität der Tage. Das nehmen wir in unserer hektischen westlichen Welt gar nicht mehr wahr.

Es gibt den Zyklus der Hormone, die sich monatlich entfalten und wieder abbauen und ihre Auswirkungen auf unsere Psyche und die gesamte Selbstwahrnehmung haben. Es gibt aber auch lunare und astrologische Einflüsse, die unterschiedliche Qualitäten erzeugen. Aus dem Zusammenspiel unendlich vieler Faktoren ergeben sich der Biorhythmus und die daraus resultierenden Auf- und Abbewegungen. Es ist wichtig, auf seinen Körper und diese Rhythmen zu hören und die Sensibilität dafür zu entwickeln, denn es geht bei aller Diszipliniertheit niemals darum, etwas auf Teufel komm raus durchzupeitschen.

An müden Tage bleibt man besser im Bett und lässt alle viere gerade sein, zu anderen Zeiten geht es dagegen besonders leicht von der Hand, die kleinen Hausarbeiten und das Organisatorische zu erledigen. Und natürlich gibt es auch diese Momente, an denen man schneller als sonst aus dem inneren Gleichgewicht gerät und lieber länger meditieren oder Tagebuch schreiben sollte.

Für solche Dinge ein Gespür zu entwickeln ist ein wichtiger Schlüssel zu Glück und größerem Wohlbefinden. Die Geduld und das Feingefühl, etwas durch die Zyklen der Stunden, Tage, Monate und Jahreszeiten beständig zu verrichten, bringen uns auf den rechten Weg, um zur rechten Zeit das Rechte zu tun.

Der deutsche Alltag

Aber die Erkenntnisse mögen noch so tief und die Vorsätze noch so groß sein – kaum bin ich in Deutschland, holt mich der Alltag ein.

Ich schaffe es gerade mal eine Woche lang, weiterhin täglich meine Übungen zu machen – dann fehlt mir die Zeit. Auf Tournee ist im Doppelzimmer mit meinem Süßen kein ruhiges Plätzchen mehr vorhanden, und wenn ich täglich meine Show spiele, bin ich abends so erschöpft, dass ich morgens viel mehr Schlaf brauche. Dann stelle ich meinen gesamten Tagesablauf auf völlig andere Prioritäten um, nämlich die Kraft für den Abend zu sammeln, für den geballten Output auf der Bühne.

Und das ist auch okay. Denn ich werde ja bald wieder mit dem Pendel in die nächste Auszeit rüberschwingen, und genau das ist auch noch ein Grund, warum ich von einem einmaligen Sabbatical-Jahr abrate und jedem, der es nur irgendwie ermöglichen kann, jedes Jahr wenigstens einen Sabbatical-Monat empfehle.

Man könnte selbst dann, wenn man gar nicht wegkommt, öfter wenigstens mal einen »Ramadan« einlegen. Ein lieber Freund von mir hat es sich etwa angewöhnt, einmal im Jahr einen Monat lang keinen Tropfen Alkohol zu trinken, weil er einige Fälle von Leberkrebs in seiner Familie hat. Wenn die Leber sich einen Monat lang komplett vom Alkohol erholen kann oder wenn der Darm einmal pro Jahr bei einer kleinen Fastenkur im Frühjahr bei abnehmendem Mond komplett entschlacken darf oder wenn der Geist hin und wieder bei einer Meditation ganz ruhig werden kann oder wenn die Herz-Pumpe immer mal wieder richtig gefordert wird – dann kommen wir uns selber sehr entgegen auf dem Weg in einen gesunden dritten Frühling.

Man sagt ja: »Gesundheit ist alles, und ohne Gesundheit ist alles nichts.« Deswegen gibt es jetzt ein paar Vorschläge meinerseits, wie Sie sich ohne großen Aufwand tagtäglich Gutes tun können an der Essensfront und dabei trotzdem nur die leckersten Dinge essen.

ERNÄHRUNG

Vorneweg sollte man vielleicht die immer noch oft vorherrschende Negativeinstellung zu allem, was »zu gesund« ist, beiseiteräumen.

Es gibt Leute, die sagen: »Schokolade wird aus Kakaobohnen gemacht, die wachsen auf Bäumen, also ist diese Tafel Rosine-Nuss eigentlich ein Fruchtsalat.«

Kilos auf der Hüfte verursacht diese Schokolade trotzdem. Und leider gibt es keine Wäschetrockner für Menschen, in die man sich alle paar Jahre für zehn Minuten reinsetzt und dann völlig faltenfrei und drei Nummern schlanker wieder rauskommt.

Man könnte auch sagen: Das Leben ist wie Chilisauce. Was du dir heute in die Suppe knallst, verbrennt dir morgen den Hintern.

Das heißt ganz einfach: Wir müssen auf unsere Ernährung achten – und dies leider besonders ab dem 45. Lebensjahr! Denn in jedem alten und mit den Jahren dick gewordenen Menschen sitzt ein Junger, der sagt: »Was zum Teufel ist bloß passiert, dass ich auf einmal in so einem Körper stecke?«

Wenig essen

Grundsätzlich kann man sagen: Je maßvoller wir essen, umso älter werden wir. Das klingt erst mal nicht nach Spaß am Leben, aber es ist eigentlich nur eine Frage der Gewohnheit. Ich habe zum Beispiel in den vier Monaten, die ich am Buch gearbeitet habe, versucht, lieber mehrmals am Tag ein paar kleine Häppchen zu essen, anstatt eine ganze Mahlzeit zuzubereiten, und muss sagen, dass es mir viel besser gefallen hat. So kam ich gut durch den Tag. Abends hatte ich dann echt Hunger, habe mir aber ganz bewusst den Teller nur halbvoll gemacht und sehr langsam und genießerisch gegessen. Und sieh an: Nach circa 15 Minuten stellte sich tatsächlich das Sättigungsgefühl ein. Der Körper braucht einfach so lange, bis der Magen diese Signale ans Gehirn schickt. So kann man seine Linie halten, ohne zu sehr entsagen zu müssen.

Viel trinken

Mein wichtigster Ernährungstrick ist, dass ich jedes Mal, wenn ich Hunger kriege, erst mal zehn Schlucke Wasser trinke. Sie werden feststellen, dass Sie danach wesentlich mehr Zeit haben, ihre nächste Mahlzeit mit kühlem Kopf zu planen, ohne sich vom Heißhunger zu Dummheiten verlocken zu lassen. Außerdem sollte man lieber vor dem Essen getrunken haben anstatt währenddessen, denn der Körper kann die entsprechenden Verdauungssäfte besser produzieren, wenn der Speisebrei im Magen nicht verwässert ist.

Bis mittags will der Körper sich entschlacken, und so ist es sehr hilfreich, wenn man bis dahin schon mal zwei Liter Wasser getrunken hat. Ich mache das hauptsächlich nachts, weil ich mehrmals durstig aufwache und dann darauf achte, dass ich nicht nur ein paar wenige Schlucke trinke, sondern mindestens zehn (da zähle ich immer mit), und, wenn ich kann, gleich noch mal fünf hinterher. So trinke ich pro Nacht mindestens einen Maßkrug leer. Der steht bei mir immer am Bett. Ich bin halt doch im Herzen eine kleine Bayerin ... Jedenfalls komme ich dann mit dem Tee zum Frühstück morgens locker auf zwei Liter bis zum Mittagessen. Ich habe sehr große Tassen und mache mir davon jeden Morgen zwei.

> **Tipp**
>
> Es gibt inzwischen eine Alternative zum Zucker oder Honig im Tee. Stevia ist eine Pflanze, deren Blätter sehr angenehm süß schmecken. Sie enthalten kaum Kalorien und sind im Tablettenspender in jedem Drogeriemarkt erhältlich. Aspartam, das in künstlichem Süßstoff enthalten ist, hat sich als giftig erwiesen, und zwar besonders dann, wenn man es erhitzt, etwa im Tee! Also ganz schnell in die Tonne damit! Auch Coke Zero und andere kalorienarme Getränke sind voller Aspartam, aber das ist sowieso das Erste, worauf man verzichten sollte, wenn man sich etwas Gutes tun will. Alle diese »Soft Drinks« sind nicht nur unnötig wie ein Kropf, weil sie den Durst gar nicht löschen, sondern einer der Hauptgründe, warum Menschen übergewichtig werden. Ich empfehle lieber Maracuja-, Johannisbeer-, Rhabarber- oder Apfel-Schorle zu trinken. Vor allem Kinder sollten gar nicht erst zuckersüchtig gemacht werden. Es ist auch schwerer, ein Übergewicht loszuwerden, das schon in der Kindheit begann.

Entgiftung

Weil wir gerade beim Wasser waren: Eine uralte ayurvedische Methode, sich zu entschlacken und von Giftstoffen zu befreien, ist, morgens als Erstes zwei Gläser warmes Wasser zu trinken. Das regt die Verdauung an, leitet Giftstoffe aus und harmonisiert den ganzen Körper. Sie sollten das Wasser ruhig ein paar Minuten kochen lassen und mehrmals aufkochen lassen. Man sagt, wenn Wasser dreimal gekocht hat, kommt es wieder in seine ursprüngliche Molekularform zurück. Bitte das Wasser nicht einfach heiß aus der Leitung nehmen, weil sich da oft böse Keime drin ansammeln.

Ich habe, wenn es kühl ist, auch nachts immer heißes Wasser in einer Thermoskanne an meinem Bett stehen, damit ich nichts Kaltes trinken muss. (Ich kriege sehr leicht Schluckschmerzen und habe als Sängerin einen empfindlichen Hals.)

Der Körper braucht übrigens auch Öle und Fette zum Entgiften. Also empfiehlt sich mindestens ein Fingerhut Olivenöl täglich; aber auch Butter und Milch helfen dabei, Giftstoffe auszuleiten. Es gibt auch das sogenannte »Ölziehen« in der Früh. Ich nehme manchmal als Erstes einen Schluck Olivenöl, lasse ihn rund fünf Minuten im Mund und »ziehe« ihn dabei durch die Zähne – das entzieht den Schleimhäuten die Schwermetalle.

Gesunde Süßigkeiten

Knabberkram kann ich sehr gut vermeiden, indem ich immer Datteln oder getrocknete Feigen im Haus habe. Eine geknetete Banane in Joghurt mit Zitronensaft und eventuell ein bisschen Tahini dazu ersetzen wunderbar jedes zuckrige Dessert. Außerdem enthält der Sesam, aus dem das Tahini gemacht wird, viele wichtige und gesunde Elemente.

Wenn es um den Verzicht auf Süßes geht, muss sich jeder seinen Weg selber bahnen. Aber man kann sich – wie bei allem – umerziehen. Es muss überhaupt kein Verlust an Lebensqualität bedeuten – eher ist das Gegenteil der Fall. Lust auf Süßes signalisiert oft schlicht und ergreifend Vitaminmangel und verschwindet mit Obst.

Morgens nur Obst

Ich halte mich seit 20 Jahren daran, morgens als Erstes möglichst nur saftiges Obst zu essen. Das rutscht in einer halben Stunde durch den Darm, hilft dem Organismus, sich zu entgiften, und regt die Verdauung an.

Wenn ich stattdessen manchmal zu Brötchen mit Belag gezwungen bin, fühle ich mich wesentlich belasteter, und die Verdauung ist sofort nicht mehr so reibungslos.

Es gibt vieles, womit ich wieder aufhöre, wenn ich von meiner Auszeit zurück in die Applauszeit nach Deutschland komme und wieder auf Tournee bin. Aber dass ich morgens nur Obst esse, halte ich wirklich immer durch, und es hat sich extrem bewährt. Wenn ich im Hotel mein Obst frühstücke, packe ich mir für danach ein paar Vollkornschnitten mit Käse und etwas Gemüse ein und esse später im Auto, wenn der Hunger kommt.

Darmperistaltik

Ein wichtiger Teil der Gesundheit ist auch eine gute Darmperistaltik, die angeblich im Alter immer schwächer wird. Ein einfaches, angenehmes Hilfsmittel hierfür sind Flohsamen, die ich auch aus Indien kenne. Das sind geschmacksfreie Pflanzenfasern, die man mit Wasser anrührt und trinkt. Im Darm quellen sie ums Vielfache auf, regen die Peristaltik an und stoppen, wenn nötig, auch Dünnfall. Wenn ich etwas Schlechtes gegessen habe, löse ich zusätzlich dazu noch ein paar Kohletabletten mit den Flohsamen auf. Dieser Faserballen rutscht dann wie ein Reinigungsschwamm durch den Verdauungstrakt, bindet alle Giftstoffe und führt sie aus.

Was auch zur Gesundheit im Alter beiträgt

Man sollte immer mal wieder naturbelassene Mandeln wässern. Dann sind sie besonders lecker. Mandeln enthalten viele wichtige Dinge für Schönheit und Gesundheit – also möglichst täglich fünf Stück häuten und essen.

Gönnen Sie sich auch mal einen Granatapfel, wenn's die gerade gibt. Eine alte Bauernweisheit besagt: Einer pro Jahr, und du wirst nie mehr krank.

Man kann auch Mungobohnenkeimlinge auf einem Tablett mit bisschen Wasser keimen lassen, einen Tag ganz abdecken und dann zu allem Möglichen essen oder sie auch andünsten. Das ist echt schmackhaft und mal was ganz anderes.

Mein Süßer und ich kochen als Sättigungsbeilage auch gerne große Töpfe mit Kichererbsen, Bohnen, Weizenkörnern oder Amarant und kombinieren all das in extrem leckeren Salaten. Damit meine ich jetzt nicht die langweiligen grünen Blätter. Ich würde von Blattsalaten völlig abraten, da ist viel Chemie drauf und wenig Gesundes drin. Salat heißt bei mir was anderes.

Salat-Rezept

Als Erstes nehmen Sie eine leere Schüssel und machen da drin das Dressing: also gutes Olivenöl, Balsamico oder Zitronensaft, wenig Salz und dann entweder Tahini oder eine Bio-Erdnussbutter, die ist flüssiger als normale. Damit wird das Dressing sämig. Ich schnippele noch eine frische Chili fein und presse eine rohe Knoblauchzehe dazu. Wenn man es süß mag, empfehle ich einen Esslöffel bayrischen Weißwurstsenf, und wenn man keine frischen Chilis hat, eine Messerspitze grüne Currypaste aus dem Asia-Laden, den es inzwischen fast überall gibt. Dieses Dressing ist das Himmelreich, und man kann alles reinhauen, was das Herz begehrt und der Kühlschrank hergibt: zum Beispiel gehobelte Karotte, rote Beete, Chicorée, Sprossen, Tomaten, fein geschnittenes rohes Weißkraut (sehr vitaminhaltig), aber auch gekochtes Gemüse, Weizen, Bohnen, Kichererbsen, Reis ... Man kann auch Sonnenblumen- oder Kürbiskerne dazu rösten oder Fetakäse, Mozzarella oder Parmesan reinschneiden. So ein Salat ist unfasslich lecker, total gesund, geht schnell und regt die Verdauung an, und er versorgt uns mit allem – außer Vitamin B12 (das nehme ich als Tablette in Kombination mit Folsäure).

Noch was Gutes hat der Salat: So müssen keine Tiere für mich sterben, und ich nehme auch nicht die unglaublichen Mengen an Angsthormonen zu mir, die diese geschundenen Kreaturen ausschütten.

Prana

Jetzt zu etwas, das man im Westen noch gar nicht realisiert hat.

Wir sollten so viel Frisches wie möglich essen, weil es viel »Prana«, also »Lebenskraft«, enthält, welche nur in einer frischgepflückten Pflanze noch voll aktiv ist. Gerade um jung zu bleiben brauchen wir genau dieses »Prana«, das leider auch im Kühlschrank schon nach ein paar Tagen verfliegt. Selbst wenn das Gemüse und Obst noch gut aussehen, enthalten sie nach einer Woche kaum noch echtes »Leben«. Aber auch die wichtigen Spurenelemente und Vitamine verdünnisieren sich, wenn Sachen zu lange rumliegen. Deswegen sollten Sie immer versuchen, öfter frische Sachen einzukaufen und auch täglich wenigstens ein paar Kräuter aus Ihrem Balkon-Blumentopf oder ein paar Beeren aus dem Garten oder Keimlinge, die gerade ganz frisch am Sprießen sind, zu sich zu nehmen.

Buntes Gemüse

Viele Ernährungsspezialisten empfehlen, fünfmal am Tag eine kleine Portion Obst oder Gemüse zu essen und auch darauf zu achten, dass so viele verschiedene Farben wie möglich dabei sind. Also mal was Rotes (zum Beispiel eine Handvoll Radieschen) und drei Stunden später was Grünes (wie eine Avocado), dann was Gelbes (Banane?) und danach ein paar Aprikosen. Dabei geht es um die Vielfalt. Auch wenn Sie »total gesund« leben, tun Sie sich keinen Gefallen, wenn Sie stets nur die gleichen Dinge essen. Probieren Sie immer wieder mal was Neues aus und folgen Sie dabei Ihrer Nase. Gerüche führen uns auf die richtige Spur. Vertrauen Sie auch ruhig Ihren Gelüsten, sofern Sie über einigermaßen intakte Instinkte verfügen. Ein gesunder Körper weiß, was er braucht.

Und jetzt kommt mein ultimativer Ratschlag, wie Sie all das ab jetzt tagtäglich ganz leicht in Ihrem Leben umsetzen können:

Tipp

Machen Sie sich eine Liste, auf der nur gesunde Sachen stehen. Gehen Sie nie hungrig einkaufen und befolgen Sie die Einkaufsliste strikt. Sie sollten nur gesunde Dinge im Haus haben und im Laden keine Ausnahmen machen (die kommen außer Haus sowieso massenhaft auf Sie zu). Wenn der Hunger kommt, werden wir schwach, aber wenn Sie grundsätzlich nur vernünftige Sachen zuhause haben, werden Sie einfallsreich.

Sie werden sehen, dass es immer leichter und irgendwann völlig selbstverständlich wird, genussvoll und trotzdem gesund zu essen. Auch über diese Dinge rede ich natürlich mit Marlene. Sie meint:

Es hat sich ja schon einiges getan. Ich weiß noch gut, früher gab's für Vegetarier ausschließlich überbackenen Blumenkohl oder Camembert mit Preiselbeeren, das war's. Und dann immer diese besorgten Gesichter:»Kind! Jetz iss mal wat Jescheites.« Ich weiß noch, wie mein Mann mit seiner aus Indien eingeschleppten Hepatitis im Krankenhaus gesagt hat, er darf bloß kein Fleisch essen – da hat diese bayerische Krankenschwester allen Ernstes zu ihm gesagt:»Koa Problem, mir ham auch an Wurschtsalat.«
Es gibt ja den Spruch:»Vegetarier ist ein indianisches Wort für ›Schlechter Jäger‹«. Aber die Zeiten, wo man darüber lachen konnte, sind leider vorbei. Was wir in der Massentierhaltung gerade weltweit betreiben, gehört zum brutalsten Kapitel der gesamten Menschheitsgeschichte. Meine Fresse, wie viel muss denn noch passieren? Jetzt hatten wir den Rinderwahn, die Schweinepest, die Vogelgrippe und den Gammelfleischskandal, und wir wissen, dass die Tiere vollgepumpt werden mit allen möglichen Medikamenten und vor allem Antibiotika. Wir züchten grade im ganz großen Rahmen antibiotikaresistente Keime. Das heißt, dass bereits tausende von Leuten an Keimen gestorben sind, die man früher ganz leicht in den Griff bekommen hat. Man immunisiert sich doch mit jedem Stück Fleisch gegen die Wirkung von Antibiotika! Und wo bleibt die Nächstenliebe für diese bezaubernden Kreaturen? Die Tiere gehören gesetzlich geschützt. Selbst der Chef von der *Rügenwalder Mühle*-Wurstfabrikation hat das eingesehen und bietet seit Neuestem sehr erfolgreich vegetarischen Brotaufstrich in seinem Sortiment an, weil er meint, es wird demnächst genauso verpönt sein, Wurst zu essen, wie

es heute schon völlig out ist, zu rauchen!»Die Wurst ist die Zigarette der Zukunft«, sagt er. Da kann ich nur sagen: Danke! Ich fand das schon immer völlig pervers und ekelig, Schlachtabfallbrei und Fett in einen Darm zu stopfen und es mit viel zu viel Salz und Aromastoffen genießbar zu machen. Das ist wirklich U-U-U: Ungesund, unbewusst und umweltschädlich.

Meine Marlene ist eine der wenigen in ihrer Generation, die das mit der gesunden Ernährung schon seit ihrer Jugend durchzieht, und ich bin mir sicher, dass dies auch ein Grund ist, warum sie so froh und vital geblieben ist. Und eins ist klar: Gesund kann trotzdem lecker sein. Ich habe im *Koch-Duell* auf Vox sogar den Henssler gegrillt mit meinem Tofu-Thai-Curry und kann nur sagen:

Wenn man anständig Knoblauch und Chili reintut,
wird sogar ein einfaches Linsengericht ein Gedicht.

Indische Küche

Der gläubige Hindu ist schon seit Jahrtausenden Vegetarier, weil er weiß, dass jede Kreatur eine Seele hat und jeder Mord schlechtes Karma erzeugt. Ich liebe die Inder ja für tausend kleine und große Dinge, aber besonders für ihre Küche. Kaum ein Volk hat eine so tiefe Weisheit und hohe Kunstfertigkeit erlangt im Umgang mit Gewürzen, denn es ist ja das Land, wo der Pfeffer wächst und auch fast alle anderen tollen Gewürze.

Viele Nutztiere leben dort trotzdem völlig frei vor sich hin, und wenn man sie mal persönlich kennenlernt, verliebt man sich in sie. Fast jeden Abend, wenn ich durch mein kleines Fischerdorf am Fluss fahre, erlebe ich bezaubernde Szenen, etwa wie Kälber miteinander spielen oder ein Stier mit einem Hund schmust.

Unter meinem Fenster lag mal ein frisch verknalltes Schweinepärchen, die haben die ganze Nacht geschmust. Wochenlang haben die aneinander hingeschubbert und gestöhnt und

172 |

geächzt vor Glück. Mit anderen Worten: Eber bieten besseres Vorspiel als Menschen. Kein Wunder, dass Schweine auch den längsten Orgasmus im Tierreich haben, nämlich immerhin ganze 30 Minuten. Schweine sind erwiesenermaßen sogar noch klüger als Hunde.

Das Thema Fleisch spielt durchaus eine Rolle bei der Frage, ob und wie man gesund ins letzte Lebensdrittel kommt. Mein Hausmeister in München hat schon zwei Herzinfarkte hinter sich, den dritten Bypass und gerade erst einen Stent gesetzt bekommen. Aber er isst jeden Morgen wie gehabt Eier mit Speck, mittags Leberkäse, und abends gibt's Schweinebraten oder Schnitzel. Das wird von der überwiegenden Mehrheit hierzulande immer noch als normal erachtet. Aber als die Grünen einen (!) Veggieday pro Woche einführen wollten, ging ein Aufschrei durchs Volk. Nirgends sind Menschen so eingefahren wie beim Essen. Selbst die rauesten Gesellen sagen in dem Zusammenhang:»Ich will, dass es schmeckt wie bei meiner Mama damals ... buhu, sonst ess ich nicht auf!!«

Aber eine immer breiter werdende Schicht von Leuten interessiert sich glücklicherweise sehr wohl für Alternativen. Umso mehr wundere ich mich jedes Mal, wenn ich während der Tournee durch eine Fußgängerzone gehe, dass überall fast nur Schweinekram angeboten wird und ich mich mühsam zu einem Thai-Restaurant durchfragen muss, um wenigstens ein einziges vegetarisches Gericht zu kriegen. Dabei ist es doch gar nicht so schwer, gesunde Dinge vorzubereiten und den Leuten relativ günstig und ohne Wartezeit zukommen zu lassen.

Wenn Sie sich den Kopf zerbrechen, wie Sie etwas Gutes tun und gleichzeitig Geld verdienen wollen, dann eröffnen Sie jetzt einen Fast-Food-Stand mit Bio-Produkten. Der Trend ist in der Bevölkerung längst angekommen, was man an den vielen Supermärkten für Bio-Produkte sehen kann.

Leider haben die meisten Menschen zumindest außerhalb der Großstadtzentren in ihrer Mittagspause keine Möglichkeit, auf die Schnelle an lecker marinierten Tofu oder Seitan zu kommen oder an Sprossen, Amarant, braunen Reis oder Spirulina-Smoothies.

Aber hey, das ist die Zukunft!

Die Arbeitgeber sollten eigentlich die Ersten sein, die daran interessiert sind, dass ihre Angestellten in der Mittagspause fleischlos essen. Denn nichts macht den Körper so schwer und den Geist so müde, wie Fleisch verdauen zu müssen. Man hat auch längst herausgefunden: Wer ein gesundes Alter erleben will, sollte so fleischlos wie möglich essen. Das hilft der Linie, der Gesundheit, dem Wohlbefinden, der Umwelt und der Langlebigkeit.

Was aber tun, wenn Sie einen »Mörder-Gieper« auf Fleisch haben? Dann essen Sie wenigstens keine KZ-Hühner oder sonstige lebenslang in Folterhaft gequälten Tiere, sondern lieber etwas aus dem Bioladen, wo es fürs gleiche Geld zwar etwas weniger Masse, aber dafür wesentlich bessere Qualität gibt.

Man hat die Menschen »fleisch-, zucker- und salzsüchtig« gemacht. Ich kann anhand meiner eigenen Erfahrung heute klar feststellen:

Je länger man von alldem die Finger lässt, umso leichter wird es, darauf zu verzichten.

Abschließend noch eine Erkenntnis aus meinem »Parallel-Universum«:

Mir scheint, dass der Fleischkonsum jedes Menschen sehr eng in Zusammenhang steht mit dem Grad seiner Bewusstheit. Ich kenne viele spirituell erwachte Menschen, und keiner davon denkt auch nur im Traum daran, ein Tier sterben zu lassen, um sich zu ernähren. Und all diese bescheidenen und ernährungsbewussten Menschen erfreuen sich einer hervorragenden Gesundheit.

Sparen Sie sich den Arztbesuch

Meiner Erfahrung nach könnte man es sich durch richtige Ernährung und Lebensweise in den meisten Fällen sparen, zum Arzt zu gehen.

Eigentlich können einem Ärzte wirklich leidtun, weil sie so selten bleibende Ergebnisse erzielen, da sie gegen die bestehenden Umstände im Leben ihrer Patienten nichts ausrichten können. Letztlich kann nur jeder in Sachen gesunder Lebensführung seine persönlichen Prioritäten setzen, am besten unter der Frage, wie sie Eckart von Hirschhausen so schön formuliert hat: »Wenn Sie ein Gebrauchtwagen wären, würden Sie sich selber kaufen?« Wie sehr achten Sie auf sich? Wie viel sind Sie sich wert? Wie oft gehen Sie zum Check-up? Wir pflegen unsere Autos oft gründlicher als unsere Körper, und die Gesundheit unserer Haustiere ist uns nicht selten wichtiger als die eigene.

Hierzu zitiere ich noch mal das Buch *Du bist das Placebo* von Dispenza: »Es gibt keine unheilbaren Krankheiten, es gibt nur unheilbare Patienten« – nämlich solche, die nicht bereit sind, an sich und ihrer Einstellung zu arbeiten. Das gesamte Immunsystem und die Selbstheilung hängen mit der inneren Einstellung zusammen, und die spiegelt sich in der Art, wie achtsam wir mit uns und unserer Ernährung umgehen. In unserem Organismus steckt eine unglaubliche Selbstheilungskraft. Diese sollten wir nicht boykottieren, sondern durch Heilmeditationen stärken (auch darüber mehr im Kapitel über Meditation).

Dazu muss ich kurz noch etwas anderes loswerden.

Nix übertreiben

Es ist völlig kontraproduktiv, in Sachen Gesundheit paranoid zu werden. Es gibt Leute, die bereit sind, *alles* für ihre Gesundheit zu tun, und nicht wenige machen sich dann genau dadurch krank.

Man soll nichts übertreiben, sondern immer freudvoll bleiben.

Wer zu viel frischen Orangensaft trinkt, übersäuert, weil der zu viel Zucker enthält. Wer zu viel Spirulina isst, kann 'nen Basedow bekommen. Wer auf Milchprodukte, Fleisch, Fisch und Eier ganz verzichten möchte, muss sich schon sehr genau informieren, wie man Mangelerscheinungen vorbeugen kann. Gerade das Kalzium in den Milchprodukten ist für Frauen, die im Alter zu Osteoporose neigen, sehr wichtig, und es künstlich zuzuführen ist umstritten. Auch wenn gegen ein gewisses Maß an Nahrungsergänzungsmitteln nichts einzuwenden ist.

Nahrungsergänzungsmittel

1. Ich nehme Pantovigar und Zinkorotat, um Haarausfall in den Wechseljahren vorzubeugen. Damit sollte man möglichst anfangen, bevor der losgeht.

2. Ich nehme hin und wieder Gelenknahrung, um die Knorpelmasse zwischen den Knochen prophylaktisch zu stärken. Meine Elfi auf Ibiza hat mit hochdosiertem Kondroitin, Glukosamin und Hyaluron ihre Gelenkschmerzen immer wieder ganz beseitigt.

3. Von künstlich zugeführten Vitaminen raten die Mediziner immer häufiger ab. Es gibt aber in der Alternativszene Bücher darüber, dass man mit hohen Dosen Vitamin D alle möglichen Arten von Arthrose und andere Gelenk-, Knochen- und Hautprobleme heilen kann.

4. Außerdem wird in einigen Kreisen Vitamin C in sehr hoher Dosierung empfohlen, um den Körper zu entgiften.

5. Für Leute, die wenig Hirse oder Sesam essen, wären Kieselsäurekapseln zu empfehlen, die gut sind für Haare, Haut und Knochen und auch vorbeugend gegen Osteoporose wirken.

6. Wer gegen Krebs auf alternative Art vorbeugen möchte, sollte immer die Apfelkerne mitessen und auch hin und wieder das mandelartige Innere von Aprikosenkernen. In hoher Dosierung gelten Aprikosenkerne als probates Krebsmedikament.

7. Wenn Sie jeden Morgen einen Schluck vom Mittelstrahl Ihres Urins trinken, wirkt dies wie eine Selbstimpfung, und der Körper kann die ausgeschiedenen Vitamine beim zweiten Mal besser verwerten. Eigenurin gilt als eines der wichtigsten Geheimnisse für »ewige Jugend«, und wird

in Goa unter der Hand von allen älteren Herrschaften als Allheilmittel gepriesen. Wenn man vegetarisch lebt, ist der Geschmack überhaupt nicht schlimm, und man gewöhnt sich nach dem ersten Zaudern sehr schnell daran.

Tabak und Alkohol

Der Körper steckt, wie gesagt, ab 50 Tabak und Alkohol nicht mehr so leicht weg wie früher. Ich persönlich finde allerdings, man kann zu besonderen Gelegenheiten ruhig mal 'ne Ausnahme machen, wenn man die Sache im Griff hat.

Dazu gibt's eine schöne Geschichte über »Feinstoffliche Dinge«: Ich habe eine Freundin, die, seit sie 18 ist, täglich meditiert und inzwischen zu einer Vipassana-Trainerin geworden ist (Vipassana ist eine Meditationstechnik). Jedes Jahr sitzt, meditiert und schweigt sie dreimal jeweils drei Wochen am Stück. Sie trinkt nie auch nur einen Schluck Alkohol, und als ich sie mal gefragt habe, ob sie denn nicht wenigstens an ihrem Geburtstag eine Ausnahme machen würde, meinte sie Folgendes:

»Das ist jetzt null überheblich gemeint, aber man kann das mit einem weißen Hemd vergleichen, auf dem man den kleinsten Fleck sieht. Wenn jemand sowieso ein völlig verdrecktes Hemd trägt, macht ein Fleck mehr oder weniger keinen großen Unterschied, aber für mich wäre es eine Arbeit von mehreren Wochen, mich energetisch wieder dahin zurück zu meditieren, wo mein jetziger Normalzustand ist. Und das ist mir dieser Schluck Schampus einfach nicht wert.«

»Siehste«, hab ich ihr geantwortet, »deswegen trage ich keine weißen Hemden, sondern nur Leo; da kann man kleckern, soviel man will, es sind schon Flecken drin.«

KÖRPERLICHE UND GEISTIGE GESUNDHEIT

»Mens sana in corpore sano«, propagierten schon die alten Römer, was zeigt: Ein gesunder Geist und ein gesunder Körper hängen ganz eng zusammen und bedingen einander. Es ist also wichtig, für sein geistiges Wohl zu sorgen, denn jedes Mal, wenn wir gestresst sind, fährt unser Körper leider als Erstes den gesamten Selbstheilungsmodus zurück, stoppt die Verdauungstätigkeit und Zellerneuerung und verengt die kleinen Muskeln um die Blutgefäße. Die moderne Medizin weiß inzwischen, dass deswegen fast alle Krankheiten auf Stress zurückzuführen sind. Normalerweise kann der Körper, wenn er immer wieder Entspannungsphasen bekommt, sich selber wunderbar gesund erhalten. Ein intaktes Immunsystem kommt klar mit so gut wie allen Krankheitserregern und sogar Krebszellen. Wenn wir aber – wie es heutzutage oft passiert – durch ständigen Stress andauernd in Alarmzustand sind, wird die Selbstheilung immer wieder hintangestellt, und deswegen werden wir irgendwann krank.

Entspannung

Drum: Nehmen Sie sich die Zeit und lernen Sie eine Methode, wie Sie Ihren Stresslevel täglich abbauen können. Grundsätzlich gilt:

Wenn wir erschöpft sind, müssen wir ausruhen, nicht noch 'ne Tasse Kaffee mehr trinken.

Die Regenerationsphasen werden mit jedem Lebensjahr wichtiger.

Ich habe das schon sehr früh auf sehr unangenehme Weise lernen müssen, weil ich mir ja diesen schweren stressbedingten

Tinnitus eingefangen hatte. Wegen des unerträglichen Lärms in beiden Ohren konnte ich ein Jahr lang nicht schlafen. Danach war ich so tiefgehend erschöpft, dass ich Jahre gebraucht habe, um mich wieder zu erholen.

In dieser Zeit habe ich etwas sehr Wertvolles gelernt, nämlich den sogenannten »Quicksnooze« – das gute alte Nickerchen.

Das Nickerchen

Ein kurzes Schläfchen zwischendurch weckt alle Lebensgeister. Ich kombiniere das meist mit autogenem Training. Grundvoraussetzung: Man muss es sich erst mal gemütlich machen, und der Kopf sollte mit einem Kissen unter dem Nacken so gebettet werden, dass er nicht zur Seite rollen kann. Dazu empfehle ich auch Ohrstöpsel, die es in jedem Drogeriemarkt zu kaufen gibt. (Ich rate zu den leuchtfarbenen; das sind eindeutig die besten, weil man sie zusammenquetschen kann und sie sich danach perfekt an Ihren Gehörgang anpassen.) Dann noch ein Tuch über die Augen und die Hände auf den Bauch legen, sich in den Körper hineinversenken und dabei fünfmal denken: »Mein rechter Arm ist warm, gaaanz warm.« Beim Ausatmen lasse ich in meiner Vorstellung das Blut zuerst in den Arm fließen, dann in jeden einzelnen Finger bis hinein in die Fingerspitzen, und immer mit derselben Formel: »Mein kleiner Finger ist warm, gaaanz warm.«

Dies fünfmal für jeden Finger, dann die andere Seite, dann der Nacken und die Schulterpartie ... und schließlich schlafe ich tief und fest.

Nach circa fünf Minuten werde ich von alleine wach. Ich strecke mich gründlich und ziehe an allen Sehnen und Muskeln, um sie wiederzubeleben – das ist sehr wichtig, damit man sich nichts verreißt –, und dann bin ich wieder frisch wie der helle Morgen.

| 179

> **Tipp**
>
> Auch morgens nach dem Aufwachen sollten Sie sich immer die Zeit nehmen, sich gründlich zu strecken. Eigentlich macht man das automatisch, aber wenn wir uns den Wecker zu knapp stellen und hektisch aufspringen müssen, kann man sich leicht Muskelverspannungen im Rücken oder Nackenschmerzen einhandeln. Wenn Sie Katzen oder Hunde beobachten, werden Sie sehen, dass die sich nach jedem Nickerchen gründlich strecken.

Wenn Sie sich einen großen Gefallen tun wollen, dann besorgen Sie sich ein Buch mit einer Übungs-CD, mit der man autogenes Training lernen kann. Das ist der absolute Königsweg zur Tiefenentspannung, und ganz viele Spitzensportler und Topmanager schwören darauf. Es funktioniert blitzartig, auch im größten Stress, und ist garantiert kein Eso-Gedöns. (Sie können gerne auch auf meiner Webseite unter »Autogenes Training gegen Tinnitus« nachlesen, wie ich den Tinnitus nach drei Jahren losgeworden bin, indem ich mein Innenohr durchblutet habe.)

Autogenes Training senkt Ihren Stresslevel in wenigen Minuten auf quasi Null. Je älter man wird, umso besser kann man das brauchen. Man muss es nur eine Zeit lang konsequent üben.

Ein paar Worte zur Krebsvorsorge

Das Thema Krebs ist, wir wissen es alle, leider wirklich ein Thema. Schon in jungen Jahren kann es einen erwischen, im Alter ist die Wahrscheinlichkeit noch größer. Es gibt kein Zaubermittel dagegen, aber Maßnahmen, mit denen man vorbeugend aktiv werden kann. Hierzu eine kurze Anekdote eines Freundes.

Er lief mir über den Weg, und ich sagte: »Hey, dich hab ich aber lang nicht mehr gesehen!« Daraufhin erzählte er mir, er habe eine Darmspiegelung gemacht und sei direkt ins Krankenhaus gekommen, weil ihm ein Stück Darm entfernt wurde. Er ist dem Totengräber ganz knapp von der Schaufel gesprungen. Ein paar Monate später, und das wär's für ihn gewesen. So, wie er es darstellte, war die halbe Intensivstation voll mit relativ jungen Typen, die sportlich fit aussahen und einfach immer in dem Glauben gelebt hatten, »so etwas« könne ihnen nie passieren.

Ich habe vor kurzem ein Plakat zu diesem Thema gesehen, auf dem stand: *Jedes Jahr sterben tausende von Männern an Sturheit.* Daneben hatte einer geschmiert: *Nein, tun wir nicht!*

Ich werde mal versuchen, meine Bitte in Männersprache zu formulieren: Die Krebsvorsorge zu verschlampen ist ungefähr genauso doof, wie sich 'nen Maserati zu kaufen und ihn dann nie zu pflegen!

Wir haben heute alle Möglichkeit der Früherkennung. Sie nicht zu nützen ist eine Sünde nicht nur sich selbst, sondern auch allen Freunden und Familienangehörigen gegenüber, die einen noch brauchen und liebhaben. Wahrer Mut heißt, die Angst zu überwinden – auch wenn man etwas in den Hintern gesteckt bekommt! Es geschieht ja unter Vollnarkose!

Ich jedenfalls habe mich nach diesem Vorfall sofort für eine Darmspiegelung angemeldet, und ich muss sagen, die ist so dermaßen schmerzlos und schnell über die Bühne gegangen, dass ich nur sagen kann: So etwas gehört einfach alle paar Jahre als »Wichtiger Termin« in den Kalender geschrieben und dann auch durchgezogen! Gott sei Dank hat man heute für solche Dinge im Computer einen Wiedervorlage-Modus.

Zum Thema Krankheiten allgemein kann ich nur sagen: Unser Körper kommuniziert mit uns, indem er uns durch Krankheiten zwingt, bestimmte Themen zu behandeln und näher anzuschauen. Ich kann Ihnen nur sehr empfehlen, das Buch *Krankheit als Weg* von Ruediger Dahlke und Thorwald Dethlefsen bei jedem Symptom zu Rate zu ziehen und dessen Heilsätze anzuwenden. Heilung beginnt immer erst einmal in der Psyche, und dort setzt diese Herangehensweise an.

So jetzt kommen wir zum nächsten Punkt: Wenn es darum geht, jung bleiben zu wollen, ist die körperliche Bewegung unerlässlich.

FITNESS

Ein junges Ding schaut aus wie eine *grazile Gazelle*. Ab 50 müssen wir gut aufpassen, dass wir kein *geißliger Godzilla* werden. Deshalb sollten wir an unserer Körperlichkeit arbeiten. Man kann seine Grazie und körperliche Fitness viel länger beibehalten, wenn man etwas dafür tut. Es ist auch immer wieder ein großer Quell von Freude und Stolz, wenn man es geschafft hat, seine 45 Minuten auf dem Crosstrainer oder dem Trimmrad zu rödeln, und dann stolz an sich herunterschaut und feststellen kann: »Hey, ich bin einer der fittesten Godzillas, die ich kenne!« Wenn junge Menschen nicht trainieren, ist das kein Thema – bei Älteren ist der Unterschied jedoch riesig! Das Gute ist: Es bringt auch etwas, wenn man erst mit 60 anfängt. Die Leute rennen immer zum Arzt und denken, es müsste doch irgendein Mittel geben, das sie von ihren Beschwerden befreit. Aber ab einem gewissen Alter hilft nur noch Sport, um das Herz zu trainieren, die Gelenke beweglich zu halten und vor allem auch die Muskeln zu stärken, die unser Knochengerüst tragen müssen! Ich kann da nur sehr das Konzept von Kieser-Training empfehlen. Dort heißt es: »Ein starker Rücken kennt keinen Schmerz.« Das kann ich ganz klar bestätigen. Ich habe dort auch allerhand andere Zipperlein, zum Beispiel in Schulter, Nacken und Knien, ein für alle Mal eliminiert.

> **Tipp**
>
> In den Kieser-Studios geht's nicht zu wie in anderen »Muckibuden«. An deren Spezialgeräten wird zum Beispiel die Feinmuskulatur zwischen den Rückenwirbeln trainiert, und diese bildet sich auch so schnell nicht wieder zurück. Das Training hält

also viel länger vor und lohnt sich wirklich. Es sind meist ältere Herrschaften, die dort ihre Übungen machen, es ist weder überfüllt noch stickig, und es gibt gutes Personal, das einem genau erklärt, wie man mög- lichst schnell Erfolge erzielt und sich dabei auch nicht weh tut. Man kann sich die ersten Trainingseinheiten meist vom Arzt verschreiben lassen, danach muss man es hin und wieder auffrischen (und selber zahlen).

Wer regelmäßig trainiert und körperlich aktiv ist, kann erwiesenermaßen auch sein Alzheimer-Risiko um bis zu 30 Prozent senken! Die Gefahr zu stürzen reduziert sich und die Lebensqualität steigt, weil man sich wohler fühlt in der eigenen Haut.

Aber selbst wenn Sie dreimal in der Woche ins Fitnessstudio gehen, aber den Rest der Zeit nur sitzen, kann das zu Fettleibigkeit führen. Wissenschaftler sagen, es bringt schon was, wenn man wenigstens jede Stunde einmal aufsteht und herumgeht, um den Kreislauf wieder in Gang zu bringen. Außerdem sollte man oft Treppen steigen und möglichst den Lift vermeiden. Vergessen Sie nie: Das Herz ist ein Muskel, und den kann und muss man trainieren. Für jede Stufe, die man geht, lebt man angeblich eine Sekunde länger; und wenn man dabei noch lächelt, hat auch das Gesicht etwas zu tun!

Rein rechnerisch ist das ja Quatsch, weil ich für das Gehen der Stufe ja auch eine Sekunde verbraucht habe, aber für die geistige Einstellung macht es einen großen Unterschied. Ich denke mir: Wenn ich später einmal auf dem Totenbett meine gut vorbereiteten, lange ausgefeilten, pointierten »Letzten Worte« einer Schar von Freunden zum Besten geben will, und ich schaffe es womöglich nicht bis zur Schlusspointe, weil ich drei Sekunden zu früh abnipple, weil ich drei Stufen zu wenig gestiegen bin ...!

Das muss doch echt nicht sein! Also: Augen zu, Arschbacken zusammen und raufgestiefelt in den fünften Stock. Was tut man nicht alles für einen Lacher.

Im Ernst: Trainieren ist wichtig. Es ist ein Quell des Stolzes und der Kraft. Man muss einfach so lange dranbleiben, bis man herausgefunden hat, wie man den inneren Schweinehund überlisten kann. Die Karotte vor unserer Nase muss dabei auf seine jeweiligen Vorlieben abgestimmt sein. Ich bin im chinesischen Horoskop Katze und zudem eine typische »Schützin«, also ein Feuerzeichen. Daher ist für mich jede Form von Wassersport völlig indiskutabel. Joggen habe ich mir abgewöhnt, weil es meine Gelenke zu sehr belastet, ich gehe dafür lieber mit meinen Nordic-Walking-Sticks durch den Park und genieße das Gefühl, wie auf einem Laufband dahinzuschweben.

Man verbrennt dabei fast genau so viele Kalorien wie beim Laufen, außerdem regt man den Kreislauf extrem an, weil man mit dem rhythmischen Greifen und Loslassen der Stöcke die Körperpumpe in Gang bringt. Und man muss sich nicht solche Sorgen um die Brüste machen, die beim Laufen ja immer sehr herumhüpfen.

Meine persönliche Fitness-Stunde

Bevor ich mich morgens auf meine Yogamatte schwinge, ist es wichtig, vorher 'ne Kleinigkeit zu essen – am besten eine Banane oder ein paar Datteln. Ich lege mich für die Dehnübungen, wenn es geht, in die Sonne, dann ist alles schön warm und weich, und mein Körper kann so gleichzeitig das wichtige Vitamin D bilden. Für den anstrengenden Muskelaufbau verziehe ich mich dann lieber in den Schatten.

Ich beginne mit der Beckenbodenmuskulatur. Dr. Arnold Kegel hat gesagt, man sollte diesen Muskel, der vom Steißbein bis zum Schambein wie eine Hängematte in unserem Becken hängt, täglich mindestens 200 Mal anspannen und wieder lockern, um drohender Inkontinenz entgegenzuwirken. Wenn man das, auf dem Rücken liegend, mit hochgedrücktem Becken auf Zehenspitzen macht, erledigen sich Hüftgelenk-, Oberschenkel- und Po-Übungen in einem Durchgang. Man liegt dabei auf den

Schulterblättern und drückt den gesamten Unterkörper vom Boden weg, indem man die Füße relativ nah am Po aufstellt und dann die Muskulatur in Becken, Po und Hüfte immer wieder hochdrückt und zusammenzieht. Dabei kann man auch ein Bein vom Boden wegnehmen, dann wird es schwerer und schlägt schneller an. Danach umdrehen und halbe Liegestützen auf den Knien machen – für Nacken, Brust und Oberarme. Ich habe mir zudem ein paar Yoga-Übungen als Favoriten rausgepickt zur Entgiftung von Nieren, Milz und Leber, indem ich den Oberkörper im Schneidersitz zuerst so weit wie möglich nach links und dann nach drei Minuten nach rechts dehne. Das streckt die Seiten, zieht die Haut um die eine Niere straff und quetscht aus der anderen Niere den ganzen Saft heraus. Ich empfehle Ihnen aber, sich ihr eigenes Set zusammenzustellen und allen Teilen des Körpers der Reihe nach etwas Gutes zu tun. Auf diese Weise kann man die meisten Zipperlein eliminieren.

Sich selber austricksen

Wer so was nicht schafft, kann versuchen, sich selber auszutricksen, indem er zum Beispiel sein Auto ab sofort mit dem Nachbarn teilt und alles, was möglich ist, nur noch mit dem Fahrrad oder zu Fuß erledigt. Oder man spannt Schnüre quer durch die Küche, damit man sich jedes Mal, wenn man zum Kühlschrank will, bücken muss.

Es geht bei der ganzen Nummer nicht darum, sich einen tollen »Sixpack« anzutrainieren. Regelmäßiges Training macht den Unterschied aus, ob jemand glücklich und gesund altert, denn die körperliche Fitness geht mit der geistigen Hand in Hand spazieren.

Reflexe trainieren

Wichtig ist auch, dass wir regelmäßig unsere Reflexe trainieren. Dafür eignen sich zum Beispiel Tischtennis oder Badminton.

| 185

Dazu kurz eine Einsicht von mir, die ich beim Beachball mit meinem Süßen hatte. Wir spielen nicht mehr gegen-, sondern miteinander! Wir versuchen, uns den Ball so hinzuspielen, dass der andere ihn leicht kriegen kann. Dadurch haben wir ganz lange Ballwechsel und kommen in einen gleichmäßigen Rhythmus. Ich singe immer dazu und versuche, das Geräusch des Balls auf dem Schläger genau im Takt kommen zu lassen. Wenn mein Süßer mit den anderen Jungs spielt, geht es eher zu wie im Krieg: Die knallen sich die Schmetterbälle nur so um die Ohren, versuchen, sich gegenseitig zu treffen, und hechten jedem Ball halsbrecherisch hinterher. Natürlich gibt es da ganz heftige Blessuren, und immer weniger ältere Spieler machen das mit.

Grundsätzlich muss man sagen, dass man sich beim Sport schon mal verletzt. Und die meisten Alterszipperlein sind viel weniger schlimm als ein Tennisarm, eine ausgekugelte Schulter, ein gerissenes Band oder eine Meniskusoperation. Also seien Sie vorsichtig! Übertreiben Sie auch hier nichts! Es geht ab einem bestimmten Alter nicht mehr um Höchstleistungen, sondern vor allem um Vorbeugung, Schadensbegrenzung und leichtes Training!

Hören Sie auf die Signale Ihres Körpers!

Wir bauen beim Älterwerden leider langsam ab. Das kann man zwar zum Teil regulieren, aber man sollte diesem Prozess mit Demut begegnen. Wer mit 50 noch genau die gleiche Leistung bringen will wie mit 30 und glaubt, das einfach mit härterem Training erreichen zu können, der handelt sich mit so einer unbeugsamen Haltung eines Tages Probleme ein. Manche solcher »topfitten« Typen fallen dann beim Joggen plötzlich mausetot um, weil sie nie gelernt haben, auf die Sprache ihres Körpers zu achten. Der Geist spricht durch Gedanken, der Körper durch Gefühle und Schmerzen, und die darf man nicht einfach vom Tisch fegen mit einem einprogrammierten Reflex, der sagt: »Stell dich nicht so an!«

Flow

Ich kann natürlich auch verstehen, dass es wunderschön ist, wenn man bei Sport oder Spiel davongetragen wird und Zeit und Raum vergisst. Der ungarische Glücksforscher Mihály Csíkszentmihályi nennt diesen Zustand den »Flow«. Er meint damit den Moment, in dem eine höhere Energie von uns Besitz ergreift und wir aufhören zu denken und nur noch mit unserer Intuition verbunden sind. Im Flow zu sein ist die Definition von Glück: die Verbundenheit mit einer höheren Kraft, mit einem Energiestrom, der nur darauf wartet, dass wir ihm die Schleusen öffnen. Es ist das Gefühl, nach dem wir uns insgeheim immer alle sehnen.

Ich habe den Flow viele Jahre lang studiert. Sich ihm hinzugeben ist eine Kunstfertigkeit, die man erlernen kann. Sobald man anfängt, aus dem Herzen in den Kopf zu gehen und analytische Gedanken zu wälzen oder rational zu urteilen – zack, schon fliegt man wieder raus aus dem Flow.

Für Künstler ist es sehr wichtig, den Flow zu erforschen, weil es Teil unseres Berufs ist, an dieses Gefühl angeschlossen zu sein. Um gute Kunst erschaffen zu können, muss man den Kopf abschalten und über sich selbst hinauswachsen, und dabei hilft uns der Flow. Viele Menschen erleben den Flow aber auch in anderen Bereichen, zum Beispiel beim Sport, wenn sie plötzlich wie schwerelos den Hang hinuntergleiten und auch wie im Schlaf blitzartig reagieren, ohne dabei ihre Ratio einzuschalten. Wenn wir in dem Element sind, das zu unserem Charaktertypus passt, und die handwerkliche Geschicklichkeit entwickelt haben, um die entsprechende Betätigung souverän und ohne jede Anstrengung auszuführen, können wir unglaubliche Höhenflüge erleben.

Jeder erlebt den Flow in anderen Bereichen. Wenn wir ihm begegnen, ist das ein unglaubliches Gefühl, weil sich Widerstände verflüchtigen und alles plötzlich spielend leicht wird. Das ist ein Zeichen, dass wir auf dem Weg zu unserer Bestimmung sind.

> **Tipp**
>
> Machen Sie eine Liste aller Betätigungen, bei denen Sie sich richtig wohl fühlen. Versuchen Sie, zumindest eine davon regelmäßig mindestens einmal pro Woche auszuüben. Wenn wir uns in den Flow begeben, ist es, als würden wir uns an den großen Energiestrom anschließen. So können wir unsere Batterie auffüllen, denn es ist sehr wichtig, dafür zu sorgen, dass wir nicht ausbrennen. Der Flow ist so gesehen pure Energiezufuhr und damit die beste Altersprophylaxe.

Sport für Bewegungsmuffel

Wenn Sie vom Flow nichts wissen wollen, weil sie ein absoluter Bewegungsmuffel sind und die ganze Nummer mit dem Sport noch nie Ihr Ding war, wird sich das im Alter wahrscheinlich nicht mehr groß ändern. Man kann den fehlenden Sixpack dann auch einfach mit Humor ausgleichen, nach dem Motto: »Lasst mich doch fett sein, es kann nicht jeder im Ballett sein.« Oder man könnte auf seine größere erotische Nutzfläche hinweisen, oder man macht täglich zehn Minuten Augentraining. Dann kann man Freunden gegenüber mit Recht behaupten, man habe »Muskelaufbau« absolviert .

Augenübungen

Im Alter wird die Iris steif. Deswegen können wir Dinge nicht mehr aus der Nähe fokussieren und müssen alles weit weg von uns halten oder eine Brille tragen. Wenn Sie den Muskel, der die Iris verbiegt, trainieren, könnten Sie die Anschaffung einer Lesebrille erheblich verzögern. Es geht folgendermaßen:

Man schaut ganz nach oben, zwinkert einmal, schaut dann ganz nach unten, zwinkert erneut – und das Ganze sechsmal. Dann nach links und rechts und schräg oben und schräg unten und nach einer kurzen Pause die Augen dreimal linksrum und dreimal rechtsrum im Kreis wandern lassen. Dann sechsmal etwas in weiter Ferne fixieren, sobald es scharf ist, in Ihre Handfläche schauen und dort einen Punkt kurz fixieren – und wieder weit weg. Wenn Sie das regelmäßig machen, können Sie sich eine Brille womöglich sparen, sagen zumindest die Inder, und meine Freundin Brigitte schwört darauf.

Ich mache Augenübungen immer, während ich meine Yoga-Posen halte. Ich liebe es, mehrere Dinge gleichzeitig zu tun, weil ich meine Multitasking-Fähigkeiten gerne Gassi führe. Wenn man gut auf sich achtet und an der »seelischen und körperlichen Baustelle« regelmäßig weiterarbeitet, verlagert sich das Selbstwertgefühl langsam von der äußerlichen Schönheit zu den inneren Werten.

Ich frage Marlene, wie sie mit dem Thema »schwindende Figur« umgeht, und sie winkt nur ab.

Ach Gottchen, man sagt ja immer, ab 'nem gewissen Alter muss sich jede Frau entscheiden, was sie werden will: Kuh oder Zicke. Den Spruch hab ich vor 20 Jahren zum ersten Mal wirklich verstanden, als ich so im Sitzen an mir runtergeschaut hab und plötzlich diesen Speckring um meine Taille entdeckte. Ich wollt dann öfter mal zum Joggen gehen, aber bei mir is leider die Gefahr gegeben, dass ich mich mit meinen eigenen Titten beim Laufen bewusstlos schlage. Wusstest du, dass es da inzwischen sogar 'nen Spezialausdruck dafür gibt? Das nennt sich in Insiderkreisen »Hottentotten-Jogging-Titten-Attentat«.

Wenn's nur um die Linie geht, könnte man ja 'ne Nulldiät durchziehen. Bloß, dann bin ich zwar schlanker, aber im Gesicht schau ich dafür aus wie ein Schrumpfkopfindianer. Dann hab ich mir überlegt, das bringt doch nix, dass wir immer alles machen, was uns diese Modeheinis vorsagen. Was das für bescheuerte Blüten treibt, siehste doch schon daran, dass sich inzwischen sogar Männer am ganzen Körper enthaaren müssen. Was hab ich denn davon? Nach drei Tagen schaut er aus wie 'n überfahrener Igel, das is doch nix, so 'n pickeliges Stoppelfeld. Und überhaupt, alle reden im Zusammenhang mit dem Alter immer nur von Krähenfüßen, Schildkrötenhals und Bingowings, also die kleinen Fledermausflügelchen an den Unterseiten der Oberarme. Bei mir heißen die »Chickenwings«, weil ich ja auch ein verrücktes Huhn bin. Aber ich kann dazu nur sagen: Wieso kapriziert sich die Welt auf so unwichtige Stellen? Ich habe noch perfekte Partien an mir, zum Beispiel hinterm Ohr, da bin ich noch wie frisch geschlüpft. Man muss sich doch auch nicht jeden Tag bei unvorteilhaftem Licht im Badezimmer unter die Lupe nehmen.

Und apropos Fitness und Hobbys und so – eins is ja wohl klar: Ab 'nem gewissen Alter sollte man sich neu orientieren. Motocross, Freeclimbing und S-Bahn-Surfen? Dafür ist man dann einfach zu klug geworden. Ich find, es sollte in der Freizeitgestaltung nicht immer nur lebensgefährlich, sündteuer oder umweltverschmutzend zugehen. Aber das heißt noch lange nicht, dass ich nur noch in der »Butterfahrten-Seniorenschleuder« zum betreuten Wandern gekarrt werden möchte! Ich hab mir genau überlegt, wie ich altwerden möchte. Ich turne bis zur Urne – das heißt, ich geh in meinen Seniorenfitnessclub »Zum Goldenen Herbst«; da setz ich meine Kopfhörer auf, mit obergeiler Mucke drin, und dann geht die Post ab. »You know I'm bad, I'm bad ...«

Gut, ich stemm im Schnitt bloß 50 Gramm, aber das macht nix. Hauptsache, der Körper bekommt die Info, dass er gebraucht wird. »Use it or lose it«, sagt der Amerikaner.

Gedächtnistraining

Auch das Gehirn regelmäßig zu trainieren ist irrsinnig wichtig. Aber üben Sie bitte nur die Dinge, die Sie auch brauchen können, zum Beispiel eine neue Sprache, ein Musikinstrument, Schach oder irgendeine Disziplin, bei der sie unter Leute kommen. Die Auseinandersetzung mit anderen Sichtweisen hält uns am beweglichsten im Hirn.

Alles, was man sich merken will, muss man bewusst verankern. Daher ist es wichtig zu wissen, wie »Lernen« funktioniert. Da dieses Thema gerade beim Älterwerden immer wichtiger wird, erkläre ich hier kurz, wie Gedächtniskünstler arbeiten. Das ist eine Technik, die ich mir vor Jahren draufgeschafft habe.

Tipp

Es gibt eine Lernmethode, die sich »Mnemoniks« nennt. Wenn Sie zum Beispiel eine neue Vokabel lernen möchten, zerlegen Sie das Wort einfach in seine verschiedenen Teile. Dann schauen Sie, ob der Klang jeder einzelnen Silbe Sie an etwas erinnert, das Sie schon kennen. Am besten ist es, wenn Sie sich dieses Ding auch bildlich vorstellen können. Anschließend fügen Sie die »Silbenbilder« zusammen und bauen in diese Szene die Bedeutung der neuen Vokabel ein. Ein Beispiel: Auf Polnisch heißt Danke »Dziekuje« (sprich: »Tschin Kuje«). Ich habe mir daraufhin eine Kuh in einer Bootskoje vorgestellt, die ein Glas Gin erhebt und Danke sagt. Das klingt etwas kompliziert, ist aber eigentlich ganz einfach, und es ist die einzige Art, wie Sie sich etwas sehr schnell auf Abruf einprogrammieren können. Durch diese Eselsbrücke haben Sie das neue Wort mit etwas Bekanntem verbunden und geben Ihrem Erinnerungsvermögen einen roten Faden an die Hand, an dem es entlanggeführt wird. Hilfreich ist dabei, dass Sie das optische Gedächtnis mit einschalten! So entsteht aus einem völlig abstrakten Begriff eine Szene, die Sie selbst erschaffen haben, und die vergisst das Gehirn so schnell nicht mehr. Übrigens: Je verrückter das Bild, umso leichter kann man es sich merken. Auch Zahlenreihen kann man sich so merken, indem man ihnen Konsonanten zuordnet und auf diese Weise Worte formen kann, aus denen man dann wieder Bilder oder Szenen bauen kann.

Ich schreibe mir übrigens, wenn ich im fremdsprachigen Ausland bin, alle neuen Vokabeln sofort auf. Sobald man mit einem neuen Begriff auch eine Situation assoziieren kann, merkt man sich diesen viel schneller. Außerdem kann man sich so alle Wörter, die man schon einmal gelernt hat, viel besser ins Gedächtnis rufen, wenn man sich wieder ins entsprechende Land begibt: Man muss einfach nur die eigenen Aufzeichnungen noch mal durchlesen.

Musizieren

Wenn wir musizieren, ist das Gehirn auf so vielen Ebenen beschäftigt, dass Hirnforscher übereinstimmend zu dem Schluss gekommen sind, dass dies die effektivste Art ist, sein Gehirn zu trainieren. Wer ein Instrument spielt, bringt gleichzeitig seine Feinmotorik, sein melodisches Gespür, das rhythmische Metronom, den gelernten Text und auch seine Emotionen beim Vortrag unter Kontrolle.

Es lohnt sich also in jeder Hinsicht, ein Instrument zu erlernen, denn es macht wahnsinnigen Spaß, wenn man etwas fehlerfrei und zur Freude der Mitmenschen vortragen kann – besonders, wenn man sich noch gut daran erinnern kann, wie bescheuert man sich anfangs dabei angestellt hat. In erster Linie geht es aber darum, dass man regelmäßig übt und über lange Zeit dranbleibt.

Nicht die Übung ist schwer, sondern ein Übender zu werden.

Faszinierend daran ist auch, dass es nie langweilig wird. Obwohl ich ja ganz oft das Gleiche auf der Gitarre üben muss, entdecke ich immer wieder plötzlich etwas *Neues* und betone dieselben Akkorde auf einmal ganz *anders*. Es ist für mich wie Magie, dass dasselbe Lied immer wieder ganz neu klingen kann.

Aber hier noch eine Idee:

Vergesslichkeit im Alltag

Man sagt ja heute, dass man nichts mehr wissen müsse, weil man eh alles jederzeit bei Google nachschauen könne. Aber was ist, wenn Sie vergessen haben, was Sie gerade eben noch ganz dringend tun wollten? Wissenschaftler wissen heute, dass das Gehirn sehr wohl geschult werden kann, sich die kleinen Details des täglichen Lebens besser zu merken. Man muss sich nur die Mühe machen, sich die Sachen kurz einzuprägen.

Da hätte ich eine Idee, wie man sich das Ganze erleichtern könnte, nämlich mit dem von mir erfundenen »*Amazing Alzheimer App*«! Wenn man in die Küche geht, um den Flaschenöffner zu holen, drückt man nur kurz die Aufnahmetaste in seinem Smartphone und diktiert dem Gerät, was man vorhat; wenn man dann in der Küche steht und nicht mehr weiß, wieso man da eigentlich hingegangen ist, muss man nur die Abspieltaste drücken, und das Handy ruft wie ein Papagei: »Flaschenöffner holen!«

Die grauen Zellen in unserem Kopf sind wirklich wie ein Papagei. Diese Vögel sind hochintelligent und wollen immer etwas erleben. Es macht ihnen riesigen Spaß, etwas zu lernen, seien es ein neuer Trick oder lustig klingende Worte – Hauptsache, man beschäftigt sich mit ihnen. Ich habe mal einen Papagei vom ZDF geschenkt bekommen, als wir meine TV-Show *Schräge Vögel* gedreht haben. Der Mann in der Tierhandlung sagte: »Papageien wollen was erleben.« Genauso ist unser Hirn, aber es ist immer im Schädel eingeschlossen. Also lassen Sie es fliegen, sooft es geht!

Eines noch:

Sudoku wird völlig überschätzt.

Wer meint, mit einer Partie Sudoku täglich hätte man den Kopf schon genug trainiert, den muss ich leider enttäuschen. Man hat rausgefunden, dass Leute, die das oft machen, zwar immer besser werden beim Sudoku, aber auf ihre restliche Denkfähigkeit hat es leider keinerlei Einfluss. Da lernt man doch lieber etwas Nützliches!

Dazu ein Vorschlag von mir für die älteren Semester:

Go online

Je älter wir werden, desto wichtiger wird es, mit dem Rest der Welt schriftlich zu kommunizieren, weil wir nicht mehr ständig überall dabeisein können oder wollen. Ich kenne immer mehr Senioren, die sich zu echten Internet-Profis entwickelt haben und auf diese Weise ihre Gedanken und Weisheiten an die Welt weitergeben können – zum Beispiel meine Freundin Gypsie in Goa.

Ich habe nicht immer die Zeit, ihr sofort zu antworten, aber dann kommt der Moment, wo ich in einem Zug sitze und die Muße habe, ihre langen Reiseberichten aus allen Ecken dieser Erde zu lesen und mir ihre Fotos anzusehen, und in diesen Momenten bin ich sehr dankbar dafür, dass es so jemanden in meinem Leben gibt: eine ältere Frau, die sich auch durch eine schwere chronische Krankheit nicht daran hindern lässt, die Welt zu bereisen, und dabei stets an ihrer positiven Einstellung arbeitet. Gerade solche Menschen sind strahlende Vorbilder fürs Älterwerden, weil sie ein Leben lang geübt haben, sich nicht runterziehen zu lassen.

Wie auch meine wunderbare Tante Traudi, die es immer schwer hatte, schon seit frühester Kindheit, und bereits mit Anfang 20 ein Bein verlor. Trotzdem – oder gerade deswegen – ist sie immer humorvoll und gut drauf. Auch mit ihr bin ich über E-Mail regelmäßig in Kontakt; wir schicken uns neue Witze und lustige Cartoons und bleiben ständig im Austausch. Ohne Internet wäre das bei meinem Lebenswandel natürlich echt schwierig.

> **Tipp**
>
> Wenn Sie noch nicht online sind, nehmen Sie sich ein Herz und buchen Sie einen Kurs oder ein paar Privatstunden, oder bitten Sie einen Freund, Ihnen zu zeigen, wie die Welt des Internets funktioniert. Sie werden sehen, es ist überhaupt nicht schwer. Schon nach ein paar Minuten wissen Sie, wie man eine E-Mail verschickt. Dann haben Sie plötzlich billigen und viel schnelleren Kontakt zu Ihren Freunden und Angehörigen überall auf der Welt – und nach einem weiteren Tag im Internetkurs haben Sie auch noch Zugang zum gesamten Wissen auf diesem Planeten und finden Gleichgesinnte und spannende Projekte, an denen man dann auch im wirklichen Leben leibhaftig teilhaben kann.

Und jetzt noch eine ganz persönliche These von mir: Ich glaube, in Bälde wird es zum Allgemeinwissen gehören, dass man seine Emotionen bewusst beeinflussen kann. Dann wird es auch zum guten Ton gehören, dass man seine Mitmenschen nicht durch Dauergeschimpfe runterzieht. Also üben sie jetzt schon mal, sich selber zu stoppen, wenn Sie sich dabei ertappen. Auch das ist ein wichtiger Punkt, wenn wir im Alter weiter mit der Welt verknüpft bleiben wollen.

Verantwortung für die eigene Laune und Seelenhygiene

...werden meiner Meinung nach bald zum guten Ton gehören. So wie sich Menschen heute deodorieren und die Zähne putzen, damit sie nicht aus dem Mund stinken, so werden wir in Zukunft auch unseren feinstofflichen Output durch regelmäßige »Seelenhygiene« pflegen. Wenn man ein persönliches Problem hat, kann es hilfreich sein, sich ein paar Mal bei Freunden auszuweinen, aber wenn das Thema dadurch nicht gelöst wird, ist es viel besser, therapeutische Hilfe in Anspruch zu nehmen. Es ist

nur ein kleiner Schritt, zu erkennen, dass jeder seine Hausaufgaben machen muss, um sich selber weiterzubringen.

Meiden Sie Energy Sucker

Es gibt außerdem Leute, die nicht jammern, weil sie Hilfe brauchen, sondern weil sie andere, die besser drauf sind, zu sich
runterziehen wollen. Leider haben gerade Frauen das Muster
in ihrer Kommunikation verinnerlicht, dass man sich nicht über
andere stellen darf, sondern sich stets auf die gleiche Ebene begeben sollte, um seinem Gegenüber nicht arrogant zu erscheinen. Wer aber auf diese Weise ständig Rücksicht nimmt und sich
auf seine Umwelt »runtertuned«, sprich, sich auf das Level der
»Energy Sucker« begibt, schwächt sich selbst, denn ihm wird auf
Dauer förmlich die Lebensenergie ausgesaugt. Trauen Sie sich
ruhig und sagen Sie einfach mehrmals laut in den Raum hinein:
*Hört auf mit dem Gewimmer! Das macht nur alles immer
schlimmer!*

Marlene winkt ab:

Meine Güte, manche Leute sind wirklich ununterbrochen am
Jammern und Nörgeln, das is in meinem Alter 'ne ganz ver-
breitete Seuche. 'ne Freundin aus meiner Jugendzeit wollte
kürzlich 'ne Geburtstagsparty organisieren, aber 'ne passende Kneipe zu finden, mit der alle ihre Gäste zufrieden waren,
stellte sich quasi als unmöglich raus. Immer war irgendwas
– zu dies, zu das, zu jenes. Die war völlig mit den Nerven am
Ende. Ich hab dann gesagt, feier doch gleich auf'm Friedhof,
da können die meisten nach der Party gleich bleiben. So 'n
Friedhof is ja die perfekte Seniorenpartnerbörse, als Grab-
pflege getarnt tut sich da einiges. Ich hab mich ja vor kurzem
selber dabei ertappt, dass ich dauernd geschimpft habe über
die Schauspieler im Fernsehen, dass die heute alle nicht mehr
anständig sprechen können! Und die Tonleute haben ihren

Job nicht gelernt, man versteht ja kein Wort mehr – bla, bla, bla ... bis mir plötzlich klar wurde: Au Backe, ich brauch ein Hörgerät!

Heilen und Vorbeugen

Sie sehen, man nimmt am besten alles selber in die Hand, sowohl seine Laune als auch seine Heilung von Krankheiten. Das wird natürlich nicht großartig publiziert und an die breite Masse herangetragen, aber überlegen Sie mal, wieso das wohl so ist. Es gibt dafür ein ganz offensichtliches Motiv: Die Pharmaindustrie verdient nix daran, wenn wir es schaffen, uns mit der Kraft unserer Gedanken und der Veränderung unserer inneren Einstellung gesund zu halten oder gar zu heilen. Und die Rentenkassen sind nicht wirklich scharf drauf, dass wir alle gesund und munter 100 werden. Das muss man sich vor Augen führen, wenn man sich fragt, wieso all das Wissen über Selbstheilungskräfte und die Stärkung des Immunsystems nicht längst an allen Schulen und Universitäten gelehrt wird, obwohl wissenschaftliche Belege inzwischen zuhauf existieren.

Einige Bücher dazu haben es trotzdem geschafft, echte Bestseller zu werden, und zeugen davon, dass immer mehr Menschen nach neuen Mitteln suchen. Dazu gehört zum Beispiel der *Healing Code.* Auch dieses Buch lege ich Ihnen ganz besonders ans Herz. Wenn Sie sich für energetisches Heilen interessieren, sollten Sie es sich unbedingt besorgen.

Ich erkläre in kurzen Worten, worum es geht: nämlich quasi um eine Form von »Reiki«, und zwar, indem man die Fingerspitzen vor die zellproduzierenden Drüsen hält und sich vorstellt, dass hier die Heilenergie einfließt. So kann man jeder Zelle die Erlaubnis geben, vollkommen gesund zu sein. Ich habe damit wirklich alle Zipperlein weggezaubert, die ich teilweise jahrzehntelang nicht in den Griff bekommen habe, und es funktioniert wohl auch bei schweren und sogar angeblich unheilbaren Krankheiten.

Vorbeugen ist auf alle Fälle immer besser als Heilen. Auch das kann man mit dieser Methode hervorragend. Wenn es dafür zu spät ist und Sie ein echtes Problem haben, dann sehen Sie es als spannende Aufgabe an, jetzt völlig neue Wege zu erkunden. Meine Tinnitus-Diagnose war »unheilbar« – und drei Jahre später war ich ihn ganz los!

Im Nachhinein kann ich sogar sagen, dass der Tinnitus das Beste war, was mir je passiert ist. Denn nur durch ihn bin ich aufgewacht aus meiner Unbewusstheit. Ich habe mein Leben daraufhin völlig umstrukturiert, das Chaos geordnet, den Stress abgeschafft, bin heute ein glücklicher Mensch und führe genau das Leben, von dem ich immer geträumt habe.

Es gibt im großen Alternativ-Universum der ganzheitlichen Heilkunst unendlich viele Möglichkeiten, vom völligen Humbug bis zu den kraftvollsten Lebensrettern. Komischerweise funktioniert bei jedem etwas anderes. Man kann und muss sich in vielen Fällen selber heilen. Die Selbstheilungskräfte unseres Körpers sind unglaublich, wir müssen nur lernen, sie instand zu halten. Wenn wir es schaffen, uns zu entspannen, und wissen, wie wir diese Heilkräfte fokussieren und aktivieren können, werden wir uns sehr lange sehr gesund erhalten können.

Dazu ein Gedicht:

Wir reisen auf dem Gedankenstrom
der alles mitreißenden Assoziation.
Und Luftschlösser, Leipziger Allerlei,
Stöckchen und Hölzchen gieiten vorbei.
Doch wenn man sich findet und konzentriert,
den Gedankenfluss bündelt und fokussiert,
in regelmäßigem Ritual,
wird aus dem Strom ein kraftvoller Strahl,
und dort, wo man aufmerksam hindenkt,
den inneren Scheinwerfer hinschwenkt,
die Energien hinlenkt,
dort wird auch Heilung geschenkt.

Ich will hier aber auf keinen Fall sagen, dass ich grundsätzlich etwas gegen unsere moderne Wissenschaft habe. Im Gegenteil, ich bin sehr dankbar für viele Vorgehensweisen und Produkte der Schulmedizin. Falls ich mal einen Oberschenkelhalsbruch haben sollte, möchte ich nicht, dass mir einer da nur die Hand auflegt oder Bachblütentropfen gibt. Wenn die Dosis richtig eingestellt ist, können Antidepressiva manche Patienten vom Fenstersims im zehnten Stock auf Wolke sieben wuppen.

Aber wenn einem das Leben ein so fettes Päckchen vor die Füße knallt, dass Schulmediziner trotz Operationen, Antibiotika und Cortison die Diagnose »unheilbar« stellen, dann heißt es losziehen und alle, aber auch wirklich alle Möglichkeiten abklappern. Und sich vor allen Dingen nicht aufgeben!

Ist es nicht wunderbar, dass da nicht Ende Gelände ist, sondern dass man heutzutage ganz viele neue Türen öffnen kann? Aber bei den meisten Menschen muss leider immer erst etwas ganz Schlimmes passieren, bevor sie die ausgetretenen Pfade verlassen und nach neuen Wegen suchen. Drum hier meine Frage:

Wie offen sind Sie?

Ja, wie offen sind Sie inzwischen für völlig neuartige Ideen, um Ihren Radius an Selbstverwirklichung zu erweitern? Sind Sie nach zwei Dritteln dieses Buches eher bereit, auch auf ungewöhnlichen Pfaden nach neuen Zielen und Lösungen zu suchen? Wie viele automatische Abwehrmechanismen haben Sie immer noch verinnerlicht? Wie viele Blockaden haben Sie bereits abgebaut?

Machen wir einen kleinen Test:

Nehmen wir mal an, jemand behauptet, der Geist Ihrer toten Schwiegermutter habe es sich unter Ihrem Bett häuslich eingerichtet, und Sie bräuchten nun dringend eine spezielle Schamanin, die Ihr Haus schleunigst von diesem störenden »Spirit« befreit.

Was antworten Sie?

A. Son Quatsch, das ist ja wohl der allerletzte Bullshit!

B. Okay, ich lasse die Schamanin kommen, die hoffentlich alles ausräuchert.

C. Aha, meine Schwiegermutter will mir also immer noch Anweisungen geben, was ich alles besser machen könnte, und das auch noch im Bett! Ich werde einfach 'nen »Tantra-Workshop« buchen und lerne endlich selber, wie ich mein Sexualleben verbessern kann, dann wird sie sicher von alleine verschwinden.

Auflösung: Wenn Sie geantwortet haben mit:

A: Dann haben Sie 60 Euro gespart! Aber eine Geschichte verpasst, die Sie noch Jahre später immer wieder zum Amüsement aller Beteiligten zum Besten hätten geben können.

B: Die Bude stinkt zwar ein paar Tage lang nach verbrannter Kamelscheiße, aber bei dem Getrommel haben sämtliche Kakerlaken, Mäuse und auch die schlechten Geister ihr Ränzlein geschnürt und sind weitergezogen.

C: Ihr Liebesleben hat ganz frischen Wind bekommen.

Resümee: Die Gefahr, dass Sie womöglich auf einen Scharlatan hereinfallen, der Ihnen nur Geld aus der Tasche ziehen will, ist unvergleichlich weniger schlimm als der Umstand, dass Sie sich womöglich vor lauter Vorsicht und Skepsis niemals öffnen und weiterentwickeln. Oder sagen wir es so: Ein paar faule Äpfel sind in jedem Korb, trotzdem sollte man jeden Tag mindestens einen Apfel essen, um gesund zu bleiben.

Fest steht: Je mehr festgefahrene Vorstellungen wir über Bord werfen, umso unkonventioneller können wir agieren, umso mehr Spaß werden wir haben und umso breiter wird das Feld an Möglichkeiten, mit denen wir eine Lebensnuss nach der anderen knacken können. Seien Sie ruhig kreativ in der Wahl der Mittel.

Es zählt doch im Endeffekt nur das, was dabei herauskommt.

Und während ich das schreibe, öffnet sich in meinem Kopf plötzlich ein »Erinnerungsfile« an meinen verstorbenen Freund Curt Goldsteen. Er hat mir vor Jahren erzählt, sein Arzt habe ihn dazu aufgefordert, einfach mal alle positiven Aspekte seiner Krebserkrankung zu Papier zu bringen. Zuerst reagierte er voller Bitterkeit, aber dann schrieb er doch überraschend viele DIN-A4-Seiten voll. In den zwei Jahren, die der Krebs ihm danach noch ließ, konnte Curt – immer den Tod vor Augen – trotzdem oder gerade deswegen noch ein paar großartige Dinge für sich und seine Freunde vollbringen.

Er hat eine Band gegründet, Konzerte gegeben und ein paar geile Solos auf der Gitarre gespielt. Er hat sich mit seiner gesamten Familie ausgesprochen, seinen Kram verschenkt und an ein Kinderheim gespendet. Als ich ihn ganz am Schluss noch einmal im Krankenhaus besucht und gefragt habe, ob ich noch etwas für ihn tun könne, meinte er nur:»Ne, ne! Jetzt ist alles gut!«

Dabei hat er gelächelt wie einer, der seine Träume verwirklicht hat und alles erledigen konnte, was seiner Seele wichtig war. Er ist dann ins Licht gegangen. Da hat er uns einiges voraus, denn wir sitzen auf dieser Welt manchmal ganz schön oft im Dunkeln.

Licht und die Physik vom Glück

Viele Menschen sind sich gar nicht darüber im Klaren wie wichtig das Licht ist – diese lebensspendende Kraft der Sonne.

Wir brauchen eigentlich, um gesund zu bleiben und genügend Glückshormone auszuschütten, ein Minimum von 40 Minuten Sonne auf dem ganzen Körper pro Tag. Wer die meiste Zeit in der dunklen Bude oder im muffigen Büro verbringt und kaum einen Sonnenstrahl abbekommt, braucht sich daher nicht zu wundern, wenn er krank wird und schlecht draufkommt. Gerade im Alter sind Sonne und Wärme die wichtigste Medizin. Früher hat man die alten Engländer im Rollstuhl nach Ägypten gekarrt, und nach einer Woche hüpften sie wieder herum wie die Jungen, weil Sonnenstrahlen auch Rheuma heilen.

Hier eine Aufzählung, wofür Sonnenlicht wichtig ist:
1. Unser Körper braucht Sonnenlicht, um gesund zu bleiben und genügend Vitamin D produzieren zu können.

2. Unsere Seele braucht Licht, Liebe und Energie in unserem feinstofflich energetischen Schwingungsfeld, das uns umgibt.

3. Unsere Zellen brauchen Licht, Liebe und Energie, um sich bis ins hohe Alter zu erneuern.

4. Auch unsere Psyche braucht Licht, denn es geht einher mit Hoffnung und einem sonnigen Ausblick in eine freudvolle Zukunft.

Tipp

Man sollte optimalerweise so viel Zeit wie möglich in der milden Nachmittags- oder Morgensonne verbringen. Die Sonnenstrahlen tun dem ganzen Körper gut, innerhalb von Sekunden baut er Stresshormone ab und entwickelt das überaus wichtige Vitamin D3. In den Wintermonaten kann man sich mit regelmäßigen Solariumsbesuchen helfen. Gönnen Sie sich diese Energiespritze mindestens einmal die Woche. Man hat festgestellt, dass Sportler, die regelmäßig ins Solarium gehen, wesentlich weniger Verletzungen haben. Es gibt auch spezielle Tageslichtlampen gegen Depressionen.

Dass ich so gerne in Indien lebe, hängt zu einem großen Teil auch damit zusammen, dass es dort so viele Sonnentage gibt. Ich finde, wir sollten das Licht immer mehr zum Zentrum unserer Begierde werden lassen. Alles Leben strebt nach Licht. Jede Pflanze reckt sich danach mit allen Tricks, um sich damit vollzusaugen. Merke:

Glück ist,
wenn man seinen Hocker laufend in die Sonne rückt,
wenn man sich beim Laufen nach jeder kleinen Blume bückt,
wenn man sich als Jogger um jeden Hundehaufen drückt.
Da sammelt sich dann schon was an, das man wirklich
»glücklich« nennen kann.

Wobei man auch die Alternativvariante kennen sollte, die heißt: *Glück ist nicht, auf die Sonne zu warten, sondern im Regen zu tanzen.*

Ich nenne das »Die Physik vom Glück«.

Das Wort »Glück« kommt vom mittelhochdeutschen »gellücke« (»günstiger Zufall« und »Schicksal«). Um dem Schicksal eine Chance zu geben, muss man in der Tat eine Lücke im Lauf der Zeit lassen. Man muss sich Muße gewähren.

DIE LEBENSZEIT MIT SINN FÜLLEN

Die Griechen hatten zwei verschiedene Begriffe für Zeit: Chronos war der Gott der Zeit, der alles verschlang, auch die eigenen Kinder. Er steht für die messbare, niemals anhaltende Zeit, und auch wir werden heute zwischen den kleinen Zahnrädern seiner Uhr zermahlen.

Dann gibt es aber auch noch Kairos. Das ist der kleine Engel des rechten Zeitpunktes und des glücklichen Moments, der Meister des günstigen Augenblicks, der Kinderzeit beim Spielen und der magischen Schäferstündchen.

Kairos sollten wir viel öfter verehren, dem sollten wir täglich ein Stündchen schenken und immer frische Blumen auf seinem Altar dekorieren. Zeit ist kein gleichförmiges Dahinrieseln von Sand im Stundenglas, sondern es liegt in unserer Hand, ihr verschiedene Qualitäten zu entlocken. Dazu ein Teil meines Liedes über die Zeit:

Zeit zu haben ist wunderbar.
Wer Zeit hat, bei dem ist alles klar.
Zeit ist das Schönste, was es gibt, wenn man sich
in jeden Augenblick immer wieder frisch verliebt.
Das ist das Schönste, was es gibt,
Zeit zu haben ist große Welt.
Zeit ist viel mehr wert als Geld!
Zeit kann man so geil verwenden,
die soll man nicht für Schrott verschwenden.
Aber Zeit wird definiert auf ein käufliches Produkt,
auf Zahlen reduziert und auf ein Zifferblatt gedruckt.
Aber Zeit bleibt niemals stehen, weil sie stets verrinnt,
weshalb sie langsam gehend jedes Rennen gewinnt.

Aber Zeit kann man sich nehmen, dafür ist sie da.
Zeit bleibt niemals stehen, auch das ist leider wahr.
Zeit muss man sich nehmen, und nur dann ist sie da
und mit ein bissl Glück wird Zeit ab jetzt in Mengen wahr.

Ihr neues Leben als Zeitmillionär

Menschen, die in den Ruhestand treten, steht Zeit, dieses kostbarste Gut, das es heute gibt in dieser schnelllebigen Ära, in rauen Mengen zur Verfügung. Rentner sind Zeitmillionäre!

Zeit kann man verschwenden oder nützen. Die klügste Form, Zeit für sich arbeiten zu lassen, ist, sich fortzubilden. Wir müssen heute ständig neue Dinge lernen und uns auf veränderte Gegebenheiten einstellen. Das ist auch gut so, denn eines ist sicher: Die beste Medizin gegen das Alter ist, niemals aufzuhören, etwas Neues zu lernen, und sich stetig weiterzubilden und weiterzuentwickeln.

Deshalb würde ich jedem empfehlen, sich mit Literatur zu befassen, die den jeweiligen Lern- oder Wachstumsprozess, in dem man sich gerade befindet, auch noch zusätzlich befeuert und inspiriert. Ich persönlich habe immer mehrere Bücher gleichzeitig in der Mache: welche zur Weiterbildung, andere zur Inspiration und solche, die einen kurz vorm Einschlafen noch mal lächeln lassen. Ich rate ab von Krimis, mit denen man sich die Zeit nur vertreibt und durch die man obendrein dunkle Energien in sich aufnimmt. Doch selbst der tollste Liebesroman hat auf mich nicht die segensreiche Wirkung wie ein gutes Sachbuch zu einem Thema, das mich gerade bewegt. Ich lese lieber Bücher, die mir Wissen vermitteln können, wie ich weiterkommen kann hin zur Erfüllung und den wahren Zielen. Manchmal genügen schon ein paar Sätze, um mich für Wochen in die richtige Richtung zu katapultieren.

Alle Alternsforscher sind der Meinung, man sollte am besten sein Leben lang irgendeine Art von Weiterbildung betreiben, und das ist auch immer mehr der Trend. Früher haben Menschen einen Beruf ein Leben lang ausgeübt und ihn sogar an ihre Söhne weitergegeben. Heute ist es für viele normal, dass wir zwei oder gar drei verschiedene Karrieren durchlaufen.

Gerade rüstige Senioren sollten sich nach der Pensionierung neue Betätigungsfelder suchen, in denen sie keinen Stress erleiden, aber dafür viel Kontakt zu anderen haben. Denn eines der wichtigsten Elemente unserer Lebensqualität ist die Anerkennung. Wir müssen uns immer wieder im Austausch mit anderen erleben und uns in deren Augen spiegeln, um die Freude am Leben zu erhalten.

Mitgefühl und Anerkennung

Schon als Kind hängt unsere geistige Entwicklung davon ab, ob wir Aufmerksamkeit und Zuspruch bekommen oder nicht. Anerkennung ist das wirksamste, beste Antidepressivum, und die meisten Senioren gehen eigentlich daran zugrunde, dass sie keine Anerkennung mehr finden. Darum sollte man sich frühzeitig auf die Socken machen und schauen, wo man dieses Lebenselixier herbekommt. Der Königsweg für Ruheständler ist entweder die Kunst oder das soziale Engagement in Teilzeitjobs. Viele Leute können auf diese Weise in der dritten Lebensphase doch noch ihr höchstes Potential erreichen. Der Psychologe Abraham Maslow meint dazu: »Was ein Mensch sein *kann*, *muss* er sein.« Und ich sage: Jeder hat das Recht darauf, diesen Satz auch zu leben.

Ich glaube, wir müssen jetzt lernen, unsere Stimmen zu erheben und für uns und unsere Lebensbedingungen im Alter zu kämpfen. Es wäre ein Wunder, wenn wir in der Zukunft besser behandelt würden als unsere Eltern heute, die man einfach in die Passivität der Pflegeheime abschiebt. Darum lasst uns für ein erfülltes und glückliches Alter kämpfen!

Es gibt dazu eine Geschichte von dem Bauern, der mit seinem alten Vater schimpft, weil der so zittrig geworden ist, dass er die Suppe auf dem Tisch verkleckert. Er verbannt den Alten fortan zum Essen hinter den Ofen und schnitzt seinem Vater im Zorn einen großen Holzlöffel. Ein paar Tage später sieht der Bauer, wie sein Sohn an etwas schnitzt, und fragt, was das sei. Der Bub antwortete:»Ich schnitz schon mal den Holzlöffel für dich, wenn du mal hinterm Ofen sitzen musst.« Da hat der Bauer ein Einsehen und holt seinen alten Vater wieder an den Tisch in den Kreis der Familie zurück.

Was wir unseren Kindern vorleben, werden sie als Norm erachten. Lasst uns als gutes Beispiel vorangehen dafür, wie mit Alten und Schwachen umzugehen ist.

Ich persönlich lächle alle älteren Menschen ganz bewusst an, sooft sich die Gelegenheit dazu ergibt, und frage gegebenenfalls, ob ich ihnen behilflich sein kann, oder mache ihnen Komplimente.

»Sie haben aber einen besonders hübschen Hut, der steht Ihnen wirklich hervorragend«, habe ich vor kurzem einer Dame gesagt, die mit mir an der Ampel stand. Sie hat sich so darüber gefreut, dass ihr ganzes Gesicht geleuchtet hat.

Ich denke mir, dass es ganz schön hektisch und kühl geworden ist in unserer Welt. Umso mehr versüßt ein liebevoller Umgang das Leben für alle Beteiligten. Das Glück lebt, wie gesagt, in den kleinen Momenten zwischen den Zeilen. Den Fokus immer mehr auf Nächstenliebe zu lenken ist eine Kunst, die man immer besser zu beherrschen lernt, je länger man sie übt.

Ich habe mir außerdem angewöhnt, mich öfter in mein Gegenüber hineinzuversetzen. Wenn mir beispielsweise ein altes Weiberl in der S-Bahn gegenübersitzt, dann stelle ich mir vor, ich schlüpfe in ihre Haut und schaue aus ihren Augen. In gar nicht allzu langer Zeit werde auch ich (hoffentlich) so schrumpelig geworden sein.

Wie fühlt sich das an? Hat sie wohl Schmerzen? Ist sie traurig oder vielleicht sogar viel ruhiger und entspannter als ich, weil sie nichts mehr beweisen, erreichen oder schaffen muss?

Ich finde, das ist eine gute Übung, um Mitgefühl zu trainieren und uns mit der Vergänglichkeit auseinanderzusetzen. Gott sei

Dank habe ich noch viele Jahre Zeit, mich an diesen Zustand des Altseins zu gewöhnen; je öfter ich mich mit dem Gedanken beschäftige, umso entspannter werde ich und umso mehr genieße ich jetzt bewusst meine Jugend.

Ich finde, es ist auch alles ein sehr homogener, stimmiger Prozess:

So wie ich heute nicht mehr im Sandkasten spielen oder in einer Disco herumtoben will, so wird mich meine Entwicklung auch weiterhin durch die verschiedenen Stadien führen bis hin zu einem Punkt, wo ich vielleicht nur noch schweigend alles Revue passieren lassen möchte – um mich dann langsam, aber sicher zu verabschieden, weil hoffentlich alles erledigt und getan sein wird.

Ich konzentriere mich also auf die gute Seite meines Ablebens.

Der Fokus aufs Schöne

Fast alles, was uns im Leben widerfährt, haben wir selbst herbeigeholt, entweder unbewusst oder mit Intention. Unsere gesamte Lebenssituation ist schlicht und ergreifend das Ergebnis unserer Gedanken, Taten und Worte. Das, worauf wir unseren Fokus lenken, trifft ein, im Guten wie im Schlechten.

Wenn Sie von diesem Ansatz immer noch nicht ganz überzeugt sind, hilft Ihnen vielleicht eine Tatsache aus der Unfallstatistik auf die Sprünge. Es gibt da ein sonderbares Phänomen: Wenn nur ein einziger Baum in einer Kurve steht, krachen dennoch viele Fahrer an dieses einzige Hindernis weit und breit, weil sie sich alle gesagt haben: »Bloß nicht da hin! Nicht da hin ...« – Rumms!

Was ist passiert? Die Fahrer haben ihre Aufmerksamkeit auf den Baum gelenkt und sind dann automatisch ihrem Fokus gefolgt.

Mit anderen Worten: Wir sollten immer wach beobachten, worauf wir unsere Aufmerksamkeit lenken. Wenn wir uns auf Schönes und Gutes fokussieren, haben wir gute Chancen, dieses auch zu erreichen. Wenn der Geist in negative Sichtweisen rutscht, droht Gefahr, und es ist wichtig, dies zu bemerken und aktiv gegenzusteuern. Unser Kopf ist wie ein unbewusstes Kind; ein Wiederholungstäter, der immer wieder die gleichen Bahnen runterrutschen will. Je älter man wird, umso wichtiger wird es, sich bewusst daran zu hindern, immer wieder auf negative Gedankenkarusselle aufzuspringen. Wir kreieren dadurch unsere Opferrollen selbst und bringen uns in Opfersituationen, in denen es dann ganz unausweichlich erscheint, dass wir passiv etwas erdulden müssen. Dabei haben wir die Gesamtsituation selbst von Anfang an initiiert. Wenn Sie sich überfordert fühlen bei dem Gedanken, die nötige Fokussierung auf das Positive alleine in die Hand zu nehmen, dann gibt es gute Seminare (zum Beispiel über den Koha Verlag und Momanda.de) im Bereich der Neuroplastizität und Epigenetik und Weiterbildungen. Oft kann man schon an einem Seminar-Wochenende seinem Leben eine neue Richtung geben, neue Kontakte knüpfen und zu einer erfrischend positiven Sichtweise finden. Diese Möglichkeiten zu nützen ist eine wunderbare und bereichernde Erfahrung, die uns befreien kann von alten Mustern.

Freiheit ist für mich das wichtigste Gut

Ich habe immer extrem darauf geachtet, mir möglichst viel Handlungsspielraum und unterschiedliche Möglichkeiten offen zu lassen. Damit will ich sagen, dass man sich etwa den nächsten Kredit mit einer Laufzeit von 20 Jahren lieber zehnmal überlegen sollte! Unverhofft kommt oft, und Freiheit ist das wertvollste Gut. Man braucht viel weniger »Dinge« zum Glücklichsein, als man denkt, und es gilt der Spruch:

Alles, was du hast, hat auch dich!

Die wirklich freien Leute, die ich kenne, sind viel glücklicher als die meisten, die zwar in protzigen Villen hocken, aber nur noch malochen müssen, um ihre Schulden abzuzahlen. Bei uns in »Hippiehausen« (sprich: Goa oder Ibiza) sagen viele:

»Alles, was man zum Glück braucht, passt in einen Rucksack.«
Das finde ich persönlich etwas übertrieben, denn ich brauche auch 'ne Gitarre und ein Schlagzeug, und das passt nun mal nicht in einen Rucksack. Aber im Großen und Ganzen kann ich dem Satz zustimmen. Ich sehe oft, dass Menschen an Dingen festhalten, weil sie glauben, sie würden ihnen Sicherheit geben. Dabei sind sie doch nur Ballast.

Wenn man zum Beispiel ins betreute Wohnen zieht, hat man die letzte Gelegenheit, sich von allem zu befreien, was so im Weg rumsteht und -liegt, und solchermaßen befreit das Abenteuer zu wagen, den wahren Sinn seines Lebens herauszufinden.

Tipp

Wenn ein solcher Umzug ansteht, dann veranstalten Sie Flohmärkte in Ihrer Wohnung und laden dazu immer wieder Freunde, Nachbarn und auch Leute ein, die Ihnen auf der Straße begegnen, um zu sehen, was die so brauchen könnten. Sie ersparen Ihren Kindern damit eine Menge Entrümpelung, Sie machen anderen eine Freude, Sie erleichtern sich. Sie werden beweglicher, und Sie verdienen sich dabei einen Notgroschen. Behalten Sie jedoch die liebsten Sachen für sich, damit Sie Ihre neuen vier Wände wunderschön und individuell einrichten können. Menschen, die im Altersheim ihre eigene Einrichtung behalten können, leben erwiesenermaßen länger.

Das Zimmer meines Vaters in seiner betreuten Wohnanlage sieht heute fast genauso aus wie das in seiner ehemaligen Wohnung, und er fühlt sich dort extrem wohl. Er wird toll bekocht und hat einen Schachpartner und viele neue Bekannte gefunden.

Die Wohnung meiner Eltern war bis unter die Decke voll mit wunderschönen Antiquitäten. Aber als mein Vater alles schnell verkaufen musste, weil der Umzug unabwendbar wurde, hat er kaum noch etwas dafür bekommen. Wenn man sich von seinem

Besitzstand trennen will, braucht man viel Zeit, um die richtigen Käufer zu finden, und sollte dabei niemals unter Druck stehen. Verkaufen ist eine Option. Man kann aber auch anderen eine Freude machen, indem man Dinge an Menschen verschenkt, die in Not sind, an Kriegsflüchtlinge oder auch Katastrophenopfer. **Loslassen ist viel leichter, wenn man es freiwillig zum selbstgewählten Zeitpunkt tut und anderen damit eine Freude bereitet.** Am Beispiel meines Vaters, der im betreuten Wohnen noch mal so richtig aufblüht, habe ich gesehen, dass es sogar seine Vorteile haben kann, seine Wohnung aufgeben zu müssen. Man sollte also grundsätzlich versuchen, in jeder Situation etwas Wertvolles zu finden. Diese hohe Kunst trainieren wir zum Beispiel, indem wir alles aufschreiben. Dieser Vorgang verschafft uns die nötige Distanz zur momentanen Situation und lädt ein zum Reflektieren, wenn wir das Geschriebene später nochmals lesen.

Tipp

Besorgen Sie sich DIN-A5-Blätter sowie einen Kuli mit Halteklemme. Falten Sie circa sieben Blätter in der Mitte und klemmen Sie den Schreiber in den Falz. Dieses Papierbündel ist so klein und leicht, dass man es wirklich immer dabeihaben kann. Gewöhnen Sie sich an, Ihre Gedanken und Erlebnisse aufzuschreiben, und lassen Sie sich nicht von Gedanken abhalten, die Ihnen einflüstern, das sei alles nicht wichtig genug. Sie werden merken, dass Sie ein immer wacheres Auge für Ihre Umwelt und auch Ihre Innenwelt bekommen, und darum geht es in erster Linie: um das Aufwachen aus dem Trott.

Im Niederschreiben üben wir die Disziplin der Reflexion, und wenn wir dranbleiben und unser Leben auf dieser Ebene immer wieder betrachten und abklopfen, entstehen oft tiefe Gedanken und unter Umständen auch Gedichte, die zu Liedern werden. In jedem Fall ist alles, was wir niederschreiben, viel besser in unserem Hirn verankert als die flüchtigen Gedanken, die uns sonst nur durch den Kopf sausen. »Be-wusst sein« heißt ja auch, über die Tricks und Tipps Bescheid zu »wissen«, wie man seinen persönlichen Werkzeugkasten so bestückt, dass man jede Hürde der Reihe nach zu nehmen weiß und sich dem Sinn seines Lebens immer weiter annähern kann.

Sinnsuche

Wir können an unsren Herzenswünschen nix verändern, denn sie kommen aus unserem tiefsten Wesensgrund und entsprechen unserer ureigensten Seelenschwingung. Darum nehmen Sie das Thema »Sinnsuche« jetzt in die Hand. Werden Sie zum Trüffelschwein, graben Sie Ihr Leben um, betätigen Sie sich als investigativer Journalist in der Geschichte Ihres eigenen Lebens, befragen Sie alle Zeugen, folgen Sie jeder Fährte, schnüffeln Sie in den entlegensten Ecken, schreiben Sie Ihre Lebensgeschichte nieder und bleiben Sie dran, egal wie lange es dauert – bis Sie den wahren Sinn Ihrer jetzigen Existenz gefunden haben.

Tipp

Wenn ich im Leben gar nicht mehr weiterweiß, ziehe ich manchmal eine Tarotkarte. Und ich muss sagen: Nie habe ich Wahrheiten tiefer ins Auge geblickt. Unser Unterbewusstsein lässt sich nicht austricksen, und wenn wir etwas verdrängen, werden uns Tarotkarten reinen Wein einschenken. Wir lesen ja selbst die Antworten in die Symbole hinein, weil wir tief im Inneren wissen, was Sache ist. Es ist eine Methode, den Kopf zu umgehen und in die verdrängte Schattenseite des Unterbewussten zu schauen. Wir füllen die Symbole mit eigenem Wissen, bringen unsere Ahnungen auf den Punkt und bekommen lebenswichtige Denkanstöße.

Am leichtesten zu verstehen ist das »Osho Zen Tarot«. Man kann es im Internet bestellen. Es kommt mit einem dicken Booklet, in dem eine zweiseitige Erklärung zu jeder Karte aufzeigt, was man wissen muss, um die Symbolik auf metaphorischer Ebene zu verstehen. Ich benutze es nicht oft, aber ich habe noch nie erlebt, dass es mich nicht zutiefst berührt hätte. Die Seele denkt in Bildern, und man begreift den tieferen Sinn sofort. Wenn man dann noch die Interpretationen liest, ist man ein Stück weiter und hat wirklich etwas, woran man noch lange knabbern kann. Wenn man ratlos ist, dann ist diese Methode meiner Meinung nach effektiver, als mit irgendwelchen Leuten zu quatschen. Nur wenige Menschen haben die Fähigkeit zuzuhören, ohne zu beurteilen, manipulativ zu werden oder von sich auf andere zu schließen. Viele sind außerdem Wiederkäuer und geben nur das wieder, was sie irgendwo aufgeschnappt haben. Und welche Meinung ist am leichtesten nachzuplappern? Natürlich der allgemein angesagte »Mainstream«. Der wird Ihnen aber bei der Sinnsuche nicht helfen.

Mainstream? Nein danke!

Meinungsmacher und Populisten, aber auch sogenannte Trendsetter arbeiten heute zwar mit viel perfideren Tricks als früher, aber es gab sie zu allen Zeiten. Sie verankern in der breiten Öffentlichkeit Ansichten darüber, wie man etwas zu sehen und wie man sich zu verhalten habe. Zu allen Zeiten wurden die Interessen der Mächtigen gewahrt, also der Monarchen und Kirchen. Alles wurde so ausgelegt und gelehrt, dass diesen Herren gedient war. Diese Dogmen wurden in die Köpfe eingebläut und ins Unterbewusstsein infiltriert, bis das Volk so gefügig war, dass es leicht ausgebeutet werden konnte – ob auf der Monumentalbaustelle, im Krieg, auf dem Feld oder später im Büro und am Fließband. Gefügig gemachte Massen kann man zu kollektiven Euphorien aufpeitschen, und obwohl alle Diktatoren geistesgestörte Massenmörder waren, verteidigten und rechtfertigten ihre Untertanen deren irrationales, kriminelles Verhalten bis zuletzt – allen voran bei den Nazis.

Und was sagt uns das?

Wer sein Selbst aus den Augen verliert,
ist leichter manipuliert.
Die Uniform der vielen,
die nur nach oben schielen,
muss man meiden.
Lasst uns voneinander unterscheiden.
Seine wahre Lebensqualität erkennt man daran,
wie viel man wirklich man selbst sein kann.

Ich schaue mich oft verwundert auf der Straße um und stelle fest, dass sogar heute, wo eigentlich fast alles möglich wäre, die meisten Menschen sich trotzdem mainstream-konform verhalten, Moden folgen, immer noch einheitlich denken und fast alles nachmachen, was man ihnen in den Medien vorlebt. Der einzige Unterschied zwischen den Geschlechtern ist: Frauen kleiden sich jedes Jahr nach der Mode, die meisten Männer tragen jahrein, jahraus die gleiche Uniform aus Anzug und Krawatte. Kein Wunder: Das, was wir täglich mehrmals hören, und die Art, wie es verpackt und dargeboten wird, hat Methode und ist unterschwellig manipulativ.

Klar: Nicht nur bei Monokulturen im Wald, auch bei uns Menschen steigert es die Erträge, wenn wir eine möglichst homogene Masse sind, die man zurechtschnitzen und dann verheizen kann. Wir werden rund um die Uhr zugemüllt und eingelullt, um brav weiter zu funktionieren. Aber ähnlich wie man einen Schlafenden wachrütteln muss, wenn sein Haus brennt, ist es jetzt an der Zeit, dass wir kollektiv anfangen, uns die Augen zu reiben, genauer hinzugucken und dann in Richtung Ausgang zu gehen: raus aus dem ewigen Wettrennen um Konsum und Status, weg von dem, was angeblich so zu sein hat, weil es immer schon so war. Raus aus dem Mainstream in allen Lebenslagen. Das Glück ist ganz woanders zuhause.

Gottlob erkennt man das im fortgeschrittenen Alter, wenn's

gut läuft, fast von alleine. Spätestens dann ist der Zeitpunkt gekommen, seinen eigenen Weg zu gehen, und das ist die ganz große Chance, die ich in der Überalterung unserer westlichen Welt sehe.

Eine erwachte Gesellschaft lässt sich nicht manipulieren.

Jeder ältere Mensch, der sich einen respektierten Platz in der Gesellschaft erkämpft, tut dies auch im Namen aller anderen Alten und wird für diese den Weg ebnen. So wie die Frauenemanzipation in der 70ern wichtig war, so werden auch die Senioren demnächst die alten, verkrusteten, längst überkommenen Vorurteile abschütteln und »Senioren-Emanzipation« betreiben – weg von den alten negativen Bildern, hin zu den »Neuen Alten«, die sich frei und froh entfalten.

Aber bevor dieser Traum wahr werden kann, muss noch einiges geschehen. Gerade Frauen haben im Alter oft ganz schön zu knapsen, und das ist eine Ungerechtigkeit, um die sich der Gesetzgeber demnächst kümmern muss. Wir Frauen müssen aktiv werden und dafür kämpfen und unsere Stimmen erheben.

Marlene windet sich schon seit geraumer Zeit auf ihrem Stuhl und muss jetzt unbedingt etwas loswerden:

Weißt du, was ich wirklich null verstehe? Kein Schwarzer würde den Ku-Klux-Klan unterstützen, kein Jude hat die NSDAP gewählt, aber Frauen wählen die CSU, obwohl die uns am liebsten wieder an den Herd ketten wollen. Und in den USA wählen Frauen eine Partei, die ihnen sogar nach einer Vergewaltigung eine Abtreibung verbieten will, weil sie sagen, wenn du schwanger geworden bist, hat Gott es so gewollt. Dieser fatale Fundamentalismus ist in Amerika volle Kanne im Vormarsch. Da krieg ich echt 'nen Vogel. Was ist nur in den Köpfen dieser Frauen los?

Und Frauen schauen immer noch ganz schön blöd aus der Wäsche, wenn wir nach einem Leben voller Arbeit im Schnitt 300 000 Euros weniger auf'm Konto haben als ein Typ, der den gleichen Job gemacht hat, aber jeden Abend die Füße hochgelegt hat, damit seine Frau nach ihrem Feierabend besser drunter durchsaugen konnte. Dabei müssten doch grade wir Frauen besonders auf unsere Altersvorsorge achten, weil wir viel älter als die Typen werden. Von vier Achtzigjährigen sind drei weiblich!

Ich gehe im Kapitel über die Finanzen noch näher darauf ein, dass leider hauptsächlich Frauen fürs Alter zu wenig Vorsorge betreiben. Ist ja auch kein Wunder: Wir wurden ja immer dazu erzogen, Verantwortung abzugeben, uns unterzuordnen und den Mann machen zu lassen, sonst wurde der sauer. Hier ist es wichtig, dass schnellstmöglich ein großes Umdenken passiert.

Weibliche Energien auf dieser Welt

Ich finde, unsere Welt bräuchte dringend das Gleichgewicht der männlichen und weiblichen Energien und vor allem den regulierenden Einfluss von weisen, empathischen Frauen. Aber Frauen sind hormonell nicht darauf programmiert, um Macht zu kämpfen, und sie müssen jetzt erst langsam lernen, wie man trotzdem Einfluss nehmen kann.

Seit Jahrtausenden herrschen allein die Männer, und Kriege und Unterdrückung bestimmen die Geschichte dieser Welt. Männer sind getrieben von Testosteron, und man könnte fast sagen, sie können eigentlich nichts dafür. Sie sind wie junge Hunde. Man müsste ihnen nur diesen Planeten wegnehmen und dafür ein anderes Spielzeug geben, das sie zernagen können. In vielerlei Hinsicht werden die uralten kriegerischen Energien ja bereits in andere Gebiete kanalisiert und haben sich auf sportliche Rivalitäten wie Fußball verlagert. Das ist gut so, denn es ist kurz vor Buffalo, und es geht um das Schicksal der gesamten Menschheit.

Besonders gebildete, ältere Frauen würden meiner Meinung nach mit mehr Mitgefühl verfahren und menschlichere Entscheidungen treffen.

Ich bin für mehr Frauen und soft skills in Politik und Wirtschaft.
Ich glaube, hoffe und bete, dass in nicht allzu ferner Zukunft immer mehr weise, mütterliche und reife Frauen die wichtigsten Positionen ausfüllen werden. Nicht solche wie damals die Thatcher oder jetzt Marine Le Pen oder diese Frauke Petry, sondern mehr so 'ne Mischung aus Tina Turner, Steffi Graf und Mutter Teresa.

Ich denke oft, die Geschichte wäre vielleicht anders verlaufen, wenn Eva Braun früh genug auf den Tisch gehauen und zu Hitler gesagt hätte: »Du hörst jetzt auf mit deinem Dritten Reich, du Depp. Du stinkst aus dem Maul, besorg dir erst mal Dritte Zähne, sonst nehm ich dir den Hund weg!« Oder wenn Ulbricht und Chruschtschow wenigstens schwul gewesen wären. Dann hätten sie nie so eine hässliche Mauer hingebaut, sondern höchstens einen roten Samtvorhang, mit goldener Sichel drauf und 'nem dicken Hammer ...

Mittlerweile haben wir tatsächlich ein paar starke Frauen in politischen Machtpositionen. Und was ist? Die machen's leider auch nicht viel besser. Denn wer in dieser männlich dominierten Welt als Frau an die Macht kommen will, muss die Spielregeln sogar noch strikter einhalten als die Männer selber. Frauen in hohen Positionen mussten sich dem Klima anpassen, um zu überleben. In der extrem dünnen und trockenen Luft in den Chefetagen braucht man eine dicke Haut und Dornen – deswegen mutieren die so oft zu solchen Kak-Tuss-is ...

Was man der Merkel immerhin zugutehalten muss: Wenigstens lässt sie sich nicht von irgendeinem Praktikanten unterm Schreibtisch sexuell bedienen.

Aber leider gibt's im Bereich der Großfinanz und der Weltkonzerne keine Wahlen, da wird nicht alle paar Jahre ein anderer vom Volk an die Macht gebracht. Da sind die gleichen Familienclans und Geheimbünde seit ewigen Zeiten dabei, ihre Macht zu bündeln. Im Turbokapitalismus herrscht das Gesetz des Stärkeren, und die Plutokratie, also die Herrschaft des Geldes, hat uns immer mehr im Griff. Wir müssen uns davor schützen, nicht in ein Terrorregime der Superreichen zu geraten, in dem Menschen zu Arbeitsvieh degradiert werden. Die technischen Möglichkeiten zur kompletten Kontrolle sind bereits weltweit geschaffen worden. Parallel dazu entwickelt sich aber auch eine gut informierte, kritische Bevölkerungsschicht, die sich dieser Gefahr sehr wohl bewusst ist.

Sie sehen, selbst ich als eingefleischte Optimistin komme um solches Gedankengut nicht herum. Aber es ist wichtig, dass man diese Zusammenhänge im Hinterkopf hat, damit man klarer erkennen kann, was unterschwellig abläuft, und sich klug entscheiden kann: Will ich wie in *Matrix* die blaue Pille essen? Oder will ich in der völligen Verdrängung leben? Gott sei Dank ist das Erwachen in unserer Welt nicht ganz so düster wie in diesem Film. Aber Aufwachen ist trotzdem sehr wichtig, um sich nicht weiter von den wahren Zielen des Lebens ablenken zu lassen. Schon gar nicht im letzten Lebensdrittel! Ich glaube, wir sollten wachsam beobachten, was sich um uns abspielt, aber trotzdem den Fokus auf die positiven Dinge richten. Und da wäre einiges, das wirklich toll ist an unserer westlichen Welt:

Etwa, dass wir frei sind zu reisen, wohin wir wollen, und zu sagen, was wir möchten. Dass wir genügend Nahrung, Kleidung und Medikamente haben und ein Dach überm Kopf. Dass wir Lesen und Schreiben lernen können und unsere Kinder fördern und uns selber weiterentwickeln – und und und ... Lauter Sachen, die in vielen anderen Ländern nicht selbstverständlich sind.

Bürgerlicher Ungehorsam

Aber es gibt auch Dinge, die man gerne ändern würde, und da kann jeder für sich persönlich eine Liste machen. Politik sollte von den Bürgern vorangetrieben werden. Das sollte sich zuerst im Kleinen verwirklichen und dann zu einer Bewegung werden, auf die die Politiker reagieren müssen. Gut, die Anti-Atomkraft-Fraktion musste ein paar Jahrzehnte warten, aber dann hat die Kanzlerin doch etwas getan.

Gerade nach der Pensionierung, wenn Sie Zeit im Überfluss haben, könnte Ihr großer Auftritt kommen. Nun haben Sie Gelegenheit, sich politisch und gesellschaftlich zu engagieren – es gibt genug Initiativen, Volksbegehren und Vereine, die sich einem sinnvollen Ziel verpflichtet fühlen. Oder wollen Sie bis zum Schluss nur einmal alle vier Jahre in die Wahlkabine schlurfen – und auch nur dann, wenn schönes Wetter ist?

Wir sind nur kleine Zahnrädchen im großen Getriebe und werden schon von klein auf so auf Trab gehalten, dass wir zuerst zu busy und später zu erschöpft sind, um aus diesem Spiel freiwillig auszuscheiden oder andere Regeln einzuführen. Aber wenn nur ein paar der Zahnrädchen nicht mehr rund laufen, kommt die ganze Maschinerie ins Wanken, und wenn wir älter werden und nicht mehr funktionieren *müssen*, haben wir die Zeit für Kritik, Recherche, Kundgebungen und bürgerlichen Ungehorsam.

Ich hoffe sehr auf eine renitente Apo-Opi-und-Omi-Generation, die sich genau wie damals in der 68er-Revolution nix mehr gefallen lässt und wieder auf die Straße geht für die Werte, die schon damals die Welt zum Besseren verändert haben. Wenn wir aufgeweckten Alten erst mal in der Überzahl sind, gibt es auch viel mehr Aufmerksamkeit für Themen, die heute zum großen Teil noch unter den Tisch gekehrt werden. Die 68er-Jugendrevolution konnte man leicht als Kinderkacke vom Tisch fegen, aber Senioren, die die gleichen Meinungen vertreten, werden viel ernster genommen werden.

Heutzutage lassen sich die meisten Alten noch ins Heim abschieben und sedieren, aber mit den Revoluzzern von damals wird das nicht mehr so leicht gehen wie mit Leuten, die während des Nazi-Regimes sozialisiert wurden. Ich hoffe, es gibt in allen Altenheimen bald einen gepflegten Volksaufstand mit Demos, Halligalli und Shitstorms im Netz und allem, was sonst noch dazugehört, um bessere Umstände zu erkämpfen. Leute, für die es normal war, in ihrer Jugend in Wohngemeinschaften zu leben, alternative Kinderläden zu eröffnen und autarke Selbsthilfegruppen zu gründen, werden sich auch später in Senioren-

| 219

tauschbörsen die Haushaltsgeräte teilen oder die Transparente für die nächste Demo. Solche Leute werden auch in Mehrfamilienhäusern weiterhin sozial integriert und aktiv bleiben. Und das nicht nur, weil es nötig sein wird, sondern auch einfach, um ihre Lebensqualität zu erhalten.

Marlene lebt seit mehreren Jahren in einer Alten-WG in Berlin sowie seit 35 Jahren im Winter in Goa gemeinsam mit Freunden in einem großen, alten portugiesischen Haus. Auch sie weiß, wie wertvoll es ist, über längere Zeit in Indien sein zu dürfen.

Eine neue Idee: Alten-WG

Marlene ist mir in jeder Hinsicht ein leuchtendes Vorbild. Sie hat eine super Lösung gefunden, wie sie fünf Fliegen mit drei Klappen schlagen kann. Viele Leute leiden im Alter unter Einsamkeit, Langeweile und knappen Finanzen. Alldem kann man entgegenwirken, indem man sich einfach zusammentut in einer Alten-Wohngemeinschaft.

Wenn Sie sich über solche Projekte näher informieren wollen, dann besorgen Sie sich das wirklich gut recherchierte Buch *Restlaufzeit* von Hajo Schumacher. Es liefert viele Adressen nebst Beschreibungen, wie es in diesen Einrichtungen zugeht, denn der Mann hat sich tatsächlich die Mühe gemacht und alles, was er vorschlägt, auch der Reihe nach angeschaut und ausprobiert.

Aber jetzt kommt Marlenes Variante, mit dem Thema umzugehen:

Also, ich hab einfach bei Facebook 'ne Anzeige reingestellt, da ham sich dermaßen viele Anwärter gemeldet, da hab ich direkt mein persönliches Casting organisiert unter dem lustigen Titel:
Deutschland sucht die Super-Wohnis.
Man will ja keine eingefleischten Misanthropen, Heulsusen oder Pessimisten, die einem das WG-Klima vermiesen.
Leider haben viele Frauen ein Helfersyndrom und denken:

»Den armen Säufer kriegen wir doch umgedreht.« Gottlob hab ich gelernt, da nein zu sagen! Inzwischen hab ich 'ne tolle Besetzung beisammen, und wir haben echt Spaß und mögen uns auch richtig. Da wäre der Peter, 76, ein humorvoller Autoschrauber mit universell einsetzbarer handwerklicher Begabung, die Moni, 77, eine intellektuell-spirituelle Yoga-Queen, und der Dieter, unser Nesthäkchen, der is erst 69 und ein versierter Koch. Et moi natürlich! Die trinkfesteste Stimmungskanone westlich der Uckermark.

Und unter der Federführung von Dieter ham wir jetzt 'nen Partyservice gegründet und machen am Wochenende Catering für Seniorensausen. Es gibt ja so viele Silver Ager, die in ihrem goldenen Herbst ihre Titangelenke feiern wollen! Wir versorgen mit unseren »Galama-Partys« den ganzen Kiez. Wir bieten zum Beispiel 'ne super Rohkost-Platte nach dem Motto »Man schaut Radieschen von oben an – so lang man noch kann.« Ich mach auch Schwarzwälder Kirschtorte aus glücklichen Kirschen, und dazu gibt's Doppelherz on the Rocks oder Caipi Klosterfrau Melissengeist. Wir versorgen mit unserem Catering jetzt schon im dritten Jahr jedes zweite Wochenende alle möglichen Motto-Partys: Da gab's zum Beispiel 'ne Einweihungsparty für Bernhards Bypass! Dann sehr geil: die Abschiedssause für Gabis Gallenblase, das Richtfest für Biggis Backenzahnbrücke und det zehnjährige Jubiläum von Karins Kniegelenk. Und nächste Woche veranstalten wir die lange Nacht der Darmspiegelungen mit dem phänomenal rektalen Remix von »Hello darkness, my old friend«. Da gibt's dann lecker Brownies.

Wir nennen das »Humoristisches Heilen« oder »Sich kranklachen, bis man gesund ist«.

Das war immer mein Traum: Wieder 'ne geile Clique zu haben so wie damals, als wir jung waren. Leute, mit denen man auf einer Wellenlänge ist und echt Spaß hat. Aber inner WG gibt's natürlich auch Probleme, zum Beispiel die klassische Nummer: Wer putzt nach den Partys den Dreck weg?

Sagen wir's mal so: Männer und Putzen ist das beste Beispiel für erlernte Unfähigkeit. Deswegen geben auch 70 Prozent der befragten Männer heut noch an, nicht zu wissen, wozu das bürstenartige Ding neben dem Klo gut ist. Ich hab mich immer gefragt, woran das liegt, und bin auf folgendes Erklärungsmodell gestoßen:

In den Siebzigern, als die Frauenbewegung aufkam, da haben wir Mädels ja unsere Büstenhalter kollektiv verbrannt. Blöd daran war nur, dass wir nicht alle aussahen wie Uschi Obermaier. Die Körner Claudi zum Beispiel von den autonomen Nudisten hatte so bananenförmige Hundeohren als Titten, mit schwarzer, borstenartiger Behaarung rund um den Brusthof, und sie vertrat äußerst vehement die Meinung, dass sich alle gleichberechtigt um den Abwasch zu kümmern haben. Als die erste Euphorie dann abgeklungen war, hat sie ihre Dinger wieder aufgerollt und zurück ins Körbchen gesteckt, aber Wollsocken-Werner und Klangschalen-Klausi blieben trotzdem traumatisiert und gaben diesen Schock unterschwellig an ihre Freunde, Kollegen und Söhne weiter. Das hatte zur Folge, dass das Wort »Putzen« noch heute bei vielen Männern starken Abwehrherpes hervorruft.

Aber ich lasse mich von so was nicht aus der Ruhe bringen, ich hab mir jetzt ein paar lustige Tricks einfallen lassen, wie man die Herren trotzdem zu Reinigungsaktivitäten motivieren kann. Das Problem wurde eigentlich ganz einfach gelöst: Unser Staubsauger ist jetzt umgebaut zu so nem kleinen Panzer, auf dem kann man durch die Wohnung kurven. Mit 'nem langen Rohr kommste ganz leicht überall hin. Da spielen die Jungs jetzt stundenlang mit rum! Bei uns kannste jetzt jederzeit im Flur am offenen Herzen operieren.

Und wir sind auch 'ne sehr gesunde WG. Ich hab sogar endlich aufgehört zu qualmen, seit ich 'nen Organspendeausweis hab. Stell dir mal vor, einer hat nie geraucht und hustet dann meine Bröckchen hoch. Das ist nicht fair. Wobei man auch mal ganz klar sagen muss, dass die Raucher heute weniger an

Krebs sterben, sondern die gehen eher daran zugrunde, das sie alle auf'm Balkon erfrieren.

So ein schönes Leben im Alter muss man sich natürlich leisten können. Auch wenn Marlene nicht im Geld schwimmt, so hat sie doch einiges an Werten geschaffen, von denen sie nun leben kann.

Jetzt ist es, glaube ich, Zeit, auf das leidige Thema Geld zu kommen.

FINANZEN

Die Phönizier haben das Geld erfunden, man fragt sich wirklich: Warum nur so wenig? Aber beim Thema Geld hört der Spaß bekanntlich endgültig auf. Mein Ratschlag wäre darum:

Egal, wie jung Sie noch sind, nehmen Sie das Thema jetzt in Angriff! Und fragen Sie sich ganz ehrlich: Könnte Geld für mich im Alter ein Problem werden? Die neueste Statistik besagt, dass inzwischen circa 5 Prozent der Menschen über 67 unter das Existenzminimum fallen. Das heißt, viele Rentner leben von der sogenannten Grundstütze. Noch mehr müssen heute mit der Hälfte des Geldes auskommen, das ihnen zur Verfügung stand, als sie gearbeitet haben. Man hat ausgerechnet, dass 2030 ein hoher Prozentsatz der Alten auf Hartz IV angewiesen sein wird.

Hartz IV ist nicht peinlich

Ich möchte dazu einmal sagen: Hartz IV ist nichts Peinliches! Sondern eine ganz normale Sozialleistung, die für alle wie eine Art Versicherung wirkt. Wer ein Leben lang gearbeitet und Kinder großgezogen hat, der hat genug für die Gesellschaft getan und sollte sich daher auch nicht schämen müssen, sich Unterstützung zu holen, wenn es sein muss. Statt auf die »Hartzis« zu schimpfen, sollte sich der gesellschaftliche Blickwinkel verändern. Denn Sozialhilfeempfänger sind in den allermeisten Fällen keine Schmarotzer oder faule Bittsteller, sondern sie haben durch ihre Steuern jahrzehntelang die Staatskassen gefüllt.

Das Gros der Senioren hat ein Wirtschaftswunder lang geschuftet und viel mehr einbezahlt, als sie je rausbekommen werden – das nennt sich »Riestern«! Wenn man *mehr* rausbekommt,

als man einbezahlt hat, nennt man das »Heestern«? ;o) Aber soo
alt muss man ja auch erst mal werden.

Spaß beiseite: Ich finde, es sollte respektvoller umgegangen
werden mit Menschen, die ohne eigenes Verschulden in Not-
situationen geraten sind und für die es dann auch normal sein
muss, auf ein solches Notpolster zurückgreifen zu können. Am
meisten davon betroffen sind Frauen, die schon früh aus dem
Beruf ausgeschieden sind, um Kinder großzuziehen. Die haben
jetzt die Arschkarte, und da wundern wir uns, dass die Deutschen aussterben.

Das ist wirklich nicht fair. Ich habe vor kurzem im Park gesehen, wie ein Dieb einer Oma ganz geschockt ihre Handtasche
zurückgegeben und weinend gerufen hat: »So will ich nicht enden.«

Der Grund für die weibliche Altersarmut liegt auf der Hand:
Viele Frauen haben schon mal ihre Ausbildung abgebrochen,
weil sie ein Kind bekommen haben. Als die Kinder dann größer waren, haben sie keine gutbezahlten Jobs mehr bekommen
– und somit am Ende viel weniger Rente, weil sie nicht ihr Leben lang durchgearbeitet haben. »Woran man mal wieder sieht,
dass an allem immer die kleinen Kinder schuld sind«, hat der
ehemalige Münchner Oberbürgermeister Ude einmal in einem
Gespräch augenzwinkernd zu mir gesagt.

Frauen neigen dummerweise zusätzlich dazu, diese ganze
Thematik zu verdrängen, weil sie sich auch oft scheuen, sich mit
dem entsprechenden Papierkram herumschlagen zu müssen,
und davon ausgehen, dass der Partner schon alles regeln wird ...
Da war es in meinem Fall dann doch wieder gut, dass ich so oft
verlassen wurde. Denn so habe ich wenigstens kapiert, dass man
sich niemals auf andere verlassen sollte. Hilf dir selbst, dann hilft
dir Gott. Oder auch: Man kann schon beten, aber man sollte dabei nie aufhören, in Richtung Ufer zu rudern.

In Zahlen heißt das: Man sollte, wenn man es irgendwie schafft,
monatlich mindestens 10 Prozent seines Bruttoeinkommens zur
Seite legen. Das wird von allen Fachleuten bestätigt. Außerdem

gibt es auch für Späteinsteiger noch alle möglichen Vorsorge-Angebote – man muss sich nur breitflächig informieren.

Tipp

Testen Sie jetzt schon mal Ihre Fähigkeiten, etwas herbeizuvisualisieren. Wenn Sie sich vornehmen, das Thema »Finanzen« in den Griff zu bekommen, dann werden Sie auch damit beginnen, andere zu fragen, wie die das gemacht haben. Sie werden sich auch durch Recherche im Internet schlaumachen und so lange dranbleiben, bis Sie die Lösung für Ihre Situation gefunden haben.

Fragen Sie auch ruhig mal genauer nach, was Ihr Partner in Bezug auf seine Altersvorsorge unternommen hat, und prüfen Sie die Rechtslage für den Fall seines Dahinscheidens oder einer Scheidung. Sie haben ein Recht darauf, diese Dinge zu wissen. Die Statistik sagt, dass Frauen länger leben, und zumindest in Großstädten wird heute schon jede zweite Ehe wieder geschieden.

Ich wünsche mir, dass es Ihnen erspart bleibt, jeden Morgen schweißgebadet aufzuwachen, weil Sie sich Sorgen über Ihren Verbleib im Alter machen. Wenn Ihnen die Kohle wirklich knapp wird, gibt es allerhand Möglichkeiten, gegenzusteuern.

1. Der erste Schritt wäre, sich ab jetzt *gesundzuschrumpfen*.

Ich habe das vor einiger Zeit prophylaktisch gemacht und mich, so gut es geht, aufs Wesentliche beschränkt. Das heißt, ich verzichte auf unnötigen Schnickschnack und überlege mir bei jedem Kauf sehr gründlich, ob ich das Ding wirklich brauche oder auch darauf verzichten könnte. Ich glaube, es ist viel härter, im Alter sparen zu müssen, als in Zeiten, in denen man noch gesund und munter ist. Lassen Sie nicht Ihr zukünftiges Ich darben, nur weil Ihr jetziges Ich nicht sparen kann.

2. Der nächste Schritt wäre, *Einkommensalternativen zu schaffen*.

Das kann ein Hobby sein, das zur Einnahmequelle wird, oder gar eine völlige Umorientierung auf die Bedürfnisse der Welt. Schreiben Sie mal auf, was Sie gerne tun würden und gut können. Und jetzt fragen Sie sich: Wer könnte davon profitieren? Wem könnten Sie damit eine Freude machen, so dass er dafür zu zahlen bereit wäre? Man kann auch ohne Startkapital und Ausbildung etwas erschaffen, das einem eine Nebenerwerbsquelle bietet. Man muss sich nur von alten Denkmustern lösen und alle Möglichkeiten abklappern. Interessant ist da mal wieder ein Blick auf meinen Alternativkosmos in Goa. Wir haben dort zum Beispiel einen netten älteren Briten, der die ganze Gemeinde mit seinem selbergemachten Camembert versorgt. Es gibt eine Italienerin, die auf den Märkten mit einem Körbchen rumläuft, und alle fahren ab auf ihr selbstgemachtes Tiramisu. Am Strand gibt es zum Sonnenuntergang viele kleine Stände von Leuten, die alles Mögliche verkaufen, von selbstgebasteltem Schmuck über Heilkräuter bis hin zum Handlesen. Ich habe dort schon lustige Handpuppen gekauft oder bühnentaugliche Secondhand-Klamotten.

3. *Tauschgeschäfte* sind natürlich auch ein guter Weg, sich auf zwischenmenschlicher Ebene zusammenzutun im Kampf um ein besseres Leben. Man muss nur den Mut haben, um Hilfe zu bitten, und dann herausfinden, was man selber zu bieten hat, damit man sich gegenseitig weiterbringt. Ältere Damen ergeben zum Beispiel gute Symbiosen mit alleinstehenden jüngeren Herren: Sie wäscht und bügelt seine Hemden, dafür trägt er ihre Getränke hoch und repariert technische Dinge. Aus der Not heraus werden oft Konstellationen geboren, die sich mit der Zeit als besonders erfreulich herausstellen und uns sogar in eine ganz neue Umlaufbahn in einem ganz neuen Leben katapultieren können.

Wer mit offenem Herzen unterwegs ist, wird nach einiger Zeit beliebt sein und vernetzt mit der Nachbarschaft, mit Freunden und Mitstreitern. Durch diesen Prozess erkennt man irgendwann, weswegen man losgeschickt wurde zu diesem Abenteuer. Hinterher weiß man, wofür alles gut war – und sei es, dass wir in der Krise lernen, auch ohne viel Geld glücklich zu sein. Ich kenne viele, die das geschafft haben!

Ich frage Marlene was sie für Erfahrungen gemacht hat, seit sie in Rente gegangen ist, und sie nickt diesmal sehr ernst.

In unseren Zeiten sollte man tunlichst kein verarmter Pflegefall werden, da haste schlagartig schlechte Karten, wenn du im »Alten-Silo« von 'nem ausbildungsresistenten Kevin in der Gegend rumgeschoben wirst. Aber Politiker kümmern sich ja null um die Belange von alten Leuten, die denken wahrscheinlich alle, da landet der Wähler sowieso früher in der Urne als seine Stimme.

Also ich werd auf alle Fälle, so lange ich kann, in Indien überwintern, da is mein bisschen Geld wenigstens noch was wert, und die Leute dort sind froh um jeden Job, den sie machen können. Dort unten habe ich 'ne ganze Family, die nach mir guckt, und wen, der für mich zum Einkaufen geht und mich bekocht. In Asien ist man mit 'ner mickrigen deutschen Rente noch vergleichsweise gut unterwegs. Na ja, und das Klima ist für meine Zipperlein die beste Medizin. Außerdem findet man hier in der regen Alternativszene bei den diversen Workshops und Seminaren immer wieder Gleichgesinnte. Ich hab dort schon den einen oder anderen Tantra-Workshop belegt, und nichts hält so jung, wie seine Energien und Säfte am Fließen zu halten.

Ja, liebe Leser, und damit wären wir jetzt endlich angelangt beim absoluten Tabuthema schlechthin.

SEX IM ALTER

Dazu kann ich ja nur berichten, was ich in diversen Büchern gelesen habe. Tatsächlich scheitert der Sex im Alter oft daran, dass die weibliche Vaginalschleimhaut ab dem Wechsel nicht mehr so viel Gleitflüssigkeit produziert. Aber das muss kein Problem sein. Dagegen gibt es hormonfreie, rein pflanzliche Kapseln namens *Femisanit*, und wenn man die ein paar Wochen lang eingenommen hat, flutscht angeblich alles wieder besser. Aber das Vorspiel sollte trotzdem etwas länger dauern. Man kann auch mit gewässerten Leinsamen nachhelfen, weil die einen wohlschmeckenden Schleim erzeugen, der auch nicht so brennt wie vieles, was man in der Apotheke oder im Sex-Shop bekommt.

Einfach nur kuscheln und rumfummeln ist aber genauso wichtig wie »echter« Sex und lässt den Körper ebenfalls Glückshormone produzieren. Nackte Haut zu spüren und sich gegenseitig Wärme zu geben erzeugt Lebensqualität, für die man offen sein sollte, auch wenn die eigenen Kinder das womöglich nicht gutheißen.

Es gibt eine sehr berührende Geschichte von zwei alten Leuten, die sich im Heim kennengelernt haben und jeden Morgen nackig nebeneinander im Bett gefunden wurden. Das prüde Heimpersonal hat sie immer wieder getrennt und zur Ordnung gerufen, aber die zwei haben sich nicht beirren lassen – warum auch? Es gibt auch den schönen Witz von den beiden Alten, die sich anfreunden, und eines Tages bittet er sie, unter der Decke im Park seinen Penis in die Hand zu nehmen. Das machen sie über Wochen hinweg, aber eines Morgens sitzt er mit 'ner anderen da, und sie fragt ihn, als sie sich später über den Weg laufen, ganz traurig: »Was hat sie, was ich nicht habe?« Und er antwortet: »Parkinson!«

Marlene kringelt sich vor Lachen, den kannte sie noch nicht. Und sie pflichtet mir vehement bei:

Du hast völlig Recht, man darf sich nicht aufgeben in sexueller Hinsicht. In unserer Clique geht gottlob noch einiges, und in unserem Alter is regelmäßiger Partnertausch ja auch quasi unumgänglich, im ganzen Bekanntenkreise herrscht ja auch ein stetes Kommen und Für-immer-Gehen. Aber ich muss leider sagen, dass der echte Sex nie mehr so gut is wie das, was ich mir beim »Selbermachen« vorstelle. Ich hab 'ne Phantasie, und zwar immer mit drei Männern gleichzeitig! Also ich liege nackt auf 'm Bett ... und einer putzt, einer kocht und einer spült ab. Ho ho! Weißte was, in Wirklichkeit ist der Sex gar nicht mehr so wichtig im Alter, jedenfalls für die meisten meiner Freundinnen. Ich find es nur immer wieder schön, drüber zu reden, weil's da am lustigsten ist.

Zusammenfassend könnte man also sagen: Sex ist etwas Wunderbares, aber im Alter ganz bestimmt nicht mehr der Sinn des Lebens. Die alten Chinesen haben gesagt: »Sinn, der sich aussprechen lässt, ist nicht der wahre Sinn.«

Tja, liebe Leser, jetzt kommen wir zum letzten Kapitel im Leben eines jedes Menschen. In einem Buch übers Älterwerden kommt man um das Thema leider nicht drum herum.

WENN'S ANS ENDE GEHT

Wir verdrängen in unserer westlichen Welt das Thema Tod, und alle sind meist völlig überfordert, wenn er näherkommt. Es ist ja völlig okay, in der Jugend den Fokus auf äußerliche Ziele zu richten, anstatt sich mit der Endlichkeit des Lebens zu beschäftigen. Aber wenn man diese Dinge alle erreicht hat, sollte man nicht in seinem Realitätstunnel voller Flachbildschirme, Autos und Designerklamotten stehenbleiben. Davon kann man am Ende nichts mitnehmen. Viele Alte klammern sich jedoch an ihre Besitztümer, weil diese die letzten Zeichen ihrer Existenz sind. Sie wollen dadurch der Welt beweisen, dass sie noch da sind.

Doch je mehr wir in die Verdrängung gehen, umso schwieriger wird es, uns abzulenken von der Tatsache, die mit den Jahren immer deutlicher ins Bild rückt: unsere Vergänglichkeit.

Seit ich durch die Arbeit am Buch fast täglich an den Tod denke, hat er für mich den Schrecken verloren. Wir machen alles irgendwann ein letztes Mal im Leben und wissen dies währenddessen meist nicht. Jede Handlung könnte die letzte sein, weil der Tod auch ganz unvermittelt eintreten kann. Diese auf den ersten Blick sehr morbide Einstellung lässt das Leben jedoch unvergleichlich intensiver werden. Sehr inspiriert hat mich in dieser Hinsicht das Buch von Hans Christian Meiser: *Als wär's das letzte Mal. 24 Anregungen für ein todesmutiges Leben.*

Auch Loslassen verliert seine Schärfe, wenn wir es üben.

Buddhistische Zen-Mönche bauen tagelang wunderschöne Bilder aus Sand, und wenn sie fertig sind, werden diese Bilder einfach zerstört, damit der Geist lernt, sich nicht an Dingen festzuklammern, und kapiert, dass nur der Moment zählt, in dem man gerade lebt.

> **Tipp**
>
> Wenn Sie sich von Menschen verabschieden, stellen Sie sich vor, es wäre für immer. Dann werden Sie viel herzlicher sein. Schätzen Sie jeden Moment. Man kann das Loslassen auf verschiedenen Ebenen trainieren. Nehmen Sie sich eine Kiste, gehen Sie durch Ihre Wohnung und werfen Sie alles hinein, was Sie nicht mehr brauchen. Was man nur für sich alleine loslassen möchte, kann man auf einen Zettel schreiben und dann in einem Ritual verbrennen.

Doch nicht nur materielles Entrümpeln ist wichtig. Wenn wir uns beizeiten einen Ruck geben und alles klären, was uns belastet, alles aussprechen, was noch gesagt werden muss, und alle Gesten vollbringen, die Verzeihen, Vergessen und Vergeben symbolisieren, dann fällt uns und den Hinterbliebenen das Ende viel leichter.

Auch die Angst vor dem Tod kann man transformieren, denn der Tod selbst ist nichts weiter als eine Transformation. Bevor es wirklich ans Eingemachte geht, kann man über den Tod natürlich die besten Pointen schnitzen.

Marlene ist ganz meiner Meinung:

Zum Thema Tod hab ich auch 'ne Menge auf Lager. Ich find zum Beispiel, man muss echt nicht bei jedem Toten trauern. Wenn einer ein Vollpfosten war, ist es doch auch 'ne Erleichterung, wenn er endlich auf Torfatmung umschaltet. Neulich hamse etwa 'nen echten Idioten beerdigt, wo ich ganz klar sage: »Wieso Trauerfeier? Freudentänze wären angesagt!« Der Mann war nicht nur Proktologe, sondern auch charakterlich für'n Arsch. Im Nachruf seiner Familie stand: »Nach langem Leid sind wir ihn los. Grandios.«
Der war so voller Mist, deswegen hat er auch ständig laut gefurzt, und dann kam immer dieser olle Spruch: »Alles Pressluft für den Hammer.« So ein Dösel. Wieso soll ich zu dem seiner Beerdigung gehen? Zu meiner kommt der ja auch nicht mehr!

Mir geht das ganze Trauergedöns sowieso auf den Zeiger. Ich bin eher neugierig drauf, was da wohl kommt auf der anderen Seite. Und diese Welt ist auch so hektisch geworden, ich glaube irgendwann bin ich ganz froh, wenn ich endlich meine Ruhe hab. Wir müssen uns ja noch nicht mal mehr »tolle letzte Worte« einfallen lassen, das erledigt ja demnächst Facebook in Kooperation mit der NSA. Die haben in ihren Metadaten doch längst jedes persönliche Nutzerprofil so ausgearbeitet, dass sie genau wissen, was man sagen würde. Mein Nachruf ist wahrscheinlich längst geschrieben, mit der Überschrift: »Marlene, endlich hältst Du mal die Klappe!!«

Aber ich hab natürlich 'nen Plan in der Tasche, wie mein Abgang standesgemäß zelebriert werden soll. Ich will keine Erdbestattung, das is echt nicht mein Element, und auch bitte nicht zur See, ich bin doch so wasserscheu. Ich bin volle Kanne Löwin, also 'n Feuerzeichen, und ich hab Aszendent »Verrücktes Huhn«. Also möchte ich standesgemäß gegrillt werden, und zwar »Indian style«. Aber nicht in Masala-Soße mit Petersilie im Mund, sondern ich hab 'ne viel bessere Idee: Als alte Indien-Travelerin muss es natürlich am Ufer des Ganges in Varanasi sein, und meine ganze Hippie-Family versammelt sich, wie sich das gehört. Ich seh es genau vor mir: Ich bin wunderschön aufgebahrt in meinem Lieblingsfummel mit den großen Rosen und mit Blumendeko drumrum, und wenn dann die Flammen an mir hochzüngeln, hab ich mein Kleid so präpariert, dass auf einmal lauter Böller und Raketen losgehen, und dann gibt es ein knalliges Abschiedsfeuerwerk! Ich hatte zwar an Silvester immer Angst vor den ganzen Knallern, aber spätestens wenn man tot ist, kann man sich auch da endlich lockermachen. Mit Raketen begrüßt man das neue Jahr, warum nicht auch das nächste Leben? Und meine Asche kommt in eine sich selbst zersetzende Bio-Urne, und dann werd ich Dünger für den Baum, unter dem ich lieg. Und so geht er weiter, der ewige Kreislauf vom Werden und Vergehen.

| 233

Marlene strahlt übers ganze Gesicht und scheint wirklich kein Problem mit der gesamten Thematik zu haben.

Tipp

Machen Sie sich jetzt gleich ein paar Notizen darüber, was Ihnen wichtig ist für Ihre Beerdigung und Ihr Testament. Lassen Sie Ihrer Phantasie freien Lauf, und genießen Sie es jetzt schon, dem ganzen Treiben völlig losgelöst von oben zusehen zu können. Je selbstverständlicher der Umgang mit diesem Thema wird, umso besser kann man auch für seine Nachkommen sorgen und ihnen durch frühzeitige Überschreibungen zum Beispiel unnötigen Papierkram und unverschämt hohe Erbschaftssteuern ersparen.

Meine Mutter hat vor ihrem Tod acht Wochen im Koma gelegen. Gott sei Dank konnten wir sie schließlich befreien. Sie hatte vorher eine Patientenverfügung unterschrieben, die festlegte, dass sie unter keinen Umständen an Schläuchen hängend ewig am Leben erhalten werden wolle. So etwas ermöglicht den Ärzten, wenn sich nach sechs Wochen Behandlung keine Besserung einstellt, in Absprache mit den Angehörigen und zwei weiteren Ärzten sämtliche Maschinen abzuschalten und den Menschen gehen zu lassen.

Wenn man es nicht vorher festlegt, dass man nicht künstlich am Leben erhalten werden möchte, kann es passieren, dass man 20 Jahre lang im Koma liegt. Die Rechtslage verbietet den Ärzten, die Geräte abzuschalten, selbst wenn klar ist, dass keine Chance auf Genesung besteht. Ich glaube, dass solche Patienten unglaublich leiden und ihre Seelen viel lieber befreit werden möchten. Also besorgen Sie sich die Formulare für die Patientenverfügung jetzt – egal, wie alt Sie sind.

Eine Vorstellung vom »Drüben«

Ich habe in der Zeit, in der meine Mama sich verabschiedet hat, sehr viel über Menschen gelesen, die kurz tot, also »drüben« waren und dann zurückgeholt wurden. Allein in Deutschland sind es über drei Millionen, und sie haben tatsächlich fast alle etwas sehr Ähnliches erlebt: eine *Out-of-body experience*. Auch mir ist sowas als Kind mal passiert. Ich bin beim Balancieren auf einem liegenden Baumstamm ausgerutscht, knallte dabei aus einem Meter Höhe auf meinen Brustkorb und habe mich plötzlich von oben gesehen, wie ich auf dem Boden lag. Ich weiß noch genau, dass ich ein orangefarbenes T-Shirt anhatte, meine Mutter völlig hysterisch schrie und meine Schwester panisch rief: »Mach ihr die Hose auf, sie kriegt keine Luft!« Ich schwebte drüber und dachte: »Wieso regen die sich eigentlich so auf?« Als sie mich ins Haus trugen, bin ich wieder in meinen Körper zurückgekehrt.

Diejenigen, die länger als ich drüben waren, begegneten dort alle einer unendlich liebevollen göttlichen Kraft und erkannten ihr wahres Wesen. Fast alle Überlebenden berichten, sie seien in einem Tunnel auf ein Licht zugeflogen, und alles schien sich dabei zu relativieren. Es klingt so, als falle der Todeskampf von uns ab, und wir kehren in die göttliche Liebe zurück, von der wir uns gelöst hatten, um im Dunkel der Abgetrenntheit unser eigenes inneres Licht erkennen zu können.

Zu diesem Thema möchte ich Ihnen ein Buch sehr ans Herz legen: *Blick in die Ewigkeit* von dem Gehirnchirurgen Eden Alexander. Er fiel in ein Koma und lag in seiner eigenen Klinik auf seiner Intensivstation, und sein Gehirn wurde Tag und Nacht mit Elektroden überwacht. Er war immer ein extrem skeptischer, rational denkender Mediziner und Wissenschaftler gewesen und hat all diesen Geschichten, die seine Patienten ihm über die Jahre hinweg immer wieder erzählt hatten, nie Glauben geschenkt, sondern sie stets mit dem gängigen Argument vom Tisch gewischt, dass unser Gehirn uns diese Dinge vorgaukele, um uns den Todeskampf zu erleichtern.

In seinem speziellen Fall war es aber so, dass sämtliche Bereiche der Großhirnrinde, die für solche Bilder, Gefühle und Visionen zuständig sind, nachweislich tot waren und gar keine Ausschläge mehr auf den Geräten zu sehen waren. Als er wie durch ein Wunder gerettet wurde und sein Gehirn sich wieder erholt hatte, konnte er diese gebräuchliche medizinische Erklärung widerlegen.

Langer Rede kurzer Sinn: Es gibt also auch im »Drüben« einiges, worauf man sich freuen kann, und ich bin total neugierig darauf, wie es wohl sein wird, hinüberzugehen.

Ich möchte den Tod als Erlösung meiner Seele begreifen, die sich aus der Beengtheit des alten Körpers befreien darf, weil sie Sehnsucht nach dem großen Licht und der Ewigkeit im Urgrund allen Seins hat. Keiner von uns wird es schaffen, wach durch alle Bereiche des Todes hindurchzugehen und wieder in sein altes Arbeitszimmer hineinzureinkarnieren, um dort das Studium seiner letzten Leben zu vervollständigen. Manch erleuchtetem tibetischen Meister mag das gelingen, aber wir Normalos sind meilenweit davon entfernt. Trotzdem empfehle ich Ihnen dringend, das *Tibetische Buch vom Leben und Sterben* von Sogyal Rinpoche zu lesen.

Rückführungen in andere Leben

Ich persönlich glaube auch an Reinkarnation, weil ich hin und wieder an gewisse gespeicherte Informationen in meinem System gelange, die ich nur aus einem Vorleben kennen kann.

Ich will mal ein Beispiel nennen: Ich erinnere mich noch sehr gut, wie ich das erste Mal in meinem Leben eine Bauchtänzerin sah. Ich war wie gebannt und konnte sowohl die Musik als auch jede einzelne ihrer Bewegungen antizipieren, ich wusste immer genau, was als Nächstes kam. Ich stand im Publikum und habe parallel mit ihr getanzt. Wir waren die ganze Zeit synchron, und dabei sind mir die Tränen in Bächen die Wangen heruntergelaufen, so als würde man einen uralten Freund oder engen An-

236 |

gehörigen nach langer Trennung endlich wieder in die Arme schließen. Bis zum heutigen Tag habe ich dieses Gefühl, wenn ich Bauchtanz sehe und orientalische Musik höre. Alle Bewegungen fließen völlig selbstverständlich aus mir heraus – und das, obwohl ich das nie geübt habe!

Musik bringt in mir etwas zum Schwingen – feinstoffliche, uralte, verschüttete Erinnerungen, die wie Luftblasen aus dem Schlamm der Vergangenheit aufsteigen, während die Klänge einer Trommel meine Geister aus anderen Leben in anderen Ländern erwecken.

Meine Mutter hat sich immer kategorisch gegen solcherlei Gedankengut gesträubt, bis sie auf dem Sterbebett lag. Nachdem ich ihr alles noch einmal erklärt hatte, sagte sie zum ersten Mal: »Meinst du wirklich?«

RELIGION UND GÖTTLICHKEIT

Nie hatte meine Mutter etwas mit Religion oder Glauben zu tun haben wollen. Diese Haltung kann ich gut nachvollziehen, wenn man als Kind mit katholischen Erziehungsmaßnahmen konfrontiert wurde. Es war die Kirche, die die westliche Welt zu dem gemacht hat, was sie heute ist: nämlich Gott-los! Der Monotheismus hat uns von Gott getrennt. Er hat der Natur und all ihren göttlichen Geschöpfen die innewohnende, individuell ausgeprägte, eigene Göttlichkeit aus dem Herzen gerissen und in ein fernes Himmelreich verbannt. Dort sitzt angeblich ein alter Mann, der zürnt, und straft und uns Höllenqualen erleiden lässt, wenn wir nicht alles tun, was er will – aber er liebt uns?! Das ist schizophrener Humbug und gruseliger Budenzauber einer extrem dysfunktionalen Religion.

Erst nach fast 2000 Jahren sind wir endlich in der Lage, uns von diesem extrem lebensfeindlichen Glaubenskodex zu befreien. Gerade auf dem Weg in ein erfülltes Alter ist das ein ganz essentiell wichtiger Schritt.

Ich frage Marlene nach ihrer frühkindlichen religiösen Prägung.

Ich weiß noch gut, ich hab als Teenie immer gerufen: »Vater, Sohn und der heilige Geist? Det is doch Vielgötterei! Und überhaupt, det sind alles nur Männer – mit wem soll ich mich da identifizieren? Und Maria hatte ja och bloß 'ne unbefleckte Empfängnis! Nich ma die drei Minuten Spaß hamse ihr jegönnt.« Damit konnte ich meinen Reli-Lehrer zur Weißglut bringen, das gab immer großen Aufruhr im Klassenzimmer. Ich finde, diese Gesellschaft trägt keine gute Ethik im Herzen. Und weißte, warum? Unsre ganze Welt ist so dermaßen

238 |

runtergekommen, weil alle diese monotheistischen, religiösen Instanzen versagt haben. Bei den Christen kommt keiner weiter, weil die nicht vom Baum der Erkenntnis essen dürfen, die Muslime sprengen sich selber in die Luft, und die Juden beten den ganzen Tag an ihre Klagemauer hin. Kein Wunder, dass die das Gefühl haben, sie reden den ganzen Tag gegen 'ne Wand. Der Hinduismus hat doch wenigstens den Vorteil, dass sie bei so vielen Göttern ständig was zu feiern haben. Wir armen Schweine haben bloß einmal im Jahr Weihnachten – in Indien hat jeden Monat ein anderer Gott Geburtstag, alles wird geschmückt, die Gemeinde singt und musiziert und bemalt die Straßen mit bunten Blumen und hängt überall Fähnchen auf, und selbst die jungen Leute sind von ihren Göttern begeistert, weil es so viele sind, dass jeder ein für sich funktionierendes Rollenmodell finden kann. Und indische Götter sind alle ständig am Meditieren. Dadurch habe ich die Gewissheit, dass die mental auch wirklich was auf'm Kasten haben. Deswegen bin ich auch großer Fan von Buddha, der hat die entscheidenden Dinge erkannt, an dem kann sich wirklich jeder orientieren.

Die eigene Ethik und die eigene Göttlichkeit

Über Religion schreibe ich hier, weil ich glaube, dass sie für viele ältere Menschen immer noch sehr präsent ist und es umso wichtiger wäre, sich zumindest von den restriktiven, schädlichen Glaubenssätzen dieser Kirche zu lösen.

Es ist ja auch anders gekommen, als viele Konservative früher prophezeit haben. Die Kirche verliert immer mehr an Einfluss, aber das führt keineswegs zu einer Verrohung der Sitten. Meine Beobachtung ist ganz gegenteilig: Je alternativer die Lebensformen, umso liebevoller ist der Umgang miteinander und umso selbstverständlicher sind die Gebote der Nächstenliebe, des Mitgefühls und des gegenseitigen Respekts. Gerade da, wo in streng religiösen Kreisen rigoros verdrängt und unter dem

Tisch gehalten werden muss, geschehen seelische Verkrüppe-
lungen und pathologische Auswüchse. Körperliche Züchtigung
und Missbrauch von Abhängigen blühen in einer verklemmten
Umgebung viel mehr als in einem liberalen Umfeld.

Aber die Verklemmungen, die man den Menschen Jahrhunderte lang eingeprügelt hat, sitzen tief, und es braucht sicher
noch eine ganze Weile, bis sie aufgelöst werden können. Aber
ich glaube, wir sind auf einem guten Weg. Jedes Jahr treten zig-
tausend Menschen aus der Kirche aus.

Trotzdem haben wir im Laufe dieser fast 2000 Jahre wäh-
renden Unterjochung den Kontakt zu unserer eigenen, in uns
strömenden Göttlichkeit verloren. Die alten Mythen und Göt-
tergeschichten waren früher die Medizin der Menschen und
wurden so erzählt, dass jeder sich in ihnen wiederfinden und an
ihnen orientieren konnte. Sie beschrieben immer den Weg von
der Unschuld über die tiefe Krise hin zur Selbstverwirklichung.
Die Vielzahl der verschiedenen Archetypen wird im Hinduismus
zum Beispiel durch die unterschiedlichen Götterfiguren wider-
gespiegelt.

Wenn ich mich mit meiner ganz individuell, persönlichen
Veranlagung in einer Göttin wiederfinden und erkennen kann,
dann weiß ich, dass alles gut ist mit mir. Dann kann ich auch
lernen, dass es nicht eitel ist, mich selbst anzunehmen und so zu
lieben, wie ich bin. Denn das ist die wichtigste Grundvoraussetzung für ein gelungenes Leben.

In Indien gibt es unzählige bezaubernd schöne Bilder von
Göttern und Göttinnen. Meist sitzen sie in riesigen Lotusblumen
oder auf einem reich verzierten goldenen Thron, tragen wunderschönen Schmuck, und Licht oder Gold fließt aus der Mitte ihrer
Handflächen. Dass die katholische Kirche an dieser Stelle blu-
tende Wunden zeigt, weil da Nägel reingeschlagen wurden, lässt
mich jedes Mal erschaudern. Dass es im Hinduismus dagegen
eine Göttin gibt, die wie ich musiziert und Gedichte schreibt,
gibt mir Kraft. Ich hatte das große Glück meiner perfekten Iden-
tifikationsfigur begegnen zu dürfen. Ihr Name ist *Saraswati*.

Sie ist die Göttin der Musik, Poesie und Weisheit, und wie sie da sitzt, mit ihrer Vina, die aussieht wie eine Sitar, ist sie wie ich mit meiner Gitarre. Ich habe immer Papiere vor mir liegen, auf die ich meine Texte schreibe; zu ihren Füßen liegen immer die Veden, die alten weisen Schriften des Hinduismus. Jedes Mal, wenn ich meine Lieder voller Inbrunst singe, fließt Saraswatis Energie quasi durch mich hindurch, denn sie ist das Abbild meiner Selbst, in seiner höchsten Form. Das funktioniert übrigens auch, obwohl ich keine Hinduistin bin. Auch für meinen Süßen haben wir ein göttliches Äquivalent gefunden: Er heißt Yishua Karma und wird abgebildet mit einer ganzen Reihe von Werkzeugen um ihn herum. Für alle großen Emotionen und Themenbereiche gibt es Göttinnen oder Götter, und diese stehen für Seelenaspekte, die in uns schlummern. Wenn wir uns mit den entsprechenden Götterbildern umgeben, fällt es uns leichter, diese Qualitäten in uns zu erwecken.

Tipp

Bauen Sie sich einen Altar! Wenn Sie Atheist aus Leidenschaft sind, ist das jetzt vielleicht nicht Ihr Stil, aber es müssen nicht unbedingt Götter draufstehen, sondern auch Bilder von Menschen oder Dingen, die Sie lieben, und Gegenstände, die symbolisch für Werte oder Ziele stehen, die Sie anstreben. Schauen Sie die Bilder immer wieder an, und lassen Sie die Darstellungen auf ihre Seele einwirken. Es geht darum, Ihrem Unterbewusstsein die Richtung zu geben, in die Sie wollen, und Ihren Zielen immer wieder Beachtung zu schenken, indem Sie den Altar schmücken und davor meditieren.

Für eine regelmäßig durchgeführte Meditation ist ein Altar der richtige Ort, und er sollte sicher sein vor plötzlichen Eindringlingen, gut riechen und Schönheit und Ruhe ausstrahlen. Er ist quasi die Futterkrippe für Ihre weiße Sphinx.

Meine sämtlichen Wohnsitze sind voller Götterbilder. Das ist übrigens auch die einfachste und billigste Methode, hässliche leere Flächen an den Wänden mit schönen bunten und vor allem positiven Bildern zu füllen. Die Energien, die sie ausstrahlen, erhöhen die Vibration der Umgebung. Sie sind wie Verbindungsfiguren in eine höhere Dimension und helfen uns dabei, nicht an Bedeutungslosigkeit zu leiden oder Bedeutung nur im Außen zu suchen.

Ich hatte das Glück, zufällig die Bücher einer Psychotherapeutin namens Jean Shinoda Bolen (*Göttinnen in jeder Frau* und *Götter in jedem Mann*) in die Hände zu bekommen. Dieses Wissen hat mein Leben tiefgreifend verändert, weil ich mich selber viel besser verstehen lernen konnte. Ich habe hierzu ein Lied geschrieben, das einige der wichtigsten griechischen Göttinnen und ihre Grundcharakterzüge ganz gut beschreibt:

ARCHETYPEN
Bei den klassischen Archetypen geht's um Seelenchemie,
sie stammen aus der griechischen Mythologie.
Ich werd mal konkreter, eine davon hieß Demeter.
Sie ist die Urmutter, die Gebärende,
die alles Gewährende und ewig Nährende.
Sie hat schon als Kind nur mit Puppen gespielt,
und dabei in jede Wiege geschielt.
Sie ist die Gärtnerin mit dem grünen Daumen,
die Ackerfurche, mit den dicksten Pflaumen,
kann Kuchen backen und Schnitzel klopfen,
Stricken und nähen und klöppeln und stopfen.
Sie verziert ihre Wiege mit rosa Bommeln.
Ich bin da ein andrer Typ.
Ich tu lieber trommeln.

Sie war ein starkes Kind,
sie weinte nie 'ne Träne.
Sie weiß, warum Mächtige mächtig sind,
sie ist 'ne typische Athene.

Aus dem Kopf von Zeus geboren,
hat sie nie einen Krieg verloren.
Die Göttin der Weisheit und Diplomatie
strebt nach Wissen mit Strategie.
Die Chefetage ist ihr Revier,
das Dollarzeichen ihr Wappentier.
Das graue Kostüm dient ihr als Rüstung
vor ihrer hochgeschlossenen Brüstung.
Oh Meisterin des Überblicks,
zieh die Fäden, zeig deine Tricks.

Dann gibt's da noch die Aphrodite.
In Sachen Sex ist sie die Elite.
Wenn Amor sie schickt, dann geht's zur Sache,
weil sie ungezügelt ist mit 'ner sexy Lache.
Sie hat glänzende Haare und schimmernde Haut,
Sie riecht so gut und stöhnt gerne laut.
Sie genießt die Verführung, das Spiel, den Flirt,
auch wenn der Mann einer anderen gehört.
Denn Sinnlichkeit ist ihr Metier.
Die Männer fallen in ihr schluchtentiefes Dekolleté.
Sie will ihre Schokoladenseiten lecker zubereiten,
sie würde selbst den steilsten Berg nur in geilsten Pumps
*   besteigen.*
Es sabbern schon der Klausi, der Rudi und auch der Heinz,
aber ich muss wirklich sagen, das wär echt nicht meins.
Sie liebt Petting, könnte stundenlang fummeln.
Ich bin da ein andrer Typ, ich tu lieber trommeln.

Ich bin Artemis, die Göttin der Jagd,
die von Anfang an zu ihrem Vater sagt:
Ich will keine Kinder und keinen Mann,
ich weiß, dass ich dann besser trommeln kann.
Ich jage Pointen und schöne Lieder,
komme alle Jahre wieder.

Erkenne dich selbst

So lautete schon in der Antike die Inschrift über dem Orakel von Delphi. Um sich zum höchsten Potential entfalten zu können, sollte man seine Anlagen kennen. Grundsätzlich könnte man sagen: Wir werden in eine Familie hineingeboren und bringen bestimmte charakterliche Grundzüge mit. Aus dieser Ausgangssituation gehen wir dann los und erschaffen unser individuelles Leben. Schopenhauer sagte:

»Das Schicksal mischt die Karten, und wir spielen.«

Wenn wir unsere Stärken und Schwächen kennen, spielen wir besser. Das Wissen um meinen Archetypen hat mir die Möglichkeit gegeben, viele Erwartungen, die ich an mich selber hatte, loslassen zu können, was mich auch gelassener ins letzte Lebensdrittel starten lässt. Man kann, wenn man sich selber besser kennt, leichter damit aufhören, bestimmte Dinge nur deswegen zu tun, weil es die Familie, die Gesellschaft, das Ego oder der Partner erwarten, und sich stattdessen mehr auf seine wahren Talente konzentrieren und diese fördern. Ich dachte zum Beispiel früher, ich müsse mithalten bei den Comedians, den Kabarettisten und mich auch noch als Schauspielerin in ernsten Filmen beweisen. Das ist ja eine Zeitlang auch ganz interessant gewesen und ich habe viel dabei gelernt, aber ich habe mich dabei nie wirklich wohl gefühlt, einfach weil ich nicht in meinem Element war und auch, weil meine wahren Stärken gar nicht gefragt waren.

Heute weiß ich, dass ich eine Geschichtenerzählerin bin, die sich nicht im TV auf dreiminütige Lachparaden reduzieren lassen will, sondern viel lieber zwei Stunden lang mit einem Publikum schamanische Lachorgien veranstalten möchte.

Mein Archetyp ist, wie erwähnt, Artemis – die Göttin der Jagd, die laut der uralten Sagen hin und wieder in die Stadt kommt und dort Gesang und Tanz aufführt. Danach verschwindet sie sofort wieder im Wald, wo sie zurückgezogen lebt. Also vollführte sie schon damals genau wie ich heute die Pendelbewegung zwischen Auszeit im Rückzug und Applauszeit auf Tournee, wo ich jeden Tag woanders meine Show spiele und mit dem Publikum das wunderbare Ritual des Gesundlachens übe.

Artemis ist meiner Meinung nach die Vorläuferin der »Heckenreiterin«, der »Hagazussa«, aus der später das Wort »Hexe« wurde. Diese Frauen brachten früher die Kräuter aus dem Wald in die Dörfer, um die Menschen zu heilen. Artemis ist also der Grundcharakter, aus dem Druidinnen und Schamaninnen geschnitzt sind. Ich glaube, dass ich schon oft verbrannt wurde – und dass daraus auch meine tiefe Abneigung gegen die katholische Kirche resultiert.

Die Bühnen-Schamanin, die ich in meiner innersten Essenz bin, geht an die seelischen Abgründe, blickt auf ihre eigenen Schwächen und löst die kollektiven Ängste der Menschen in Gelächter auf. Ich verwende dafür eindrucksvolle Kostüme und Choreografien, um starke optische Eindrücke zu erzeugen, denn die Seele denkt in Bildern. So komme ich ans Unterbewusstsein der Zuschauer heran, denn auf die gleiche Weise, wie wir unsere Träume verstehen lernen, wenn wir uns an die Gefühle erinnern, welche die Traumbilder erzeugt haben, können auch manche Sequenzen meiner Show noch jahrelang nachwirken. Worte gehen zum einen Ohr rein und zum anderen wieder raus, aber alles, was im optischen Gedächtnis verankert ist, bleibt viel besser hängen. Ich erlebe sehr oft, dass mir Fans nach der Show erzählen, sie wüssten noch genau, wie ich damals mit dem Kopf nach unten an der Stange gehangen oder die graue Maus gespielt habe oder den letzten Kakadau. Das ist 30 Jahre her!

Ich arbeite deswegen auch viel mit Gesang, Tanz, Schlagzeug oder Djembe (eine westafrikanische Trommel), denn auch Rhythmus erfasst die Leute in ihrem Kern und lässt die Seele mitschwingen.

Der Groove ist der Schlüssel zum inneren Strom der Freude.

Wenn ich beim Üben die Augen schließe, vergesse ich alles um mich herum, gehe in den Flow und empfange oft tiefe Einsichten. Die meisten Sätze und Reime meiner Songs fliegen mir

| 245

auf diese Weise zu, und ich schreibe hinterher meist stundenlang auf, was ich beim Trommeln gesehen, gefühlt und erkannt habe.

Auch beim Musizieren merke ich deutlich, dass ich genau dort zu Hause und in meiner Kraft bin. Das sind die Momente, für die ich lebe und in denen ich spüre, dass ich mich genau zur richtigen Zeit am richtigen Ort befinde, und dann weiß ich auch, dass ich bis jetzt anscheinend alles richtig gemacht habe in meinem Leben. Grundsätzlich gilt: Während wir dem wahren Sinn des Lebens entgegeneilen, stoßen wir auf immer weniger Widerstände. Die Fülle der Existenz öffnet sich dem, der auf dem richtigen Weg ist.

Alles, was uns aufgezwungen wird, ist schwer. Alles, was unserem Charakter und unserer Bestimmung entspricht, wird immer leichter.

Aufgrund meiner archetypischen Charakterausrichtung habe ich von klein auf alle ausgetretenen Pfade verlassen und mir mein Leben und dann meinen Beruf selber erfunden. Ich hatte ja schon als Kind von meinem Stiefvater gelernt, dass man beim Schwammerlsuchen nix findet, wenn man da entlangläuft, wo alle anderen gerade eben durchgelatscht sind. Aber wenn man seinen eigenen Weg durchs Dickicht sucht, liegen plötzlich sonnenüberflutete Wiesen vor uns, die kein anderer je sah, und dort wachsen auch die allerschönsten Pilze.

Es gibt in diesen Bereichen übrigens gottlob keine »Letzte Tanke vor der Autobahn«, sondern man kann jeden Tag die Augen aufmachen und sein ganz persönliches Glück suchen gehen – einfach nur durch häufiges Innehalten und achtsames Wahrnehmen der Zeichen, die überall herumliegen. Wer suchet, der findet. Oft schnallen wir im hektischen Alltag gar nicht, welch wertvolle Hinweise oder Menschen überall um uns herum nur darauf warten, uns endlich auf den Weg zum Glück bringen zu dürfen.

Lächeln ist zum Beispiel ein Schlüssel, der die Türen zu den Lebensführern öffnet, die uns tagtäglich unerkannterweise über den Weg laufen. Und in jeder noch so blöden und schwierigen Lebenssituation so schnell wie möglich den Schalter umzulegen und die Lehrstunde zu erkennen, die wir gerade bekommen, ist auch ein wichtiger Schritt in die richtige Richtung, um sich in seinem Leben den Himmel auf Erden kreieren zu können.

Marlene bleibt eher sarkastisch und meint furztrocken:

Ja, schön und gut, aber haste dir schon mal Gedanken drüber gemacht, warum es 'nen *Highway to Hell* gibt, aber nur 'nen *Stairway to Heaven*? Anscheinend gibt's viel mehr Leute, die in die Hölle wollen als in den Himmel. Das ist schon ein seltsames Phänomen, dass die Menschen den Unterschied nicht spüren zwischen 'ner Sache, die ihnen guttut, und Dingen, die sie im Lauf der Zeit immer weiter runterziehen und kaputtmachen. Es gibt übrigens 'ne schöne Geschichte zu dem Thema von einem stolzen Samurai, der zu einem ehrwürdigen Weisen geht und ihn fragt, wo die Tür zum Himmel und das Tor zur Hölle ist. Der Alte bricht in Gelächter aus und sagt: »Warum willst denn ausgerechnet du blöder Heini so was wissen?« Der Samurai is stinkesauer, zieht sein Schwert. Daraufhin sagt der weise Alte: »Siehste, das ist das Tor zur Hölle.« Der Samurai kuckt doof, begreift und steckt sein Schwert wieder weg. Da sagt der Zen-Meister: »Und das, mein Sohn, ist die Tür zum Himmel.«

Ich finde es großartig und bin sehr dankbar, dass ich so jemanden wie Marlene kenne, die mich teilhaben lässt an ihrer erfrischenden Einstellung. Sie hält mir einen Spiegel vor, in dem ich erahnen kann, wie ich einmal werden könnte, wenn alles gut läuft. Ich glaube, es ist sehr wichtig, ältere Freunde zu haben. Und es ist sehr konstruktiv und wichtig, dass wir uns immer wieder mal selber eine bestimmte Frage stellen – so auch im nächsten Kapitel.

WO WILL ICH HIN, WENN ICH MAL ALT BIN?

Tipp

Machen Sie jetzt die Augen zu und schauen Sie, was hochkommt, wenn Sie sich selbst in der fernen Zukunft vorstellen. Versuchen Sie ganz konkret zu visualisieren, wie Sie aussehen wollen, und erfüllen Sie sich in diesem Traumbild alle Ihre Wünsche. Seien Sie spezifisch! Was für eine Umgebung erhoffen Sie sich? Worauf beruht Ihr Glück in diesem fernen Moment, und was darf da niemals fehlen? Seien Sie ruhig kühn und trauen Sie sich alles zu. Wenigstens in Ihrer Phantasie sollten Sie sich alles gönnen, und ab dann halten Sie die Augen offen für die ersten Zeichen dafür, dass sich Ihre Wünsche gerade zu erfüllen beginnen und in Ihrem Leben materialisieren.

Sie könnten jetzt auch mal einen Brief schreiben an sich selbst in 20 Jahren und dabei beobachten, was Ihnen dazu alles einfällt.

Hier ist der Meinige, den ich für mich persönlich verfasst habe:

Brief an Sissi im Jahr 2035

Hallo, meine liebe alte Sissi!
Ich sitze hier im Grillengezirp und denke an mich bzw. »Dich« in 20 Jahren. Wenn alles gut gegangen ist, wirst Du 71 Jahre alt sein und man schreibt das Jahr 2035. Das klingt nach Science-Fiction, ist aber eigentlich gar nicht soo weit weg.
Ich wünsche mir, dass Du diesen Brief erst liest, wenn Du den 71sten ordentlich gefeiert und den Kater überwunden hast. Viele Dinge werden sich verändert haben, aber ich visualisiere täglich, dass ich im Herzen so bleibe, wie ich jetzt bin, nämlich glücklich

*und erfüllt vom Leben und dem kreativen Wachstum meiner
Seele.*

*Jetzt sehe ich Dich plötzlich greifbar nahe vor mir, mit reich
dekoriertem Hut auf dem schütteren Haar und von Kopf bis
Zeh in leopardengemusterten Klamotten – das steht Dir immer
besser!*

*Du hast eine grau getigerte Katze auf dem Schoß und einen
Papagei auf der Schulter und bist breiter geworden, aber das
macht nix, denn Du bist dadurch besser geerdet. Alles geht etwas
langsamer, aber auch das ist fein, denn in meinem jugendlichen
Leichtsinn gebe ich immer noch viel zu viel Gas. Du bist reifer, ge-
haltvoller und intensiver geworden und leistest es Dir auch mal,
einen Moment der Stille wirken zu lassen.*

*Ich sehe Dich, wie Du in einem verglasten Studio sitzt, in gleißen-
dem Licht, und in eine Kamera sprichst und via Internet mit der
ganzen Welt verbunden bist. Ich wünsche Dir eine riesige Zahl
von Zuschauern, die mit Dir an einem Strang ziehen, um diese
Welt zu einem besseren und bewussteren Ort zu machen. Du
stehst noch voll im Beruf, aber im Alltag bist Du viel achtsamer
mit den Lücken, die man braucht, um immer wieder Raum zu
lassen für das Glück.*

*Ich wünsche Dir einen unterstützenden Lebenspartner, der
Dich liebt, aber auch ein vielschichtiges Eingebundensein in
innige Beziehungen zu Freunden, ein tolles Arbeitsteam und
ganz viele Menschen auf der ganzen Welt, die Deine Shows und
Lieder und Bücher lieben. Neben Dir steht Dein Schlagzeug Susi,
und Du spielst jetzt grinsend Deinen neuesten Lieblingsrhyth-
mus. Die Schamanin in Dir lacht mit ihren Führern aus der
anderen Dimension und lässt sich Texte schicken, die die Welt
verändern.*

*Wenn ich jetzt 20 Jahre so weitermeditiere und dabei visuali-
siere, dann hab ich bald meine Privatliege auf Wolke 7 mit
einem Leo-Handtuch reserviert für Dich bzw. mich. Ich verspreche Dir, dass ich viel auf meiner Gitarre Gitti üben werde,
um mir von dem Harfen-Gedöns da oben etwas Abwechslung*

| 249

zu verschaffen. Und Du versprichst mir, dass Du in Kontakt bleibst mit der Welt und den Menschen. Es gibt noch so viel zu tun! Die Welt steht an der Schwelle zu einem neuen Bewusstsein, und Du wirst ganz vorne mit dabei sein, es zu verkünden und vor allem vorzuleben.

Ich verspreche Dir, ich werde stets achtsam die Weichen stellen, auf dass Du 'ne obergeile, groovige, lustige und weise Alte wirst, der alle gerne zuhören, und ich liebe Dich jetzt schon mit Runzeln und Schmunzeln und allem, was dazugehört.

Deine Sissi

Es gibt nichts Schöneres, als ein Ziel zu haben in weiter Ferne

Das Gute an Fernzielen ist: Man hat Unmengen an Zeit, alles Nötige zu erledigen, um es zu erreichen. Wenn man ganz ernsthaft noch etwas Konkretes vorhat mit sich und seinem Leben, ist es auch plötzlich richtig sinnvoll, sich selber gut zu behandeln, zu pflegen und fit zu halten. Wenn ich einen Traum habe, den ich unbedingt verwirklichen will, ein Ziel, das mir echt etwas bedeutet, dann sehe ich meine Prioritäten klar vor Augen, kann die Spreu vom Weizen trennen und bin viel motivierter bei allem, was in diese Richtung geht. Wenn wir unsere Freizeit schon jetzt so gestalten, dass wir diverse Projekte an den Start bringen, werden wir auch genau wissen, womit wir später unsere Tage produktiv füllen. Dann weiß man, worauf man sich freuen kann, wenn der Ruhestand kommt. Wie Udo so schön sang: »Mit 66 Jahren, da fängt das Leben an.«

Hobbys

Man sollte sich also Hobbys suchen, die das Potential haben, uns weiterwachsen zu lassen, und auf diese Weise herausfinden, bei welchen Tätigkeiten wir Erfüllung finden und Gutes tun können.

Ich frage Marlene nach ihren Freizeitbeschäftigungen. Sie meint:

Früher haste dich in den Schaukelstuhl gesetzt und gewartet, bis es vorbei war. Aber heute dauert das ja, wenn du Pech hast, bis zu 30 Jahre. Manche Leute fangen dann an, den Eiffelturm aus Zündhölzchen nachzubauen, oder sie üben, den Radetzki-Marsch zu furzen! Da kann ich nur sagen: Bitte nicht gleichzeitig, sonst gehste in Flammen auf. Also ich persönlich brauche was Sinnvolles, sonst krieg ich 'nen Vogel. Deswegen ham wir in unserer Alten-WG jetzt 'nen Verein gegründet: *Rent a Rentner*. Wir machen alles Mögliche, aber am liebsten Babysitting. Da können wir 'n Stück weit gut machen, was wir an unsern eigenen Kindern versemmelt haben. Deswegen kümmern wir uns jetzt zum Bleistift am Wochenende immer um den dreijährigen Justin! So süß, der Kleene, wir zwei ham 'ne famose Symbiose. Ich les ihm *Prinzessin Lillifee* vor, und er programmiert mir dafür mein Smartphone. Ich sag immer: Wenn du die Zeit nicht sinnvoll nützt, dann nagt sie irgendwann an dir. Und am Wochenende machen wir schon seit Jahren immer unsre »Happy Hippie Happenings«, wo wir das wirklich hippe »Hippietum« auf freudvollste Weise wiederauferstehen lassen, also ohne nach Patschuli zu stinken oder Wollsocken in Jesuslatschen tragen zu müssen. Wir machen all die Dinge, die uns als Jugendliche damals besonders Spaß gemacht haben, nur viel achtsamer und bewusster. Damals haben wir zum Beispiel massenweise LSD eingepfiffen, um unsere stinknormale Welt etwas verrückter zu machen; heute sind wir eher auf Baldrian, um diese verrückte Welt wieder etwas erträglicher zu gestalten. Aber wir alten Säcke haben wirklich unsren Spaß. Wir rauchen das selber angebaute Marihuana in der Wasserpfeife und lassen so den Geist der 68er Bewegung noch mal aus der Flasche. Und ich sage dir, das tut so gut.

Dazu ein Lied:

It is my Hobby to be a happy Hippie.
Das is für mich die allerbeste Therapie.
It is my Hobby to be a happy Hippie.
Ich glaube an die Hippie-Utopie.

In unserem Loft in unsrer Alten-WG
singen wir oft am Nachmittag
»Hemp, Hemp Hurrey«.
Da gibt's dann lecker Plätzchen
zum Kaffee und zum Tee.
Für bunte Hippie-Schmetterlings is Doping voll okay.

So 'n happy Hippie-Happening, det is 'n schönes Ding.
Da sprießt der Saft wie im Frühling, wenn ich laut und fröhlich
*   sing.*
Wir machen Petting und Tantra.
Das is das happy feeling.
Wir tanzen und wir trommeln,
und keiner hält das Timing.
Aber wir ham Spaß wie nie
und tanken Hippie-Energie.
Hemp, Hemp Hurrey.
We are so hip, we are so high.
Hippie sein is der letzte Schrei.

Marlene sagt dazu:

Da gibt's noch 'ne sehr schöne Anekdote, die mir letzterdings passierte, als ich auf'm Heimweg von unsrem »Happening« von 'nem Bullen angehalten wurde. Der sah nur meinen bunt angemalten ollen Mercedes und fragte natürlich sofort ganz streng: »Irgendwelche Drogen oder Alkohol?« Ich war echt knülle, habe aber das Fenster lächelnd runtergekurbelt und geantwortet:»Ne, Herr Wachtmeister, das is sehr lieb von Ihnen, aber danke, ich hab alles!«

Der hat mich angeguckt wie 'n Auto, und dann mussten wir beide soo lachen. Ach ja, das sind die Berliner Bullen, die sind einfach zuckersüß. Er hat mir dann noch 'ne sichere Heimreise gewünscht und mich »gnädige Dame« genannt und mich zurück in den fließenden Verkehr geschleust.

Ich glaube, der wusste genau, was Sache ist, der war nur zu anständig, um 'ner netten alten Dame wie mir Ärger zu machen. Ich fahr auch wie 'ne Eins, wenn ich geraucht hab, da bin ich total achtsam und schön langsam und voller Liebe und Mitgefühl für alle Verkehrsteilnehmer. Ich finde auch, dass der Gesetzgeber unterscheiden müsste, ob ein Teenager kifft oder ein Rentner. Ich behaupte ganz klar: Je älter man wird, umso häufiger sollte man Haschisch rauchen! Man muss doch mit dem fortschreitenden Verfall des Körpers mithalten, und es heißt immer, Haschisch mache gleichgültig. Aber das ist doch genau die richtige Haltung, um mit den typischen Alterszipperleins klarzukommen. Ein lustiges Tütchen is die beste Medizin für 'nen Senioren, und vom Haferbrei wird man ja nich high.

Meine Mutter, Gott hab sie selig, hat sich ja noch halb zu Tode geschnüffelt am ewigen 4711, und verstorben isse dann an 'ner Leberzirrhose vom vielen Klosterfrau Melissengeist. Ich sag das alles auch in meinen Vorträgen, die ich jetzt öfter gebe über »Schlaue graue Flower Power«; da sag ich zu den Leuten immer: »Kinder! Beißt nicht ins Gras! Raucht es lieber!«

Ich leide auch nicht an Realitätsverlust, sondern ich genieß ihn! Wir Alten haben doch unsren Obolus abgeleistet und müssten uns endlich mal lockermachen dürfen. Halleluja!

Der Vollständigkeit halber möchte ich hier hinzufügen, dass es auch Leute gibt, die von Marihuana oder dem daraus gewonnenen Haschisch kaum etwas spüren, nur müde werden oder sogar Ängste bekommen. Allerdings sind diese Erfahrungen meist auf eine Überdosierung zurückzuführen oder weil man gerade in einer schwierigen Situation steckt. Grundsätzlich kann man sagen, dass Haschisch immer das verstärkt, was eh schon da ist. Wenn man also glücklich ist, wird man noch euphorischer; wenn man kreativ ist, kann man über sich hinauswachsen. Wer jedoch mit Depressionen oder Panikattacken kämpft, sollte definitiv die Finger davon lassen und sich lieber auf die Suche nach guter therapeutischer Behandlung machen.

An dieser Stelle möchte ich kurz die Geschichte von meinem lieben australischen Freund »Fire Pit« erzählen, der manisch-depressiv ist und täglich solche Mengen an Psychopharmaka schlucken musste, dass sein Arzt in Sydney ihm eines Tages empfohlen hat, er solle doch mal probieren, ein bisschen Marihuana zu rauchen.

Als Pit mir über den Weg lief, hatte er aufgrund dieses Ratschlags bereits seinen normalen Job an den Nagel gehängt, seine Antidepressiva komplett abgesetzt und sich ein großes Tschillum (eine typisch indische Pfeife) aus durchsichtigem Kristall gekauft, durch das man die Glut sehen kann, wenn man daran zieht. Er war völlig raus aus seinem alten Leben, aber er war gut drauf, weil er inzwischen gelernt hatte, sich während der depressiven Phasen zurückzuziehen und in trockene Tücher zu packen. In seinen manischen Zeiten begann er eine neue Laufbahn als Feuerjongleur, und das Letzte, was ich von ihm gehört habe, war, dass er mit einem buntbemalten alten Feuerwehrauto durch die USA tourt und mit seinen abgefahrenen »Pyro Shows« sehr gut verdient.

Ich kenne aber auch viele Leute, die trotz – oder wegen – Haschkonsum völlig abgestürzt oder gar in der Klapse oder auf dem Friedhof gelandet sind.

Ich möchte deswegen an dieser Stelle noch mal ganz klar betonen: **Für junge Leute ist Haschisch eine geistige Vollbremse!**

Wenn Sie jedoch alt genug sind, sich seelisch ausgereift fühlen und es gerne mal probieren möchten, gibt es ein paar Dinge zu beachten: »Set und Setting« sind ganz wichtig. Man sollte also nur zur richtigen Zeit im richtigen Ambiente kiffen, zum Beispiel sonntagnachmittags daheim in einem geschützten Raum in schöner Atmosphäre. Sie könnten dazu schöne Musik anmachen und ein weiches Licht, weil sich die Pupillen weiten. Legen Sie sich Stift und Papier parat oder ein Smartphone mit Aufnahmefunktion und viel Wasser, weil man einen trockenen Mund bekommt. Das Wichtigste ist, dass man wirklich nur einmal zieht und die Geduld hat zu warten, bis die Wirkung einsetzt! Ich nenne das gerne die »homöopathische Doris«. Und hängen Sie einen Zettel an die Tür, der könnte ungefähr so aussehen :

BIN
IM FLOW
EMMM SICH
AMMMM ARBEITEN
UMMMMM WEITERZUKOMMEN
OMMMMMMMMMMMMMMMMMMMMMMM!!!!!!
ALSO DO NOT DISTURB I AM IN MEDITATION!!!!!!!!!!!

Tatsächlich empfehlen immer mehr Gerontologen Marihuana für Senioren. Die bekommen dadurch anständigen Appetit, schlafen besser, es ist ein wunderbares Schmerzmittel, und die Psyche hellt sich auf. Im Alter geht es auch immer mehr darum, loszulassen, und besonders dabei hilft das gute alte Gras enorm.

Und: Es macht weder süchtig, noch ist es eine Einstiegsdroge für härtere Sachen. All das hat sich als unwahr herausgestellt.

Für mich persönlich müssen es keine Drogen sein, dazu bin ich irgendwie zu sensibel. Als Ersatz funktioniert für mich Folgendes:

Man nehme 3 Pfund Humor, ½ kg Blödeln, einen großen Schuss Freigeist und eine kleine Prise Anarchie! Das ist auch ein Zaubertrank für ein glückliches Leben.

In Goa gibt's den berühmten Spruch auf T-Shirts gedruckt: *Menschen haben den Alkohol erfunden und der liebe Gott das Marihuana – zu wem hast du mehr Vertrauen?*

Da ist sicher etwas dran. Aber die Dosis macht das Gift! Marlene hebt die Hand, als wäre sie eine fleißige Schülerin, und hibbelt dabei fröhlich herum.

Ich muss noch was zu dem Thema sagen: Seit 1968 ist kein Popsong mehr im Radio gelaufen, der nüchtern entstanden wäre. Die ganze große Musik dieser Ära wurde nur von völlig bekifften Musikern gespielt, erst mit *Cherry Cherry Lady* hat das Elend angefangen. Gleichschaltung der Musik nenne ich 95 Prozent von dem, was da heutzutage läuft.

Also wenn du mich fragst, die Obrigkeit ist natürlich nicht daran interessiert, dass wir Menschen uns alle selbst verwirklichen und unser persönliches Glück finden, fernab vom kommerziellen Getöse. Die jagen uns lieber Angst ein, damit wir brav funktionieren und arbeiten und kompensieren, indem wir konsumieren. Deswegen enden ja auch alle Aussteigershows immer im Fiasko und Drogennachrichten immer mit dem Tod. Also ich kenne 'ne Menge guter Drogennachrichten: Meine Freundin Gesa hat sich zum Beispiel vier Wochen nach ihrem ersten Joint ein Wohnmobil gekauft und bereist seitdem mit ihrem neuen Freund ganz Südeuropa! Oder unser frühpensionierter Gynäkologe, der keinen Bock mehr hatte, immer nur Abstriche machen zu müssen: Nachdem der auf unserem Happening die »Cannabis Kannapees« probiert hatte, gründete er mit seinen besten Freunden 'nen A-cappella-Chor, »The swinging Nuts«! Die spielen ganz oft in unserer neuen Stammkneipe »Zum fröhlichen Hospiz«. Kennste die? Die is unten drin im »Hotel In-kontinental«. Da hängen wir immer ab, hinten in der sogenannten »Checkout-Lounge«.

Ach genau, da spiel ich ja morgen mit meiner Speed-Metal-Damen-Combo »The Quick Chicks«. Da musste unbedingt vorbeischauen. Ich find, Speed Metal ist die ideale Musik für 'n Lebensabend. Man spielt automatisch schneller, man hat ja auch nicht mehr so viel Zeit.

Marlene kramt eine Brille aus ihrer bunt bestickten Handtasche, setzt sie auf und knipst am Bügel einen Schalter ein. Das Brillengestell hat Leuchtdioden, blinkt in allen Farben, und sie springt auf und imitiert eine Rockröhre, während sie dazu ein wildes Luftgitarrensolo spielt:

Nieder mit dem Jugendwahn.
Det Leben fängt mit 70 an.
Ü80-Feten gehn voll ab.
Ich will noch nicht ins Grab hinab.
Mit 90 bin ick voll vital.
Der Sensenmann, der kann mich mal!!

Bei den letzten Worten reckt sie beide Stinkefinger in die Luft und hält den letzten Ton, solange sie kann. Wir geben uns prustend »High-five« und trinken auf die Liebe, die Gesundheit und dann noch auf das Leben, die Freunde und die Zukunft dieser schönen Welt. Marlene legt die linke Hand aufs Herz, die Rechte erhebt sie zu einem abgemilderten Victory-Zeichen und sagt salbungsvoll:

Ich verspreche hiermit hoch und heilig, wir neuen Alten werden vom grantelhuberigen Stinkstiefel zum lachenden Buddha! Jetzt ist Schluss mit frustig!

Dann kippt sie nach hinten um und liegt wie ein toter Käfer auf dem Rücken neben meinem Esstisch! Ich erschrecke zu Tode, springe auf und rüttle sie, aber sie ist völlig leblos. Mir schießen die Tränen in die Augen. Ich schreie sie an:»Marlene, mach keinen Scheiß!« Ich taste nach ihrem Puls, spüre ihn schwach, renne ins Bad, lasse Wasser auf ein Handtuch laufen und lege es ihr über Stirn und Schläfen, lege ich ihre Beine hoch und fächle ihr Luft zu. Ein Stöhnen dringt aus ihrem Mund und dann ein leises »Oje!«.
Es war aber auch eine energetische Höchstleistung, die sie da

| 257

vollbracht hat. Als es ihr wieder etwas besser geht, meint sie nur: »Fast schade drum, das wäre eigentlich der perfekte Moment für 'nen anständigen Herzinfarkt gewesen.«

Meine Marlene, hat selbst in so einem Moment gleich wieder 'ne Pointe auf der Lippe. Ich glaube, man kapiert erst im Alter, wie irreversibel die Zeit wirklich ist. Man ist sein Leben lang immer so selbstverständlich davon ausgegangen, dass sich die Dinge auf später verschieben lassen. Das passiert so nebenbei, ganz unbewusst, und plötzlich wird dir klar, dass es dieses »Später« womöglich gar nicht mehr gibt. Und man hat keinerlei Gewissheiten darüber, wie viel Zeit einem noch bleibt.

Ich glaube, es geht im fortgeschrittenen Alter wohl vor allem darum, Frieden zu schließen und alle Disharmonien verklingen zu lassen, um in der verbleibenden Zeit noch eine schöne Schlusssymphonie zu komponieren.

Leider fehlen uns in dieser Gesellschaft jegliche psychologischen Leitfäden und Vorbilder für diesen Vorgang. Wir haben auch keine funktionierenden Rituale, um uns auf das große Loslassen vorzubereiten. In Indien gehen die meisten Menschen im Alter in sich und tun das, was sie ihr Leben lang geübt haben, jetzt exzessiv und in Vollendung: Sie meditieren.

MEDITATION

Für junge Menschen sind Meditationsübungen keine sonderlich spannende Aufgabe. Aber für ältere Menschen, die sich auf dem Weg der Selbsterkenntnis befinden, können sie ein sehr lohnendes Hobby werden, denn wir lernen dabei, unseren Geist fokussiert zu halten. Leider denken die meisten Menschen immer noch, Meditation sei, im Schneidersitz mit eingeschlafenen Füßen an nix denken zu müssen. Das ist völliger Unsinn! Es gibt hunderte von verschiedenen Formen, und jeder kann und sollte seine eigene Art der Selbstreflexion auswählen und über die Jahre ausfeilen.

Beim Beten richten wir eine Bitte an Gott.
Beim Meditieren richten wir das Gebet an uns selbst.

Wir lernen dabei nebenher, bewusster und achtsamer zu werden. Das ist sehr wichtig, denn jede kleinste Entscheidung im Leben zählt und addiert sich im Lauf der Jahre zu einem Energielevel, auf das wir uns einpendeln. Ich kann nur empfehlen, sooft wie möglich in sich hineinzulauschen und zu schauen, ob alles im grünen Bereich ist oder ob irgendwo ein rotes Warnlämpchen blinkt.

Es gibt unzählige Bücher zu dem Thema. Ich empfehle gerne *Ein neues Ich* von Joe Dispenza. Er erklärt wissenschaftlich fundiert, was sich im Gehirn beim Meditieren genau abspielt. Der Leser lernt, wie man durch spezielle Entspannungs- und Meditationstechniken zu immer mehr Bewusstheit gelangt und seine negativen Verhaltensmuster und Glaubenssätze der Reihe nach umformen kann, indem man Einfluss nimmt auf die elektromagnetische Funktionsweise und die zerebrale Architektur unseres Gehirns.

Für uns aus der abendländischen Zivilisation geht es dabei

weniger darum, erleuchtet zu werden – das wäre ein sehr hochgestecktes Ziel. Aber wie es momentan aussieht, setzt sich die Idee von mehr Mitgefühl und größerer Wachheit auch in der westlichen Welt immer weiter durch. Sogar in Ost-Westfalen oder in der niederbayerischen Pampa gibt es inzwischen Yogazentren, Bioläden und Meditationsgruppen.

Ich wurde bereits mit 16 in die transzendentale Meditation eingeweiht, habe aber auch immer wieder andere Richtungen und Formen ausprobiert und mir, ähnlich wie beim körperlichen Training, meine eigenen, persönlichen Techniken erarbeitet. Ich kombiniere autogenes Training, Visualisierungs- und Atemübungen. Man kann sich beispielsweise ein aktuelles Problem während einer Meditation ganz explizit vornehmen, es aus dem Zusammenhang lösen, drehen und wenden, von allen Seiten betrachten, in die Luft werfen, damit geistig jonglieren, es aufblasen und dann davonfliegen lassen. Ich habe oft Stift und Papier vor mir liegen, wenn ich mich zum Meditieren hinsetze, weil ich dabei die besten Ideen kriege, wie man so manche Nuss knacken kann. Meditation ist für mich dann quasi wie eine Telefonsprechstunde mit meinem höheren Selbst oder meinem Unterbewusstsein. Es hilft mir immer wieder, die richtigen Entscheidungen zu treffen.

Was man nicht unterschätzen sollte, ist, wie schwierig es ist, den Geist auf eine Sache fokussiert zu halten, wenn wir den Kopf voll haben mit anderem Zeug. Wenn ich etwa nach einem Actionfilm versuchen würde zu meditieren, wäre das so, als wolle man in einen vollen Eimer noch fünf Liter mehr reinfüllen. Wenn Sie lernen möchten, Ihren Geist unter Kontrolle zu bekommen, zum Beispiel, um auf Ihre negativen Emotionen oder körperlichen Symptome positiven Einfluss zu nehmen, dann müssen Sie sich entscheiden: Fernsehsessel oder Meditationskissen? Es ist im Alltag ja auch nicht viel anders: Fernsehsessel oder das wahre Leben?

Unser Geist sollte trainiert werden

Ich finde ja, im Deutschen klingt dieses Wort »Geist« immer, als würde ein kleines, in weiße Laken gehülltes Wesen über unserem Kopf schweben und lautstark dazwischenquatschen, wenn wir uns konzentrieren wollen. Ein Stück weit ist es auch genau so, aber man kann üben, diesen Plage-Geist zu disziplinieren, und ihn in seine dienende Rolle zurückzuweisen. Wenn wir durch Meditation unsere Achtsamkeit trainieren, bekommen wir immer mehr Kontrolle über diesen Störenfried, und das gelingt mit dem Alter immer leichter.

Hier eine Anleitung zu einer Meditation, in der es nicht darum geht, nichts zu denken, sondern bestimmte Dinge zu visualisieren und sich auf diese Bilder zu konzentrieren. Es ist quasi ein selbstgemachter Animationsfilm, den Sie hier vor Ihrem inneren Auge ablaufen lassen können. Diese Art von Meditation können Sie theoretisch überall machen und sich in jedem Moment an jedem beliebigen Ort eine Quelle der Kraft und Zuversicht eröffnen, aber Sie sollten es alles zuerst einmal eine Weile ungestört geübt haben.

Meditation mit einer Lampe

1. Hängen Sie das »Bitte nicht stören«-Schild an die Tür, verschließen Sie den Raum und schalten Sie Ihr Handy ab.

2. Stecken Sie sich Ohrstöpsel in die Ohren, um die Außenwelt besser ausblenden zu können.

3. Setzen Sie sich ganz normal mit geradem Rücken auf einen Stuhl vor eine Lichtquelle, am besten eine Lampe, die Ihnen, wenn möglich, direkt ins Gesicht scheint.

4. Schließen Sie die Augen, lächeln Sie leicht, hören Sie dabei auf Ihren Atem und lassen Sie ihn tiefer werden.

5. Stellen Sie sich jetzt vor, Sie atmen dieses Licht, das Ihnen jetzt durch die Augenlider scheint, in Ihr drittes Auge ein, also durch den Punkt in der Mitte zwischen Ihren Augenbrauen.

6. Stellen Sie sich, während Sie langsam weiter einatmen, vor,

| 261

dass es göttliche Liebe ist, mit der Sie sich vollsaugen, und Ihr Brustkorb sich mit jedem Atemzug noch mehr weitet. Sie können bei jedem Einatmen die Lungenflügel mehr aufblähen.

7. Beim Ausatmen stellen Sie sich vor, dass Sie die Luft mit einem leisen »Sssss« in den ganzen Körper fließen lassen und in jede Zelle, die Sie auf diese Weise mit heilender Energie auffüllen.

8. Entspannen Sie dabei auch alle Muskeln.

9. Erteilen Sie jetzt gedanklich allen Zellen Ihres gesamten Körpers die Erlaubnis, total gesund zu sein.

10. Wenn ich ganz ausgeatmet habe, bleibe ich einen

Moment lang ruhig in dieser Leere und bin ganz wach. Mein Körper besteht aus schwingenden Atomen, genau wie die gesamte Welt und alles um mich herum. Ich bin Teil dieses unglaublichen Universums. Danke!

11. Dann beginne ich leise, wieder einzuatmen, und lasse das Licht aufs Neue in mein drittes Auge hinein, und mein Gehirn erstrahlt in klarem Licht ... und so weiter.

12. Wenn sich Zweifel oder ablenkende Gedanken bei der Meditation in den Vordergrund zu drängen versuchen, blasen Sie sie einfach mit dem »Ssss« weg wie eine Wolke.

Merke: Energie ist immer da, wo man sie hindenkt.

Dr. Shioya, der berühmte japanische Weisheitslehrer und Arzt, fügt dem Ganzen noch hinzu, dass man bei jedem zweiten Atemzug die Luft anhalten, den Unterleib anspannen und den Anus verschließen solle, um die Lungenkapazität zu erhöhen. Mit dieser Methode ist er 108 Jahre alt geworden. Ich mache das täglich 25-mal und habe das Gefühl, dass der Druck, den man dabei im Körper erzeugt, auch die Energie erhöht und die Visualisierungen sogar noch kraftvoller werden.

Für mich ist die Meditation mit einer Lampe die beste, weil für mich Licht (selbst elektrisches) immer eine Form von Göttlichkeit transportiert, mich innerlich wärmt und mich in der

Vorstellung bestärkt, dass es auch in mir drin ganz hell wird. Es ist sozusagen eine Art »Instant Enlightenment«. Instantkaffee macht ja auch wach. Wichtig ist es, regelmäßig zu meditieren. Wenn Sie öfter geübt haben, kommt irgendwann der Moment, an dem Sie fühlen, dass da wirklich etwas geschieht in Ihnen, und erst dann wissen Sie wirklich, wovon ich rede. Je intensiver Sie diese göttliche Liebe empfinden, umso höher schwingen Sie in diesen Momenten. In dieser Gefühlslage sollten Sie sich dorthin visualisieren, wo Sie sich sehen wollen, nämlich gesund und munter und erfolgreich an dem Ort, an dem Sie wahrlich daheim sind.

Ich kann dazu nur sagen, dass ich das alles seit vielen Jahren betreibe – und es funktioniert! Sogar die Schulmediziner sind sich inzwischen einig: Meditation ist tatsächlich eine extrem effektive gesundheitsvorbeugende und heilsame Maßnahme.

Telomerase

Meditation fördert zudem erwiesenermaßen die Bildung und Aktivität eines Schlüsselhormons, das dafür zuständig ist, uns jung zu erhalten. Am Ende eines jeden Chromosoms befindet sich ein Enzym, das die DNS schützt und stabilisiert. Bei jeder Zellteilung und Erneuerung wird dieses »Telomer« während der Telomerase neu gebildet.

Gesunde Ernährung, regelmäßige Bewegung und vor allem Meditation wirken sich – wissenschaftlich erwiesen – sehr positiv auf diesen Zellerneuerungsprozess aus. Wenn wir also unseren Zellen gedanklich und emotional die Botschaft schicken, dass wir glücklich und gesund sind, erzeugen wir auf diese Weise eine Rückkopplungsschleife im Körper, die wiederum die Zellen dazu auffordert, Glückshormone zu produzieren und nicht zu altern oder krank zu werden. Meditation ist so gesehen die beste Form von Anti-Aging-Prophylaxe.

Wenn wir durch Meditation unsere Achtsamkeit trainieren, werden wir auch wacher für die Zeichen auf unserem Weg und lernen immer mehr, darauf zu vertrauen, dass wir in einem großen, liebevollen Gesamtorganismus eingebettet sind. Und je zuversichtlicher wir in die ferne Zukunft blicken, umso mehr steigt die Chance, dass wir diese Träume wahr machen können. **Je genauer Sie wissen, wohin Sie wollen, umso leichter wird es, den nächsten Wegweiser zum richtigen Pfad zu erkennen.**

Ressourcen im Alter

Wir Mitteleuropäer sind echte Glückskinder: Wir sitzen definitiv auf der Sonnenseite des Kuchens und picken uns die Rosinen raus. Wir haben den längsten Zeitabschnitt Europas erlebt, in dem kein Krieg herrschte, und wir profitieren davon, dass einige der großen Träume der Menschheit endlich verwirklicht wurden: Wir können fliegen, wir können viele schlimme Krankheiten heilen, und, hey, wir leben doppelt so lang wie die Menschen vor hundert Jahren.

Wir sollten also jeden Tag voller Dankbarkeit sein.

Wenn dieses Buch auch nur ein paar Leser dazu inspiriert hat, an ihren geistigen und spirituellen Ressourcen fürs Alter zu arbeiten, dann bin ich schon sehr glücklich. Es wird sich demnächst an Millionen kleinen Baustellen noch vieles mehr zum Guten verändern. Und selbst in einem riesengroßen dunklen Raum genügt bereits eine kleine Lampe, um die Dunkelheit zu vertreiben.

Lasst uns dieses Licht hochhalten!

Wir sind an vorderster Front der gesamten Evolution auf diesem Planeten. Wir sind die Speerspitze des spirituellen Umdenkens. Auf unsere Generation wird man schon in 30 Jahren zurückblicken und voller Anerkennung sagen: Damals hat alles angefangen – nicht nur mit dem besseren Alter, sondern auch mit einer besseren Welt! Wenn jeder an sich und seinem direkten Umfeld arbeitet, werden wir bald die kritische Masse von 30 Prozent in der Gesellschaft erreichen. Und dann wird diese positive Einstellung zum Mainstream, der den Boden bewässert für eine neue Denke.

EPILOG: EINE NEUE ÄRA

Um mich herum sehe ich ganz deutlich, dass das Zeitalter der feinstofflichen Sensibilität längst angebrochen ist. Mir ist völlig klar, dass es nur in diese Richtung gehen kann, denn die gesamte Evolution ist darauf aufgebaut, sich immer weiter zu vervollkommnen. Es mag, wenn wir Pech haben, noch hundert Jahre dauern, bis ein höher entwickeltes Bewusstsein für alle Menschen normal geworden ist, aber Sie, liebe Leser, gehören auf alle Fälle zu den Vorreitern, sonst hätten Sie dieses Buch nicht zur Hand genommen. Es geht voran, und die Welt ist im Aufbruch!

Wir kommen aus der Steinzeit, haben das Zeitalter der Industrialisierung und danach die technische Revolution hinter uns gebracht und durchleben jetzt gerade die »Silikonzeit«, in der ein großer Teil unserer Aktivitäten nur noch elektronisch kommuniziert wird. Aber mal ehrlich, wenn jemand vor gerade mal 30 Jahren zu Ihnen gesagt hätte, dass demnächst alle Menschen einen westentaschengroßen Computer besitzen, mit dem sie in Sekundenschnelle mit der ganzen Welt in Kontakt stehen können, dann hätten Sie den sicher für einen Spinner gehalten.

Drum sage ich: Denken Sie lieber immer lieber zehn Pfund zu positiv als auch nur ein Quäntchen zu negativ. Genau wie die Relativitätstheorie die technische Entwicklung des letzten Jahrhunderts explodieren ließ, so wird die »spirituelle Ära« diese Welt ganz grundsätzlich verändern. Was uns heute utopisch erscheint, wird bald alltäglich sein. Dann hoffe ich, dass dieses Lied hier in alle Sprachen übersetzt sein wird – und alle singen mit:

Ja, wir sind die tollen »Neuen Alten«.
Wir wollen uns völlig frei und froh entfalten.
Wir sind wundervolle olle Lichtgestalten
und stolz auf unsre vielen dollen Falten ...

Lasst uns neue Wege gehen,
uns selbst nie mehr im Wege stehen,
alle Nüsse einfach knacken,
die Stiere bei den Hörnern packen,
wach und weise walten,
das inn're Licht im Auge halten,
ganz weit aus dem Fenster lehnen,
Horizonte ausdehnen.

Nein, wir wollen nie mehr meckern,
sondern fröhlich mit der Suppe kleckern.
Lasst uns mit dem Krückstock grooven,
trotz des Buckels endgeil moven ...

Lasst uns Pirouetten drehen,
barfuß mit gespitzten Zehen,
in Schleier mit den Winden wehen,
tanzen wie die Zauberfeen!
Lasst uns achtsam walten,
zum höchsten Potential entfalten.
Denn wir sind die »Neuen Alten«,
wir sind liebevolle Lichtgestalten.

Wir ham oben Licht (klick),
sind unten dicht (da gibt's 'nen Trick).
Und im Schacht (schluck)
is eh bald Schicht (ach guck).
Jedem zieht's den Stecker – irgendwann ...
der Testamentsvollstrecker sitzt schon in der Tram.
Drum lasst uns frei und fröhlich walten,

das Alter wundervoll gestalten,
denn wir sind die tollen »Neuen Alten«,
wir sind wundervolle olle Lichtgestalten – oh Yeah!

Mein persönlicher Lernprozess, der durch die Beschäftigung mit dem Thema Älterwerden in Gang gesetzt wurde, sieht folgendermaßen aus:

Ich habe viel tiefer begriffen, dass alles vergänglich ist und auch jederzeit plötzlich vorbei sein kann. Das heißt, ich habe aufgehört, Wichtiges nach hinten zu verschieben. Früher dachte ich oft: Wenn ich erst mal richtig gut bin und mit meinen neuen Songs auf der Bühne stehe, dann ... Heute gebe ich dem Moment, in dem ich gerade übe, die größte Wertschätzung und fühle mich bereits am Ziel angekommen, denn ich spiele ja gerade und bin immer wieder aufs Neue am absoluten Höhepunkt der Glückseligkeit.

Ich habe auch einen Deal mit dem Tod gemacht: Jedesmal, wenn er mich womöglich holen will und ich spiele ihm dann etwas wirklich schönes Neues auf der Gitarre oder einem Percussion-Instrument vor, lässt er mich diese Freude genießen und geht wieder. Wenn ich irgendwann anfangen sollte, mich selber zu langweilen, dann bin ich auch bereit, mit ihm zu gehen. Schlagartig wurden meine Soli daraufhin mutiger und meine Lieder von viel mehr Intensität getragen.

Ein anderer wichtiger Punkt ist, dass ich viel tiefer begreife, dass meinem Organismus eine unendliche Intelligenz innewohnt und jedes Symptom, das auftaucht, nur ein Kommunikationsversuch meines Körpers ist. Ich horche viel sensibler auf die Zeichen, die mir geschickt werden, unterlasse Dinge, die mir nicht guttun, sofort und fördere täglich meine Selbstheilung durch meine entsprechenden Meditationen. Nur wir selber können unseren Körper gesund erhalten oder heilen. Wir können uns von Ärzten oder Mittelchen manchmal helfen lassen, aber wir müssen den Großteil selber erledigen, indem wir uns immer wieder darin üben, allen Zellen die Erlaubnis zu erteilen, total gesund zu sein, und indem wir gut mit uns umgehen. Dann können wir bis ins hohe Alter gesund und schmerzfrei leben.

Was mir schon immer klar war, aber durch die Arbeit an diesem Buch noch mehr in den Vordergrund rückte, ist die Überzeugung, dass der Mensch, um glücklich alt zu werden, seine persönliche Ladestelle finden muss, an der er seine Batterien, seinen Energiehaushalt, seine Lebenslust immer wieder auftanken kann. Es ist die Frage: Wofür lebe ich?

Die sollten wir beantworten. Wofür stehe ich morgens auf und tu all die Dinge, die unter Umständen anstrengend und weniger freudvoll sind?

Damit ich irgendwann endlich .... machen kann. Versuchen Sie, lieber Leser, diese Lücke auszufüllen. Das kann Ihnen keiner abnehmen, das müssen Sie selber herausfinden oder kreieren.

Wenn Sie Ihre Ladestation gefunden haben, dann geben Sie sich selber die Chance, in dieses Betätigungsfeld hineinzuwachsen und immer besser zu werden. Glückshormone freizusetzen ist das Elixier für ewiges Leben und der Stein der Weisen zugleich. In der heiteren Gelassenheit so viel Zeit wie möglich zu verbringen ist die beste Medizin für Sie selbst und für Ihre gesamte Umwelt. Es ist nicht egoistisch, sein Glück zu verfolgen, solange es nicht auf Kosten der Umwelt oder anderer Lebewesen geht. Seinem Glück eine Chance zu geben, zu erblühen, ist der Schlüssel zu einer kraftvollen erwachten Selbstbestimmtheit, die unserer gesamten Gesellschaft zu ihrem höchsten Potential verhelfen wird.

Ich freue mich auf die Überalterung und wünsche mir von Herzen, dass sie einen gesellschaftlichen Wendepunkt darstellt hin zu viel größerer Reife und Erwachtheit.

Denn »ich bleib dann mal jung« – und Sie hoffentlich auch!

Ich kann nur hoffen, dass ich mit diesem Buch auf Sie gewirkt habe wie eine Einstiegsdroge. Ich würde mich wahnsinnig freuen, wenn Sie an der gesamten Thematik dranbleiben und weiterlesen und die Buchempfehlungen, die ich Ihnen gegeben habe, beherzigen.

Ich wünsche mir, dass Sie alles ausprobieren, was ich im Buch vorgeschlagen habe, und wenn Sie das ein Jahr lang tun, kann ich Ihnen versprechen, dass sich ganz viel zum Guten gewendet hat in Ihrem Leben.

Ich werde, wenn nichts dazwischenkommt, vor den Augen meines Publikums älter werden, und ich hoffe, dass es mir immer gelingen wird, Ihnen ein gutes Vorbild abzugeben und etwas Inspirierendes vorzuleben, auf dass auch Sie all Ihre negativen Glaubenssätze übers Älterwerden loslassen können.

Ich wünsche mir auch, dass Sie vorbeikommen, wenn ich in Ihrer Nähe auftrete. Ich habe mir von vielen Freunden und Bekannten in meinem Alter versichern lassen: Die Show sollte man mindestens ein Mal pro Jahr sehen – weil man mit fortschreitendem Alter nach ein paar Monaten eh alles schon wieder vergessen hat …

Ich freue mich über jede Form von Rückmeldung und sitze nach jeder Show draußen im Foyer.

In diesem Sinne wünsche ich Ihnen jetzt einen großartigen dritten Akt Ihres Lebens, ganz viel Applaus, Standing Ovations und unendlich viele Vorhänge, bevor Sie abtreten – und dann natürlich noch eine Hymne in Ihrem Nachruf und eine wunderschöne Reinkarnation!

Ihre Sissi, die Perlingerin

ANHANG FÜR DIE DAMENWELT: DAS ÄUSSERE

Jetzt noch ein Themenbereich, der wirklich nur die Damenwelt interessieren wird. Dieser Teil enthält Tipps und Wissenswertes für Frauen.

Auf den ersten Blick könnte man ja denken, dass das freudvolle Altern für Frauen sehr viel schwieriger ist. Ich kenne jedoch viele glückliche alte Damen und habe beobachtet, was die richtig machen. Es ist gar nicht so schwer. Diese Frauen, die auch in reifen Jahren noch voll im Leben stehen, haben den Fokus längst nicht mehr auf Männer gerichtet und definieren sich nicht mehr durch ihre Beziehung zu einem tollen Typen oder den gesellschaftlichen Stand ihres Versorgers. Sie haben an sich selbst und ihren Fähigkeiten gearbeitet und gerade dadurch eine entspannte Souveränität entwickelt. Es geht darum, sich etwas Eigenes zu erschaffen. Ich sage nur ein Stichwort: Jodeldiplom!

Ich bin Bühnenkünstlerin

Aber ich bin Bühnenkünstlerin mit Leib und Seele, außerdem Showgirl, Aszendent Zirkuspferdchen. Deswegen gibt es jetzt noch ein paar handfeste Tipps, wie man sich als Frau am besten schön machen kann. Für mich ist das äußere Erscheinungsbild sehr wichtig, denn in meinem Beruf ist es der künstlerischen Sache dienlich, wenn man gut aussieht. Ich persönlich habe da allerdings auch großen Spaß dran und betreibe es als ein Hobby, weil es mir einfach Freude macht, mich für mich schönzumachen.

Nützen Sie ruhig aus, was heute im kosmetischen Sektor möglich ist! Es ist ein Segen, sich zu pflegen, und man sollte sich diese Dinge als Dame von Welt ruhig zugutekommen lassen.

Was die Natur uns nicht mehr schenkt, können wir heute größtenteils kaufen, und es ist immens, wie viel man durch dekorative Kosmetik noch herauszureißen vermag. Ich kann älteren Damen nur empfehlen, sich nicht zu scheuen, etwas aus ihrem Typ zu machen und jeden Morgen diese Transformation zu erleben von einer knittrigen alten Frau zu einer geheimnisvollen, alterslosen Kultfigur.

Ein Beispiel: Ich hatte die große Ehre, Hildegard Knef als Gast in meiner TV-Show *Schräge Vögel* begrüßen zu dürfen, wo sie ihr Lied *Für mich soll's rote Rosen regnen* sang, mit der Rockgruppe *Extrabreit*. Sie war schon eine recht betagte Lady, und ich habe sie gestützt, als sie sich verbeugte, damit sie mir nicht umkippt. Aber die künstlichen Wimpern haben ihr den Glow verliehen, den man braucht, um auch in diesem Alter noch auf einer Bühne mithalten zu können.

Ich finde, wir Deutschen stellen uns in Sachen Schönheitshilfen wahnsinnig an. In Amerika ist es zumindest in den Großstädten schon seit langer Zeit ganz normal, dass man das Beste aus sich rausholt. In New York hatte ich einmal eine Gesangslehrerin, die war Anfang 80, trug aber schon morgens ganz lange blonde (!) künstliche Wimpern. Außerdem hatte sie sich einen hellbraunen Lidstrich gemalt und einen großen roten Kussmund. Sie sah wirklich wunderschön aus, hatte ein ganz eigenes Flair und strahlte dadurch ein unglaubliches Selbstbewusstsein aus. Ich denke, das ist ein Rückkopplungseffekt: Wenn man sich selber schön findet, wirkt man auch schöner, weil man sich ganz anders verhält und bewegt.

Am besten fängt man natürlich früh genug damit an, sich zu pflegen. Überhaupt ist die ganze Frage des Aussehens immer ein Resultat dessen, ob man ein Leben lang auf sich geachtet hat. Hier meine Ratschläge, welche Pflegemaßnahmen wichtig sind.

> **Tipp**
>
> Bauen Sie sich als Erstes einen tollen Hollywood-Diva-Schmink-Altar. Alles, was Sie dazu brauchen, ist ein niedriges Regal oder ein Tischchen mit einem großen Spiegel sowie vorteilhaftes Licht! Sie sollten dafür sorgen, dass Sie gerne und bequem dort sitzen. All Ihre Kosmetika, die Blumen fürs Haar, den Schmuck und die Schminksachen können Sie dort um den Spiegel herum plazieren. Ich setze mich mit großer Freude mehrmals täglich an diesen Platz, um mich um meine Pflege zu kümmern oder mich schön zu machen, und genieße es, weil es auch eine gewisse Ruhe mit sich bringt, in der ein Tag beginnen und ausklingen kann. Wenn ich mich im weichen Licht des Spiegels geschminkt habe, ist es hinterher wichtig, einen Vergrößerungsspiegel zur Hand zu nehmen und kurz mal in gnadenlos hellem Licht alles ein wenig zu korrigieren. Danach stellen Sie diesen gnadenlosen Lupenblick einfach wieder beiseite und betrachten sich noch mal im schönen warmen Licht des großen Spiegels. Sagen Sie ruhig öfter mal zu sich selber: »Ich liebe mich, so wie ich bin, und ich finde mich schön!«

Ich glaube, je älter wir werden, umso mehr muss Schönheit zusätzlich auch von innen durchscheinen. Aber es kann trotzdem nie schaden, von außen anständig nachzuhelfen.

Mein tägliches Programm

Ich habe folgende Maßnahmen eisenhart durchgezogen:

1. Ich reinige mein Gesicht täglich morgens mit Lotion und abends mit Abschminkmilch und Lotion.
2. Danach kommt die Pflege, aber – und das halte ich für wichtig – ich habe immer eine kleine Dose Augencreme bei mir und trage auch zwischendurch öfter etwas davon auf. Ich klopfe es leicht ein, und zwar unter die Augen und um die Lippen! Das ist besonders wichtig in trockenen Räumen oder wenn man im Flieger sitzt.

3. Man sollte Creme und Serum um die Augenpartie besser nicht verreiben, sondern immer mit den Fingerspitzen einklopfen. Ich bin dabei zu einer ganz passablen »Perkussionistin« geworden.

4. Ich schütze mein Gesicht und Dekolleté immer mit einem Sunblocker vor der Sonne. Photoderm zum Beispiel ist eine getönte Tagescreme mit Lichtschutzfaktor 50, die es in jeder Apotheke gibt. Sie deckt wie Make-up, hält gut und ist wirklich toll.

Jetzt kurz noch etwas ganz anderes, was aber auch sehr wichtig ist:

Fast jedes handelsübliche Deodorant enthält Aluminiumsalze. Forscher reden von der Zeitbombe, die unter unseren Armen tickt. Es ist bedenklich, wenn man sich das täglich auf die Lymphen in den Achseln reibt, aber es gibt Gott sei Dank aluminiumfreie Alternativen. Ich nehme zusätzlich etwas Sandelholz-Talkum-Puder, der absorbiert den Schweiß im heißen Klima und duftet gut.

Falls Sie mit Sonnenallergie oder Hitzepickeln zu kämpfen haben, hilft Teebaumöl ganz hervorragend.

Und jetzt noch ein paar Tricks, die ich für mich erfunden habe:

Ich trage meine Augencremes nur noch mit einem flachen Pinsel auf, den es in jeder Schreibwarenabteilung gibt. Er sollte breit sein und eine feine Spitze haben, denn 1. kommt man dann besser überallhin; 2. kann man die teure Creme leichter dosieren; 3. saugen die Poren in den Fingerspitzen die gute Creme nicht mehr weg; 4. ist es hygienischer, weil man den Cremetopf nicht ständig mit seinen Stinkegriffeln kontaminiert; und 5. macht es so viel mehr Spaß, und dann macht man es auch häufiger.

Den Puder hingegen trage ich nicht mit Pinsel oder Quaste auf, sondern mit einem Schwämmchen. 1. saugt der Schwamm schon mal glänzendes Fett weg; 2. will ich die Make-up-Unterlage nicht mit einem Pinsel verschmieren, sondern den Puder zur Fixierung nur fest draufdrücken; 3. ist ein Schwämmchen viel schneller gewaschen und getrocknet als eine Puderquaste.

Die Zeiten, in denen man sich mit Makeup und Puder die Poren verstopft hat, sind längst vorbei. Die meisten Produkte sind inzwischen in jeder Hinsicht viel besser geworden. Heute sollte man seine Haut eher vor Strahlung und Luftverschmutzung durch Abgase schützen, und das geht am besten mit einem guten Makeup. Zudem sieht man mit einem ebenmäßig abgedeckten, gepuderten Gesicht schlagartig 20 Jahre jünger aus.

Bei den Lippen müssen reifere Damen drauf achten, dass der Lippenstift nicht in den Falten verläuft. Ich empfehle, eher die Augen zu betonen und den Mund natürlich zu lassen. Wenn Sie sich trotzdem einen knalligen Hollywood-Mund malen wollen, gibt es jetzt mehrere absolut rutschfesten Lippenstifte, zum Beispiel von Maybell.

Bei künstlichen Wimpern gilt es ein paar Dinge zu beachten. Man sollte sie vor dem Ankleben immer links und rechts etwas abschneiden, also das Band, auf dem sie aufgefädelt sind, kürzen. 1. juckt es im Auge, wenn man den gesamten Wimpernrand bis fast zur Tränendrüse beklebt. 2. drückt es optisch aufs Auge und macht Schatten. 3. braucht man eigentlich nur oben in der Mitte ein paar längere Wimpern, die links und rechts möglichst homogen in die eigene Wimpernlänge übergehen. Und 4.: Besorgen Sie sich den Wimpernkleber von Art Deco; der hält gut und schnell und ist sehr hautverträglich.

Jetzt eine Info, die es wirklich in sich hat: Es gibt heute tatsächlich ein Serum auf dem Markt, das man sich auf den Wimpernrand auftragen kann, und nach nur zwei Wochen werden diese wirklich um circa ein Drittel länger! Dazu müssen Sie sich allerdings im Internet schlaumachen.

Wenn Sie sich toll zurechtgemacht haben und irgendwer eine blöde Bemerkung darüber macht, lassen Sie sich nicht aus der Ruhe bringen, sondern erzählen Sie lieber einfach folgenden Witz:

Zwei ältere Damen warten vor dem Friedhof an der Bushaltestelle. Die eine fängt an, sich die Lippen anzumalen. Die andere guckt streng und fragt: »Wie alt sind Sie denn?«

»85«, kommt die Antwort.

»Und da schminken Sie sich noch?«, meint die Erste voller Verachtung. Daraufhin fragt die andere zurück: »Wie alt sind Sie denn?«

»88.«

»Ach«, sagt die Jüngere, »und da fahren Sie noch nach Hause ...?«

Hier ein Song, den ich in meiner Show als alte Dame an einem Schlagzeug aus Dosen und Fläschchen darbringe. (Merke: Tägliche Kosmetikanwendungen werden im Alter immer zeitaufwendiger und machen viel mehr Freude, wenn sie rhythmisch untermalt sind.)

Schon morgens bin ich gern am Pflegen.
Jedes Döschen ist ein Segen.
Erst mal Cleaning, dann ein Peeling,
dann die Maske dick auflegen.
Für Hände, Hals und Dekolleté,
Cremes speziell für jeden Zeh.
Dass die Poren nicht verstopfen,
empfiehlt sich's, alles einzuklopfen.
Schicht für Schicht Lotion auflegen und verreiben.
Sich pflegen ist ein Segen, wenn wir's liebevoll betreiben.
Nur beim Waxing muss man tapfer sein (ratsch au)
und beim Augenbrauenzupfen (ha)
und Nasenhaarerupfen
muss man leider ziemlich schreien,
doch das muss sein,
sonst endet man als Borstenschwein.
Beim Kontrollblick sagt mein Spiegel:
Schatz .... du brauchst noch viel mehr Tiegel.
Ich seh Falten über Falten,
lass mal 'nen Gang höherschalten.
Wir haben wirkstofftrotzende Preziosen
in Fläschchen, Flacons und großen Dosen.

Im Alter soll man nicht verzichten,
sondern Puder mehrfach schichten.
Lidstrich, Rouge und roter Mund,
Wimpernkleben hält gesund.
So helfen uns wir alten Schachteln,
beim Faltenverwalten, beim Runzelnverpunzeln
und beim Fugenspachteln.
Das Doppelkinn und die Hängebacken,
alles Wabbelige streng nach hinten tackern,
drüber lackiern, mit Schrauben fixiern.
Ab dem bestimmten Alter und drüber
geht Kosmetik nahtlos in den Baumarkt über.

Ich finde, es ist an der Zeit, jegliche Form von puritanischer Denke hinter sich zu lassen. Auch beim Schmuck sollten wir nie sparen, und vor allem nicht bei den Blumen im Haar. Nützen Sie alle Verschönerungsmöglichkeiten, die Ihnen zu Gesicht und zur Verfügung stehen, im Überschwang. Wenn Sie mir nicht glauben, dann googeln Sie mal die 93jährige New Yorker Stilikone Iris Apfel. Sie sagt den schönen Satz, der mir sehr aus der Seele spricht: »More is more and less is a bore.«

Schönheits-OPs und andere Tricks

Jetzt kommen wir mal zu den »Hardcore«-Möglichkeiten. Wenn man unbedingt will, kann man sich heute bei fast jedem Hautarzt Hyaluron ins Gewebe spritzen lassen, das die Falten von innen auffüllt und rund sechs Monate hält. Man kann sich Altersflecken weglasern lassen und mit Botox Zornesfalten und Krähenfüße ruhigstellen.

Ich persönlich kann mir das nicht leisten, denn ich brauche meine gesamte Mimik unbedingt für den Beruf. Wenn man sich als Komiker die Gesichtsmuskulatur und seine Grimassen stilllegt, ist es, als würde man sich als Handballer einen Arm amputieren.

Ich kann den Damen, die sich künstlich verschönern lassen wollen, nur einen guten Rat geben: Wenn man vor lauter Schönseinwollen keine Mimik mehr hat, dann hat man auch nix mehr zu lachen! Und bei all dem Gedöns sollte man unbedingt hinterher noch erkennen können, wer da plötzlich so schön geworden ist!

Vor jedem chirurgischen Eingriff sollte man sich immer von mehreren Spezialisten beraten lassen. Die Frage einer Schönheits-OP sollte man zudem möglichst mit einem Therapeuten durchsprechen. Oft sind psychologische Hintergründe verantwortlich für Komplexe, und die Problemzonen verlagern sich nach jeder OP einfach auf einen anderen Körperteil.

Ich habe vor Kurzem einen Bericht im Fernsehen gesehen, da hat der Arzt die Körperpartien, die er gleich absaugen sollte, vorher mit einem dicken Filzstift schwarz umrandet und dann auch noch schraffiert! Wissen Sie, warum? Weil Männer so was sonst gar nicht sehen würden! Ich behaupte einfach mal ganz frech: Die meisten Männer sind viel entspannter mit dem Aussehen ihrer Frauen als die Mädels selber. Also seid nicht zu streng mit euch! Denn Verbissenheit macht erst richtig hässlich. Vielleicht sollte ich an dieser Stelle auch noch kurz erwähnen, dass ich nicht auf diese Art des »Jungbleibens« angespielt habe mit meinem Buchtitel.

Kleidung

Alles, was ich oben über Kosmetika im Alter gesagt habe, gilt auch für Kleidung. Warum soll man sich denn in Sack und Asche hüllen, bloß weil man nicht mehr die Jüngste ist? Sich liebevoll herzurichten ist ein Lebensgefühl, das wie ein Sahnehäubchen den Geschmack der Lebenstorte immens intensiviert.

Es sollte dabei keine Mühe machen und sich rundum gut anfühlen. Ich liebe es, mich aufzutakeln, aber ich weigere mich zum Beispiel, hohe Absätze zu tragen, außer auf der Bühne; es gibt Figuren, die brauchen das, um ihre volle Wirkung zu entfalten. Im Privatleben hingegen sehe ich überhaupt nicht ein, dass mir den ganzen Abend die Füße wehtun sollen. »Wer schön sein will, muss leiden« ist ein völlig bescheuerter Spruch. Ich schnüre mir auch die Taille nicht ein oder trage Dinge, die so eng sind, dass ich mich nicht mehr frei bewegen kann. Meine Klamotten sind eigentlich alle aus elastischen Materialien, die vorteilhaft *und* bequem sind. Jeder muss da seinen eigenen Weg finden, aber gerade das Bedürfnis, sich im Alter wärmer anzuziehen, weil man empfindlicher für Zugluft geworden ist, lässt sich auf phantasievolle Weise sehr elegant lösen. Man muss einfach Ausschau halten nach flauschig warmen Materialien und außergewöhnlichen Schals und dann den überaus praktischen Zwiebellook kultivieren.

Ich finde, die moderne Art, sich zu kleiden, macht sogar junge Menschen oft hässlich. Ich nehme mir daher oft Anleihen aus allen möglichen früheren Epochen und baue mir dann alles in Leo-Muster nach. Ich habe zum Beispiel zugempfindliche Handgelenke und schneide immer wieder einem langärmligen T-Shirt die Unterarme ab, um sie als Stulpen umzufunktionieren. Auch meine Nieren schütze ich gerne doppelt, indem ich mir mit Sicherheitsnadeln jahrhundertwendeartige Rockschöße um die Hüften drapiere.

Das wichtigste Hilfsmittel bei all dieser Kreativität sind natürlich Sicherheitsnadeln. Die muss man so reinstecken, dass die Belastung nie am Verschluss zieht, sondern immer auf der Nadel selber; also stets rein- und rausstechen in beiden Schichten, die man verbinden will. Es gibt seit einiger Zeit wieder überall sehr weibliche Accessoires wie Federhütchen mit einem kleinen Schleierchen vor den Augen; das bietet eine tolle Chance, Krähenfüße unsichtbar zu machen. Man kann auch einen wabbeligen Oberarm kaschieren, indem man aus Netzstrümpfen Ärmel baut. Wir können auf alle möglichen Tricks zurückgreifen, wenn uns danach ist, denn heute ist in modischer Hinsicht endlich wirklich alles möglich geworden, und jeder kann, wenn er möchte, seine Lieblingskarnevalsverkleidung ein Leben lang tragen.

Ich weiß aus meiner beruflichen Erfahrung, wie viel Kraft es geben kann, wenn man sich ausleben darf. Viele Frauen können erst im Ruhestand völlig unabhängig ihren eigenen Stil finden, weil sie dann keinen Boss mehr haben und keine Kollegen, die schief gucken. Ich finde, spätestens wenn der Ehemann weg ist, sollte man sein Styling noch mal gründlich revolutionieren. Das kostet, wenn man es richtig macht, so gut wie nichts.

Tipp

Ich empfehle Ihnen, Ihren Kleiderschrank durchzustöbern und ruhig mal einige Kleider, die Sie wahrscheinlich nie mehr tragen werden, zu zerschneiden. Mit einem gewagten Schnitt haben Sie ein tolles Top, und dann nehmen Sie das untere Teil und basteln sich daraus zum Beispiel einen Schal, den Sie sich um Kopf oder Hals binden können. Jetzt suchen Sie ein farblich passendes, längeres anderes Kleid und setzen es nicht da an, wo normalerweise der Busen wäre, sondern lassen das Ganze runter in die Taille rutschen – und schon ist es ein bodenlanger Rock. Dann noch ein passendes Teil um die Hüfte, um den Brustansatz zu verdecken, und Sie sehen aus wie aus einer anderen Welt!

Ich persönlich finde bodenlange Röcke extrem anturnend, und wenn ich mir aus Tüchern, Schals, Sarongs, Decken oder Saris Gewänder baue, fühle ich mich immer wie eine antike Tempelpriesterin. Da erwacht eine ganz archaische Weiblichkeit. Wenn Sie sich dermaßen verkleidet nicht zu einem wichtigen Meeting trauen, kann ich das verstehen, aber Sie sollten ruhig mal üben, wenigstens zum Briefkasten zu gehen und dann auch mal zur Post. Sie werden sich wundern, wie positiv die Leute reagieren. Fast alle lächeln und freuen sich, und dann kann man als nächsten Schritt ein paar Freundinnen einladen und gemeinsam an den Outfits weiterbasteln. So kann sich nebenbei auch ein lebhafter Tauschhandel entwickeln, bei dem man einen ganz neuen eigenen Stil kreiert, Spaß hat mit Gleichgesinnten und überhaupt kein Geld dafür ausgeben muss.

Der Vollständigkeit halber muss ich hinzufügen, dass diese Dinge natürlich nicht jeder Frau liegen. Es gibt auch Mädels, die sich ihr Leben lang nie geschminkt und nur Jeans und T-Shirts getragen haben – was natürlich auch völlig okay ist. Wie der alte Fritz schon sagte: Jeder soll glücklich werden nach seiner Fasson.

Schönheit im Alter besteht, glaube ich, vor allen Dingen darin, entspannt und trotz einiger Fettpölsterchen und Falten zu einer gelassenen Lebensfreude zu finden, Zufriedenheit auszustrahlen und dabei Humor zu entwickeln. Ich fände es toll, wenn die Frauen aufhören würden, ständig hinter der neuesten Mode herzurennen. Sie vergeuden damit wertvolle Energie, Lebenszeit und viel Geld. Ich sage: Steckt lieber mehr Mühe in den lebenslangen Prozess, zu Eurer individuellen Blüte zu gelangen.

Dank

Ich möchte meiner Tante Traudi Perlinger danken dafür, dass sie mir in allen Lebenslagen immer mit gutem Rat zur Seite gestanden und mich mit ihrem Humor angesteckt hat. Ich danke auch meiner lieben Freundin Elfi Obermayr auf Ibiza, die mir vorlebt, wie man im Alter immer weiter an seiner Frequenz schrauben und immer noch besser draufkommen kann, weil sie immer irgendein neues Buch zum Thema in der Mache hat und sich immer weiterbildet. Ich danke meiner Freundin Gypsie Tsigane in Goa, die mir ein leuchtendes Beispiel dafür ist, wie man trotz Schmerzen ein extrem lebensfreudiger Mensch bleiben und anderen helfen kann. Aber auch Lotti Huber – Gott hab sie selig – hat mich sehr inspiriert, ebenso Brigitte Axel und – last but definitely not least – mein wunderbarer, hochkünstlerischer und humorvoller Stiefvater Hans Gailling, der mich als Jäger und Sammler zu meinen schamanischen Wurzeln führte.

Noch etwas: Die Tourdaten sind im Internet unter www.Sissi-Perlinger.de zu finden.

Für den Fall, dass Sie mit mir in Kontakt treten wollen, um mir einen Kommentar zu diesem Buch oder meiner Show zu schreiben, ist dies ganz leicht möglich über meine wunderbare Agentin Heidrun Abels, die alles an mich weiterleitet: management@HeidrunAbels.de.

Quellen

Das Zitat von George E. Vaillant auf S. 7 stammt aus seinem Buch *Aging Well: Surprising Guideposts to a Happier Life from the Landmark Study of Adult Development*. Little, Brown and Company, Boston 2003.

Das Zitat von Picasso auf S. 14 wird u.a. erwähnt in Isabelle de Maison Rouge: *Picasso*. Le Cavalier Bleu, Paris 2005.

Zu S. 97 Viktor Frankl schrieb, »dass man dem Menschen im Konzentrationslager alles nehmen kann, nur nicht: die letzte menschliche Freiheit, sich zu den gegebenen Verhältnissen so oder so einzustellen.« (Viktor E. Frankl: ... *trotzdem Ja zum Leben sagen*. Kösel, München 1979.)

Das Zitat von Mark Twain (S. 106) findet sich in Mark Twain: *Personal Recollections of Joan of Arc*, 1896, S. 70.

Das Zitat von Christian Rauffus (Rügenwalder Mühle) auf S. 173 stammt aus einem Interview mit der *Welt* vom 17.09.2014.

Das Zitat von Abraham Maslow auf S. 206 stammt aus Abraham H. Maslow: *Motivation und Persönlichkeit*. Reinbek, Rowohlt, 1999, S. 73 f.

Das Zitat von Arthur Schopenhauer auf S. 244 stammt aus Arthur Schopenhauer: *Aphorismen zur Lebensweisheit*. Alfred Kröner Verlag, Leipzig, o. J., S. 190.

Constantin Gillies
RESTEWAMPE
Gibt es für Männer ein Leben nach vierzig

Don't worry,

get older …

ISBN 978-3-548-37491-8

Plötzlich vierzig? Tja, so schnell kann's gehen. Gestern noch Rock im Park, heute Rollrasen im Vorgarten. Lichte Momente auf dem Kopf, Kumpels, die über Olivenöl statt Motoröl schwafeln, Aufwärmzwang vorm Dosenwerfen – traurig. Aber noch kein Grund zur Midlife-Panik. Dieses Handbuch zeigt von A bis Z, wie der echte Mann auch im fünften Jahrzehnt seines Daseins cool auftreten kann. Denn nach dem Bergfest ist noch längst nicht Talfahrt – auch das Leben als Erwachsener hält noch manche Freude bereit

www.ullstein-buchverlage.de

Peter Theisen

Liebe in Zeiten der Cola

Von Brautraub bis Online-Dating – eine Weltreise zu den verrücktesten Liebesritualen

Klappenbroschur.
Auch als E-Book erhältlich.
www.ullstein-extra.de

Cola schmeckt überall gleich. Aber wie ist es mit der Liebe?

Ein umgelegtes Schafsfell in Georgien bedeutet den ersten Schritt Richtung Ehe. Wenn man in Indonesien auf die falsche Treppe tritt, erklärt man dem Brautpaar den Krieg. Und bei Hochzeiten auf Sansibar berauschen sich die Frauen mit Muskatnuss – bis zur Hemmungslosigkeit … Peter Theisen taucht ein halbes Jahr lang ein in die verschiedenen Kulturen des Erdballs. Er will herausfinden, was Liebe und Zweisamkeit in den diversen Kontinenten ausmacht und ob die Globalisierung darauf Einfluss nimmt. Die so spannende wie witzige und informative Schilderung einer »Tour d'amour« um die Welt.